JN040912

[決定版] 子どもと若者の認知行動療法ハンドブック

A CLINICIAN's GUIDE TO CBT FOR CHILDREN TO YOUNG ADULTS

A Companion to Think Good, Feel Good and Thinking Good, Feeling Better, 2nd Edition

Paul Stallard

ポール・スタラード

下山晴彦 監訳　松丸未来 訳

Ψ 金剛出版

A Clinician's Guide to CBT for Children to Young Adults :
A Companion to Think Good, Feel Good and Thinking Good, Feeling Better, 2nd Edition
by Paul Stallard

This second edition first published 2021

Edition History : John Wiley & Sons Ltd. (1e, 2005)

監訳者まえがき

近年，我が国においても認知行動療法は，成人だけでなく，子どもや若者の心理的問題の解決の方法として幅広く用いられるようになっています。認知行動療法は，心理支援の方法ですが，単に認知や感情といった心理的要因だけでなく，行動や身体反応，さらには環境との相互作用などのさまざまな要因を総合的に把握して問題の改善を進める方法です。子どもや若者は，成人に比較して自身の認知や感情といった心理的側面を認識することが難しいという発達的特徴があります。ですので，心理要因以外の要因も考慮する認知行動療法は，むしろ子どもや若者にとっては，より適した心理支援の方法ともいえます。

ただし，子どもや若者のために認知行動療法を活用する際に，特に留意すべきことがあります。子どもや若者は，発達途上にあるために成人に比較して環境の影響を受けやすく，変化しやすいという特徴があります。それは，一人ひとりの状況が異なっている度合いが強いということです。そのため，お決まりのマニュアルを適用することができないのです。支援の対象となる子どもや若者の一人ひとりの個性を重視し，置かれた状況に即して問題を共感的に理解し，信頼関係を結び，柔軟に問題解決の方法を組み立てていく創造性が必要となるのです。

本書は，そのような子どもと若者のために認知行動療法を適切に実践するうえで必要となる基本的な知識と態度，手続きとスキル，活用資料を網羅したハンドブックです。手元にあれば，子どもと若者の認知行動療法を安心して実施できるガイドブックでもあります。ぜひ，多くの皆様に活用していただけたらと思っております。

なお，訳者の松丸未来先生と私にとって，原著者のPaul Stallard先生は家族ぐるみでお付き合いをしている古くからの友人でもあります。松丸先生と私は，これまでもStallard先生の本を多く翻訳してきました。翻訳出版においては，Stallard先生と連絡を取り合い，綿密な打ち合わせをして作業を進めてきました。本書の出版に先立って，関連書籍でもある『子どものための認知行動療法ワークブック』と『若者のための認知行動療法ワークブック』（いずれも金剛出版）も監訳・出版しております。本書と併せて活用することで，より柔軟に，そして創造的に子どもと若者の臨床活動を展開していただけます。

本書が日本の子どもと若者が自信をもち，未来に向けて意欲的に活動していくために少しでも役立つことを願っております。

2022年2月22日

下山晴彦

著者について

ポール・スタラードは，バース大学のChild and Family Mental Healthの教授であり，Oxford Health NHS Foundation Trustの心理療法部門（CAMHS : Child & Adolescent Mental Health Services／子どもや若者を対象としたメンタルヘルス・サービス）のトップでもある。1980年にバーミンガムで臨床心理士の資格を得て以来，30年以上にわたって子どもや若者を対象とした臨床心理活動に携わっている。

臨床面では，子どもと若者のための認知行動療法（CBT）クリニックの責任者として，子どものメンタルヘルス専門医チームを組み，治療に取り組みつづけている。治療対象とする情緒障害は，不安，抑うつ，強迫性障害（OCD），心的外傷後ストレス障害（PTSD）など，幅広い。

また，子どもと若者に適用するCBTの開発と活用に関しては，国際的に活躍する専門家でもあり，数多くの国で訓練を行なっている。広く活用されている『子どものための認知行動療法ワークブック――上手に考え，気分はスッキリ』（金剛出版），『若者のための認知行動療法ワークブック――考え上手で，いい気分』（金剛出版）の著者であり，『子どもと家族の認知行動療法』（誠信書房）シリーズの編集者でもある。

研究者としての活躍も目覚ましく，その成果は，同分野の専門家から高く評価され多大な影響力をもつ数々の定期刊行物に広く発表されている。最近の研究プロジェクトとしては，抑うつと不安を対象として学校単位で行なう大規模なCBTプログラムや，子どもや若者へのeHealthの活用などがある。

謝　辞

本書に含まれるアイディアは，多くの方々が貢献してくださったおかげです。ここで，すべての方々のお名前を一人一人挙げて，書ききれないような長いリストを作るよりも，唯一，最もお伝えしたいのは，一緒に仕事ができたことへの心からの感謝です。特に，すべての子どもたち，若者，そして今までのキャリアにおいて一緒に仕事ができた職場の皆さんに心から感謝申し上げます。彼らは皆，同等に私にインスピレーションを与え，やってみようとチャレンジさせてくれました。

そして，このプロジェクトに，変わらない励ましとサポート，そして情熱を注いでくれた私の家族，ロージー，ルーク，エイミーに感謝します。

最後に，読者の皆さん，ありがとうございます。本書の資料が，皆さんの実践に生かされ，発展し，関わる子どもたちの生活がより豊かになることを願っております。

資料のダウンロードについて

本書を購入された方に限り，本書の第12章「実践で役立つ活用素材」で紹介されている資料を無料でご利用いただけます。金剛出版のウェブサイトにアクセスして，ダウンロードをお願いいたします。ダウンロードしたPDFファイルを開く際に，以下のパスワードを入力してください。

https://www.kongoshuppan.co.jp/files/1896.html
［パスワード：1896］

必要な箇所をダウンロードしてプリントし，子どもや若者との臨床場面で使うことができます。また，セッションを補足するために活用することも，家での課題にすることもできます。オンライン資料は何度でもアクセスしてダウンロードができますので，ぜひ自由に工夫して活用してください。

●凡例

本文中で言及されている「(子ども p.000)」は,『子どものための認知行動療法ワークブック——上手に考え,気分はスッキリ』(金剛出版［2020］),「(若者 p.000)」は,『若者のための認知行動療法ワークブック——考え上手で,いい気分』(金剛出版［2020］)を指します。

目　次

［決定版］

子どもと若者の認知行動療法ハンドブック

A Clinician's Guide to CBT for Children to Young Adults

A Companion to Think Good, Feel Good and Thinking Good, Feeling Better, 2nd Edition

第1章 序論と概要

日本のセラピストのみなさんへ

「子どもの認知行動療法」は，もともと大人の認知行動療法から発展してきたものである。しかし，今は，多くの研究知見に基づき，「子ども」独自の哲学，プロセス，方法が発展している。この章には，「子ども」の心理支援に最も大切なことが書かれているので，まずは，「子どもの認知行動療法」にチューニングを合わせる章として役立ててほしい。

認知行動療法（CBT）は，認知，感情，行動の関係に焦点を当てた様々な介入を指す総称であり，心理的問題は，特定の出来事に対する私たちの考え方によって作られることを前提としている。注意や記憶の偏りなどの考え，情動反応，回避行動などの不適切な行動はお互い影響し合い，心理的問題に発展し，維持される。

伝統的な認知行動療法的介入は，うまく機能しない認知を特定し，直接取り上げ，再検討することに焦点を当て，それによって不快な感情と不適切な適応行動を軽減していく。一方，第三世代と呼ばれるマインドフルネス，アクセプタンス，コンパッション，苦痛耐性（distress tolerance）などのモデルでは，思考は現実を説明するものではなく精神活動（mental activity）と捉え，特定の思考内容ではなく，思考との関係性を変えることに焦点を当てる。

介入としての認知行動療法

認知行動療法は，子どもの様々な心理療法のなかで最も広く研究され，その地位を確立している（Graham, 2005)。系統的レビューでは，子ども，思春期の子ども，若者の様々な心理的問題——外傷後ストレス性障害（PTSD）（Gutermann et al., 2016; Morina et al., 2016; Smith et al., 2019)，不安（Benett et al., 2016; James et al., 2015)，うつ（Oud et al., 2019; Zhou et al., 2015)，強迫性障害（OCD）（Öst et al., 2016）——の治療に効果的であることが実証されている。研究から効果が明らかになった第三世代の認知行動療法には，マインドフルネス（Dunning et al., 2019; Klingbeil et al., 2017)，弁証法的行動療法（McCauley et al., 2018)，アクセプタンス＆コミットメントセラピー（Hancock et al., 2018）がある。

認知行動療法の簡易モデルにも一定の効果があることがわかっている。たとえば，特定の恐怖症の治療に用いられるエクスポージャー療法の単一セッション（Öst, and Ollendick, 2017），保護者をガイドするだけの簡便な認知行動療法も不安障害に効果があることが明らかになっている（Cartwright-Hatton et al., 2011; Creswell et al., 2017）。さらに，社会不安に関する認知療法（Leigh, and Clark, 2018）や特定の恐怖症に対するエクスポージャー療法の単一セッション（Davis et al., 2019）などのモデル特化型介入にも有望な結果が出ている。

このような実質的かつ一貫したエビデンスを背景に，英国国立医療研究所（UK National Institute for Health and Clinical Excellence）と米国小児青年精神医学会（American Academy of Child and Adolescent Psychiatry）といった専門家グループは，うつ，OCD，PTSD，不安など若者の心理的問題の治療において認知行動療法を推奨している。このようにエビデンスが蓄積された結果，英国では国をあげて認知行動療法トレーニングプログラムが推進され，「心理療法へのアクセスを改善するためのプログラム（Improving Access to Psychological Therapies: IAPT）が成功し（Sharfran et al., 2014），その対象は現在，子どもや若者にまで拡がっている。

予防的介入としての認知行動療法

認知行動療法は，対処法としてだけではなく，不安やうつの予防にも効果的である（Calear, and Christensen, 2010; Neil, and Christensen, 2009）。予防プログラムは，すでに問題が現れているものから現状では問題がない人たちのレジリエンス向上まで，問題を軽減しうることがわかっている（Dray et al., 2017; Hetrick et al., 2015; Stockings et al., 2016; Werner-Seidler et al., 2017）。

予防プログラムには，問題化するリスクがあるクラス全体を対象としたユニバーサルアプローチと，問題を抱えている若者を対象としたターゲット特化型アプローチがある。学校のカリキュラムに取り入れられれば，心配事や問題をオープンに話し合うことができ，お互いに受け止め，偏見を減らすことができる（Barrett, and Pahl, 2006）。また，すべての子どもたちにプログラムを届けることができる。レビューによれば，学級用にデザインされたアプローチは，ユニバーサルアプローチでもターゲット特化型アプローチでも，メンタルヘルスとウェルビーイングの向上に効果があると示唆された（Šouláková et al., 2019; Stockings et al., 2016）。

認知行動療法がベースとなっている不安・うつの予防プログラムには，FRIENDS for Life（Barrett, 2010），Penn レジリエンスプログラム（Jaycox et al., 1994），Coping with Stress Course（Clarke et al., 1990），Resourceful Adolescent Program（Shochet et al., 1997），Aussie Optimism Programme（Roberts, 2006）がある。結果はおおむね肯定的だが，学校職員が，トレーニングを受けたメンタルヘルスの指導者ほど結果を出せるとは限らないことが明らかになっているため，プログラムを実施するファシリテーターは注意が必要である（Stallard, Skrybina et al., 2014; Werner-Seidler et al., 2017）。ファシリテーターは，プログラムに関する知識の取得，サポート体制，スーパービジョンについても，考えておくべきだろう。

幼い子どもたちのための認知行動療法

通常，認知行動療法は7歳以上の子どもに適用されるが，幼少期の子どもの効果研究は限られている。Yang et al.（2017）は，うつの子どもたち（13歳以下）の認知行動療法に関するレビューとメタ分析を行ったが，9つの研究しか特定できず，なおかつ新しい研究がなく，6つは20世紀に行われていた。Ewing et al.（2015）の研究では，12歳未満の子どもにも効果があった。

Being Brave（Hirshfeld-Becker et al., 2010）とTaming Sneaky Fears（Monga et al., 2015）は，幼い子どもたちの，不安に関するプログラムである。また，Fun Friends（Pahl, and Barrett, 2010）は，学校対象のユニバーサルアプローチの予防プログラムである。これらに関する研究は限定的ながら，肯定的な結果が得られている。

幼い子どものPTSDに関しては，命を脅かすような体験をした3歳から6歳の子どもたちのトラウマフォーカスト認知行動療法によって，PTSDの症状が大幅に減少し，6カ月後にまで持続した（Scheeringa et al., 2011）。OCDに関しては，5歳から8歳の子どもたちのうちの72％が，14回の家族ベースの認知行動療法プログラムを終了した後，「かなり改善した」と評価した（Freeman et al., 2014）。

幼少期の子どもたちの研究でも望ましい結果を得られているが，ただし限定的であり，発達的要因と親の役割には配慮が必要である。

発達障害の子どもと若者のための認知行動療法

発達障害の若者を対象とした認知行動療法のエビデンスもある。特に高機能の自閉スペクトラム症（ASD）の若者のための認知行動療法プログラムは，不安の症状（Storch et al., 2013; Van Steensel, and Bögels, 2015; Wood et al., 2009）やOCD（Vause et al., 2018）の症状を軽減した。

さらに，特定の発達障害の若者に適用する場合に必要な配慮を示す研究もある（Attwood, and Scarpa, 2013; Donoghue et al., 2011）。それは，コミュニケーション／言語力，対人／社会的能力，認知的・行動的なこだわり，感覚過敏への対応が必要とされる（Scarpa et al., 2017）。たとえば，コミュニケーション面では，わかりやすく，的確で，具体的な言葉に修正する必要がある。また，イラスト，ワークシート，視覚的プロンプト（目標や取り上げることをボードに書き出す）を用いるなど，非言語的視覚素材を多く用いるように工夫する。たとえ話やご褒美は，若者の興味や好みに合わせる。対人関係スキルが限定的な場合が多いので，「相手の気持ちになる」，「相手の思いを汲み取る」といった「心を読む」スキルのアセスメントと習得には，注意を向けなければいけない。それらのスキルを身につける過程では，ロールプレイを使って具体的に行う。認知の柔軟性に関しては，セルフトークを使って促す。その際には，異なった選択肢が言葉で表わしたり，見本を見たり，選択問題によって示すなど具体的にしたほうが，他の考え方があることに気づき，考えやすくなる。Donoghue et al.（2011）は，セラピーのセッションの始まりに通常よくする話のような社会的な関わりは，かえって不安にさせてしまう場合があるので，セラピストはより課題に焦点を当てたアプローチにすべきだとアドバイスしている。さらに，行動のこだわりに配慮し，同じ部屋を使い，セッションのルーティンを決めて構造化し，時間の長さを明確にし，短時間にし，変化に伴う不安は最小限にするようにアドバイスする。感覚過敏に関しても，セッションの時間を短くし，明るさを調整し，部屋から目につくものを除き，感覚の負荷を軽減するためのリラクセーションスキルを使うようにする。最後に，若者の日常の環境と臨床場面の汎化に関しては，保護者の参加，プロンプトやリマインダーを携帯電話から送る，困難な状況をデジタルカメラで撮るなどの工夫を取り入れる（Donoghue et al., 2011）と良い。

若者の他の障害に関する研究はほぼなく，視覚障害の若者に関して，不安をマネジメントするときに，触覚のプロンプトをリマインドするために使ったり（Visagie et al., 2017），中等度の発達障害の場合に，問題解決のためのスキルをよりシンプルなステップ（止まる，計画する，実行する）に分けたり，意思決定の選択肢を単純（例えば，XかYかどちらにするか）にしたりする工夫がある。

テクノロジーを用いた認知行動療法

パソコンやタブレットやスマートフォンを通じてウェブ上のプラットフォームから提供される（Hollis et al., 2017）テクノロジーには次のような利点がある——地域によって孤立している人たちに届く，柔軟にアクセスできる，利便性が高まる，専門のクリニックに行く回数が少なくて済む，よりプライバシーがあり匿名性が高い，対処への忠実性（treatment fidelity）が高まる，迅速にスケーリングできる，低コストで実施できる（Clarke et al., 2015; MacDonell, and Prinz, 2017）。思春期の子どもたちにとっては，幼い頃から新しいテクノロジーに順応し，定期的に使っているため，身近で魅力的なツールである（Johnson et al., 2015; Wozney et al., 2018）。

認知行動療法の構造的な性質は，デジタル配信に適しているため，いくつかのコンピュータ化した認知行動療法の介入が開発されている。例えば，セラピストのサポートを最小限にしたCD-ROMを使う，不安に対するプログラムであるCool Teensには効果があった（Wuthrich et al., 2012）。また，不安のオンライン認知行動療法プログラムのBRAVEは，若者に受け入れられ，対面型認知行動療法と同程度に効果的だった（Spence et al., 2011）。うつに関しては，コンピューター化した認知行動療法プログラムであるStressbustersが望ましい結果を報告している（Smith et al., 2015; Wright et al., 2017）。また，介入と予防の両方で使えるコンピューターゲーム（SPARX）は，肯定的な結果を示した（Merry, Hetrick et al., 2012; Merry, Stasiak et al., 2012; Perry et al., 2017）。

レビューでも，コンピュータ化した認知行動療法の効果が示され（Grist et al., 2019），英国では，軽度から中等度のうつの初期対応として推奨されている（NICE, 2019）。アプリ，ヴァーチャルリアリティ，ゲームなどのそのほかのテクノロジーもいくつか開発され検証されている。

親の参加

親は生活の中で中心になって子どもをサポートする立場にある。そのため，親が介入に参加すれば，重要な行動や背景となる要因に取り組むことができ，子どもの日常生活における新しいスキルの般化，実践，強化を促進すると考えられる。しかし研究によると，親の参加が，より望ましい結果をもたらすとは限らないことがわかっている（Breinholst et al., 2012）。不安に関するレビューでは，親の参加があってもなくても認知行動療法が効果的であったことが示された（Higa-McMillan et al., 2016; Reynolds et al., 2012）。子どもの年齢と親の参加に関しては，はっきりとした関係性がなく（Carnes et al., 2019; Manassis et al., 2014），学校での不安予防プログラムは，親の参加がなくても効果的だった（Stallard, Skryabina et al., 2014）。そのため，親の参加にどのような利点があるのかは未だはっきりしていない（Breinholst et al., 2012）。しかし，短期的な利点は明らかではないものの，親の参加が治療効果の維持には効果がある可能性が示唆されている（Manassis et al., 2014）。

うつのプログラムに関しては，エビデンスがさらに少ない。Oud et al.（2019）のレビューでは，子どものみの認知行動療法と比較して，親の参加は治療結果を高めうることが示されたが，親の参加の度合いによる違いを比較した研究はなく，どの程度親が参加すると効果的なのかははっきりしていない。

親の参加の程度は，親の過度な期待，子どもに対する偏った見方，親としてのスキル不足など，家族の中の信念，家族関係，親の行動がどのように子どもの問題の発現や維持に影響を与えているかをアセスメントした上で考える。Stallard（2005）は，親の参加の4つのモデル——ファシリテーター，コ・セラピスト，治療家，そしてコ・クライエント——について説明している。ファシリテーターとしての親は，最も関わりが少なく，1，2回のふりかえりのミーティングに子どもと参加する程度である。親は認知行動療法モデルや子どもが身につけるスキルの説明を受けるが，ここでの介入は子どもに焦点を当てる。次に，コ・セラピストとしての親は，毎セッション，すべての時間あるいは最後の15分，子どもと参加する。親は子どもが身につけるスキルに関してさらなる知識を得て，プロンプトを与えたり，汎化を促したりして，セラピストとの対面以外の部分でサポートする。セラピストとしての親には，子どもに認知行動療法のスキルを教えるために必要な情報と支援の仕方が教えられる。特に12歳以下の子どもの不安障害では，親が教わったスキルを使って子どもをサポートする場合がある（Cartwright-Hatton et al., 2011; Creswell et al., 2017）。最後に，コ・クライエントとしての親は，子どもが心配に直面したときに一緒に心配し，子どもの問題を強化する行動を取ってしまうような場合，逆に，励ましたり褒めたりして子どもが対処しようとしている行動を強化するスキルを学び，子どもとの関わりの中に取り入れるよう親自身も変化することが目的となる。親の影響をアセスメントし，親の参加が有効かどうか，有効な場合は親がどのように参加すると良いのかを考慮しなければならない。

子どもフォーカスト認知行動療法を実践するための能力

認知行動療法を子どもや若者と一緒に実施する方法と役立つアイディアを提供する資料や，マニュアル化されたワークブックは多い。例えば，不安の子ども向けのCoping Catプログラム（Kendall, 1990），どうやってOCDを自分の居場所から追い出そうか（How I Ran OCD Off My Land）(March, and Mulle, 1998)，そして，思春期のうつの対処法コース（Adolescent Coping with Depression Course）（Clark et al., 1990）がある。さらに，ソーシャルスキルの問題がある若者のための資料（Spence, 1995），慢性疲労症候群（Chalder, and Hussain, 2002），そして思春期のうつ予防プログラムFriends for Life（Barrett, 2010）もある。さらに，保護者向けとして，子どもの不安や心配を乗り越える手助けをしたり，うつのティーンエイジャーを助けたりするための自己啓発本もある（Reynolds, and Parkinson, 2015）。

認知行動療法の基礎となる理論モデルと個に応じたアセスメントの上に，信頼できる方法や技法が適用されなければいけないが，マニュアル化された資料では，認知行動療法の技法の紹介が中心となり，運用の方法，実施するプロセスについて詳しい説明はない。個々の方法が理論的根拠なくバラバラに試されたり，マニュアル通り画一的な方法で使用されたりすると，効果が得られないばかりか，心理的問題を深めてしまう可能性があるため，次に技法だけが先走りしないための重要な基本的態度について説明する。

実践の基本的態度――PRECISE

第2章で詳しく説明するように，「PRECISE」は，子どもの認知行動療法を運用するための基本的態度について大切なポイントを説明している。そのポイントの頭文字を取って「PRECISE」と呼ぶ。

- **P（Partnership）協働**：若者と家族（必要に応じて）とセラピストは協働関係にある。変化に向けて，若者とその親とセラピストは協働作業のもと，セラピーを進める。
- **R（Right development level）発達レベルに合わせる**：若者の認知機能や言語力，記憶，第三者的視点になれるかなど，若者の能力に即して介入を進める。
- **E（Empathic relationship）共感**：暖かく，気配りがあり，尊重する共感的関係を若者と築く。
- **C（Creatively）創造性**：若者の興味があることや理解に合わせて，認知行動療法の概念が創造的かつ柔軟に活用される。
- **I（Investigation）発見**：好奇心をもってふりかえることで，新たな気づき，発見があることが促される。
- **S（Self-efficacy）自己効力感**：若者自身の強み，スキル，アイディアを活かし，新たな気づきや発見を促し，自己効力感を高める。

- **E（Enjoyable and engagement）主体的に参加して楽しむ**：若者の変化に向けたモチベーションの維持と促進のために，セッションを楽しく，主体的に参加できるようにする。

実践の中心的技法——ABCs

ここでは，実践の中心的技法を要約した「ABCs」を紹介する。重要な技法の頭文字を取って「ABCs」と呼ぶ。

- **A（Assessment）アセスメント**：セラピストには，明確な目標を設定したり，子どもにモニタリングした結果の記録を取るように促したり，アンケートやスケーリングを適宜使える能力が必要である。
- **B（Behavioural techniques）行動技法**：段階的エクスポージャー，行動活性化，活動スケジュールを使って変化をもたらすことができる能力が必要である。
- **C（Cognitive techniques）認知技法**：子どもの考え方を特定する，子どもに自分の考えに気づかせる，考えを調べて再構成させる，マインドフルネスの能力が必要である。
- **D（Discovery）発見支援技法**：ソクラテス的対話，行動実験，予想したことをテストさせるなど子ども自らが発見するための能力が必要である。
- **E（Emotional techniques）感情対処技法**：強く不快な感情を特定し，コントロールするための技法を伝える能力が必要である。
- **F（Formulation）フォーミュレーション**：出来事（きっかけ），考え，感情，身体の反応，行動のつながりをはっきりさせるケースフォーミュレーションを作れる能力が必要である。
- **G（General Skills）ケースマネジメントスキル**：アジェンダの設定，セッションの計画を立てる，行動実験を促すなど，ケースをマネジメントする能力が必要である。
- **H（Home assignments）課題の活用**：目標と目的が明確な家での課題をこなせる能力が必要である。

実践の哲学——CORE

実践の基本的態度と中心的方法を知るとともに，活用する際の前提となる哲学を知る必要がある。大事なポイントの頭文字を取って「CORE」と呼ぶ。

- **C（Child-centred）子ども中心**：第一に，子どもを傷つけないように，安全を守らなければならない（セーフガードとなる）。第二に，親の心理的問題ではなく，子どもの心理的問題に焦点を当てて，介入しなければいけない。親に心理的問題があり子どもへの影響が強い場合は，親には独立した介入が必要となるため，親自身が自らの意志で支援を求められるよう親と話し合う。第三に，親や周りの大人にも問題意識があるかもしれないが，若者の問題意識や思いを最優先にして，作業を始める。第四に，若者の思いを敏感に受け取り，対応し，若者が主体的に取り組めるようにする。

- **O（Outcome-focused）アウトカム中心**：問題がない自分を想像できなかったり，自分を変えるための手段がわからなかったり，わかったとしてもできそうな気がしなかったり，そもそも親が決めたレールに乗ることが当たり前で自分の意思で考えられなかったりするなどの理由で，若者が主体的に目標を設定するのは難しい。また，親と若者の目指す目標が食い違う場合もある。たとえば，不登校の場合，親としては登校日数を増やしたいが，若者はそう思っていないことが多い。第3章の「アセスメントと目標設定」で詳しく述べられているように，解決志向ブリーフセラピーの考えを取り入れたり，目標を簡単にするためにスモールステップに分けたり，実行したことでどのような変化があるかを簡単に測ることができるスケーリングを取り入れて，若者が変化を実感することでモチベーションを高め，若者がどうなりたいか，具体的に目標を考えられるようにする。
- **R（Reflective）ふりかえり**：認知行動療法は，自分の問題や新しい方法を試したときの結果を客観的に捉えて，ふりかえり，若者自らが気づく，このプロセスの繰り返しである。そのため，「何か気づいたことはある？」，「これはどういう意味？」，「これは役立ちそう？」などと質問しながら，若者の気づきを促していく。ふりかえり，気づき，発見，このプロセスが若者の自己理解を深める。
- **E（Empowering）エンパワメント**：認知行動療法は，すでにある自分のスキルや強み，リソースを活かしながら，考え方や気持ち，行動のつながりを客観的に捉え，自分にとって様々な役立つ方法があることを知り，自分の価値に沿って目標を設定して，認知行動療法の方法を道具的に使えるようにし，自分の生活を豊かにする影響力が自分にあると思える自己コントロール感をもてるようにする。

図1.1に，実践の哲学である「CORE」，基本的態度の「PRECISE」，中心的技法の「ABCs」の関連性を示した。

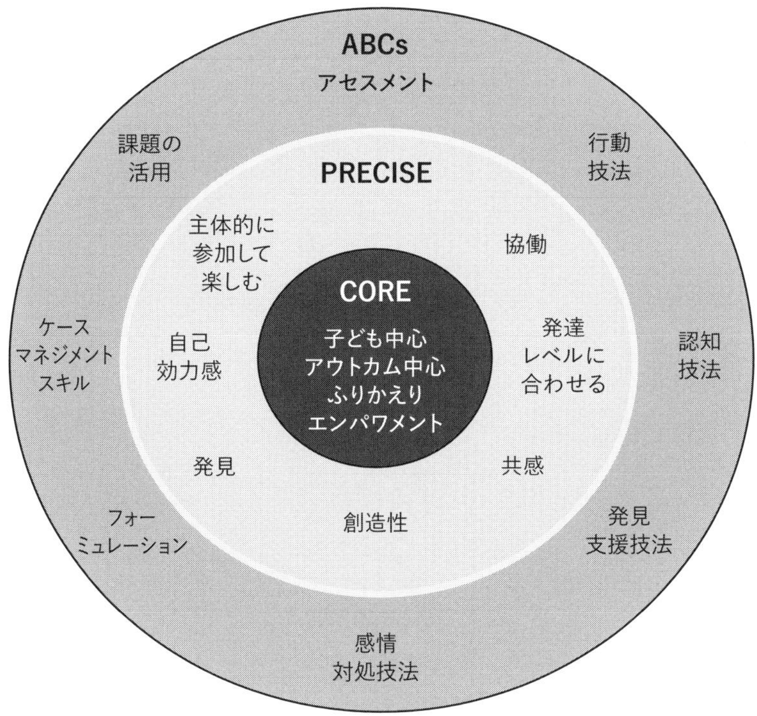

図1.1　子どもの認知行動療法実践における「CORE」,「PRECISE」,「ABCs」の関係図

◀第2章▶

実践の基本的態度

日本のセラピストのみなさんへ

実践の基本的態度を要約した表現「PRECISE」を訳すと，「的確な」という意味である。英国人は，よく“precisely”と言うが，それは，「まさにその通り！」という意味である。つまり，子どもに認知行動療法がフィットするための大前提がここで紹介される。ポイントの頭文字を取り，一つの言葉にした「PRECISE」は，子どもの認知行動療法において信頼関係を築いていく上でも，認知行動療法が効果を発揮する上でも必要不可欠なエッセンスである。「PRECISE」を学べば，認知行動療法が理論や技法だけでは決してうまくいかない理由がわかるだろう。

> 「子どもの認知行動療法」の鍵は，協働作業，発達に合わせる，共感する，創造的に工夫する，勇気づける，つながりを強くする，これらすべてである。

セラピストは，サポーティブに，率直に，中立的に子どもと親に関わり，子どもと親と**協働する**（**Partnership**）。子どもの認知能力，言語能力，記憶力，他者の視点に立つ力を考慮して，**発達レベルに合わせる**（**Right developmental level**）。そして，子どもを思いやり，誠実に関わり，尊重し，**共感し**（**Empathy**），子どもたちの関心，発達状況，強みを活かして，**創造的に**（**Creative**）工夫して介入する。セラピストは，子どもに関心を持ち，オープンに関わり，子ども自らが**発見し**（**Investigation**），**自己効力感**（**Self-efficacy**）が得られるようにふりかえりを重視する。子どもが**主体的に参加して楽しめる**（**Engagement and enjoyable**）ようにする。

協働する

子どもと親と協働関係を築けるかが鍵となる。

子どもと共に学び，協働し，子どもの意欲や，主体性を引き出しながら，認知行動療法を用いる。協働関係を保つために以下のことを踏まえる。

- 若者，親，セラピストは同じ目標に向かって協力する。
- 若者は主体的にセッションに参加する。
- 関わるすべての人にとって，説明をわかりやすくし，それぞれが心を開いて，正直に関わる。
- 好奇心を持ち，新たな発見や自己のふりかえりをする。

大人と子どもの間には不均衡な力関係がある。そのため子どもは，大人が問題を特定して改善する方法を教えてくれると期待し，受け身になっていることが多い。そのような力関係があることを考慮し，最初の出会いの時に，「認知行動療法は協働作業で進める」ことを伝える（若者 p.108）。具体的には，問題が起きている原因や，問題に対処するための方法を子どもに聞いたり，子どもが気づきを得られるための実験を促し，その結果を教えてもらったりしながら，子ども自らが好奇心を持って，主体的に自分の問題に取り組めるように協働するということである。

当然，子どもは自分の経験に関する「専門家」なので，その経験について何を考え，どのような気持ちになり，何をするかということは子どもから教えてもらう必要がある。また，子どもが今好きなことやハマっていることに関しても教えてもらいながら，子どもと関係を築いていく。このようなパートナーシップに基づいた基本的態度は，子どもの意欲や安心感，主体性を高める。

子どもと親がどのように捉えているかを引き出す

セラピストは，専門用語や難しい言葉は使わないで，わかりやすい言葉を使い，子どもの理解度に合わせて話をする。子どもは親を頼りにして自分から話さないことがあるので，子どもが自らの言葉で自分の経験やその経験から理解したことを話せるように配慮する。必要に応じて，時間を区切って，それぞれの話を聞いても良い。子どもの中には，これまでの経験により，自分の思いが尊重されず，「間違っていないか」と不安に思う子どももいるため，セッションでは，「正解」，「不正解」，「○か×」という判断はせず，子どもが話すことがすべて助けになり，「○か×か以外の色々な見方がある」と伝える。子どもの話は，好奇心を持って聞き，尊重し，話してくれたおかげで理解が深まったことを伝える。

▶「話してくれてありがとう。マナブの考えを聞かせてもらえて助かった」

▶「何が起きたか教えてくれてありがとう。次は，どのような状況で，マナブが不安になるか教えてくれるかな」

子どもに意思決定を任せる

「アイディアを出す」，「選択肢を考える」，「意思決定をする」のは子どもである。

アイディアを出す

子どもの意思やアイディアを尊重すれば，おのずと新しいスキルに挑戦しようと思うようになる。「どうやって気持ちを落ち着かせる？」と聞くだけでは，ほぼ「わからない（落ち着かせる方法はない）」という答えしか返ってこないが，次のようなソクラテス的対話を使えば，その方法に気づけるかもしれない。

▶「弟といる時はあまり不安にならないって話していたよね。弟と一緒にいる時は何をしているのかな？」

▶「一人でいる時が最悪の気分と言っていたよね。一人でいる時は何をしているの？」

このような質問をすることで，不安になるきっかけがわかり，不安を軽くするための方法に気づくこともできる。

選択肢を考える

大人が選択肢を示すのではなく，子どもが考え，考えた選択肢からいずれかを実際に試し，新しい方法を見つけられるようにする。解決するための様々な選択肢を考えるためのワークシート（子ども p.246）を使ったり，選んだ選択肢を試してみた結果をふりかえるためのワークシート（子ども p.248）に書き込んだりすれば，会話だけのやりとりでは難しい場合に助けになる。

▶「素晴らしいね。ほかのアイディアもある？」

▶「まだ話題に上っていない方法もあるかな？」

意思決定をする

親が良かれと思っても，実際には子どもはまだはっきりとした意思を持っていなかったり，人任せだったり，違う思いを持っていたりすることがある。セラピストは，そのような思いに気づき，汲み取る必要がある。

▶「お父さんはいいねと言っているけど，君はそんな感じではなさそうだね」

▶「無口になったね。あまりスッキリしていないのではないかと思うけど」

子どもと親は介入計画に参加する

介入計画——「ターゲットを決める」，「家での課題を出す」，「行動実験をする」——では，子どもの思いが第一になるように話し合っていく。

ターゲットを決める

子どもがやってみたいと思っていることに即してターゲットを決める。共にターゲットを目指すことで，子どもとセラピストは協力しながら家での課題や行動実験を計画でき，また介入にも一貫性が生まれるだろう（Law, and Jacob, 2013）。

家での課題を出す

家での課題を出す際には，子どもの「できる」，「できない」という思いを聞き，どのようなサポートが必要かを話し合いながら進める。例えば，「1週間，気づいたことを書き込んでみよう」と伝えた場合に，難しそうなら「3日間にするのはどう？」とハードルを下げ，子どもが実行できるように考える。

行動実験をする

行動実験においても，話し合い，子どもの意思が第一に優先される。幼い子どもには親の協力が必要な場合がある。

フィードバックの時間

セッションの終わりに，話を聞いてもらえたか，言いたいことを言えたか，実行することはちょうど良いか，全体的な満足度はどれくらいだったかなど，フィードバックの時間を作る。1～10の数値で表してもらうが（Duncan et al., 2003），子どもは本心より良く応えることもあるので，数字以外の感想を聞いてみるといい。

- 「話を聞いてもらえたと思えるためには，次回はどうしたらいいかな？」
- 「自分の言いたいことを全部言えたと，私がわかるためにはどうしたらいいかな？」
- 「どうしたらもっとわかりやすくなるかな？」
- 「君がやりたいと思っていることが私にも伝わるためにはどうしたらいいかな？」

発達レベルに合わせる

> 「発達レベルに合わせる」ためには，子どもを取り巻く環境，問題の現われ方，言葉の発達，記憶の容量，違った視点で見る能力など多くの側面で配慮が必要となる。

認知技法と言葉

Piaget（1952）の認知発達段階によると，具体的操作期（7～12歳頃）から抽象的な思考が始まり，形式的操作期（思春期頃）で，メタ認知や内省し自ら考える力（reflective thinking）が発達するため，思春期前の子どもにとっては，認知的な操作が必要な認知行動療法から得られる利益が少ないと考えられる（Durlak et al., 1991）。しかし，この段階的モデルに関しては検証が進み，子どもがイメージしやすいように具体的に説明すると，7歳以上の子どもたちにとっても認知行動療法が効果的であることがわかっている（Harrington et al., 1998）。7～11歳頃の子どもにとっては，セルフトークのようなシンプルで具体的な認知技法は効果的で，思春期以降には，偏った認知に気づき，検証することまでできるようになるので，より複雑な認知の柔軟性を身につけられる可能性がある。

子どもにとってオープンクエスチョンは漠然としていて，記憶を引き出して答えるのが難しいかもしれないので，言葉遣いを工夫したい。例えば，「ある人にとっては怖いとか，怒りとか悲しみを感じるけど，この中で君に当てはまる気持ちはある？」などと手がかりになる情報を入れたり，答えにいくつか選択肢を入れたりする質問の仕方にすると答えやすくなる。また，子どもが普段使っている言葉に合わせて，例えば，「自動思考」とは言わずに，「頭の中で思い浮かぶセリフみたいな言葉」と言い換えたりして，専門用語を避けるようにするとわかりやすい。

子ども目線でいるために気をつけたいことを以下に示す。

- ▶ 子どもを先入観で見ない。決めつけない。
- ▶ 批判しないで，子どもの見方を尊重する。
- ▶ 子どもに関する話ではなくて，子どもと話をする。
- ▶ 子どもが言葉を挟めるように十分な間を作る。
- ▶ 「専門家が教える」というスタンスではなく，子どもが自ら気づけるようにする。
- ▶ すべてを知っているとか，答えがあるということではなくて，実験して学ぶことを励ます。

「わからない」，「もっと説明してほしい」と言うことは失礼ではないと伝える。「知らないことがあってもいい」，失敗や間違いは誰にでもあることを伝える。知らないこと，失敗，間違いは肯定される。

- ▶ 「私もわかりにくい説明をしてしまうこともあるし，すべてをわかっているわけではないから，ちょっと違うなとか，わかりにくいなという時は，遠慮なく私の話を止めて知らせてね」とセラピストが伝える。

子どもたちが，自分の思いをわかってはいても，あまり話さない時には，吹き出し，雑誌から取った様々な表情の写真，シンプルなフォーミュレーションの図，クイズ，イラスト，絵を描くなど言葉だけのやりとりではない素材を使って，コミュニケーションを取る。視覚的な素材は，記憶しておくための助けにもなる。

共感する

> 子どもに正直に関わり，誠実に知ろうとし，そのままを受け入れることが共感である。それは子どもにとって，自分が経験したことが大切にされ，理解され，セラピストとの信頼関係を深める鍵となる。

子どもへの共感

共感は，「傾聴」，「反射」，「要約」といったカウンセリングスキルによって示すことができる。子どもをよく観察し，話の内容だけに思いを巡らせ，じっくり話に集中して傾聴していく。まずは，次のようなオープンクエスチョンを使って聞いてみてほしい。

- 「元気がないの？」と聞くよりも「今日の調子はどう？」と聞く。
- 「不安になるとドキドキする？」と聞くよりも「不安になると身体はどうなる？」と聞く。
- 「学校にいるほうが調子悪い？」と聞くよりも「どんな時に調子が悪い？」と聞く。
- 「友達はあなたの気持ちに気づいている？」と聞くよりも「誰があなたの気持ちに気づいている？」と聞く。
- 「新しいことをしようとしないから心配なの？」と聞くよりも「新しいことをするのはどうして難しいの？」と聞く。

子どもが言っていないことを取り上げて聞く。

- 「落ち込んだり，怖かったり，うまくコントロールできない感じなど気持ちをたくさん話してくれたね。じゃあ，次は，うまくコントロールできない時，どうなるかと思ったかもう少し詳しく教えてくれる？」

「要約」は，子どもが話したことをセラピストがきちんと理解していたかどうか確認する方法である。

- 「転校した時に初めて不安になったと言っていたけど，合っている？」

「反射」は，出来事，考え，感情のパターンについてより理解するきっかけとなる。

子ども　最近，よく泣いちゃうんだ。
セラピスト　最近？
子ども　あとどれくらい長く耐えられるかわからないよ。
セラピスト　あとどれくらい？
子ども　友達といる時はいつも最悪の気分。
セラピスト　友達といる時？
セラピスト　その先生にすごく怒りを感じているみたいだね。

セラピスト　友達があなたにやったことで，とても落ち込んでいるみたいだね。

「共感」は，子どもの気持ちに直接アクセスし，言葉で言い表わすことで表現できる。

- 「たくさん引越して，新しい学校に行くたびに毎回不安になったんだね」
- 「何度も友達に嫌なことをされたんだね。そうすると，もう友達を信じるのは難しくなるよね」
- 「うまくいくということが本当に大事なんだね。そうしたら，うまくいかないと本当に落ち込むよね」

言葉からではなくて，観察することで子どもの気持ちが伝わってくることもある。

- 静かになる――話すのをやめる，うつむく，顔を背ける
- 興奮する――早口になる，話を変える，そわそわする，動き回る
- 怒る――大声を出す，脅す，物を投げたり落としたりする

このようなシグナルに気づいたら，取り上げる。

- 「静かになったけど，今どんな気持ち？」
- 「どうして興奮しはじめたの？」
- 「怒っているね。どうしたら少し落ち着けそう？」

自閉スペクトラム症（ASD）の子どもたちには，アイコンタクト，表情，ジェスチャーによって共感を示してもうまく伝わらないことがあるかもしれない。大袈裟にしたり，言葉で伝えるようにしたりして，共感を示すようにする。

相手がどう思うかということが気になったり，自分の話が誰かに話されてしまうのではないかと心配したりして，子どもたちが自分の話をするのはとても難しいことを理解し，気を配る必要がある。例えば，「大丈夫。もっと話して」と一言伝えたり，「このことを伝えるのは大変だと思うけど，ちゃんと伝わってきているよ」と返したりすることで，子どもは安心して，話しやすくなる。また，子どもがイライラしたり，嫌な気分になったり，話さなくなったりすることは，苦しくて話せない場合の回避でもあ

る。その場合は，以下のような直接的な質問を投げかけてみる。

- 「そのことについて話せるかな？」
- 「嫌な気持ちになるよね。話すのは苦しいよね。でも，嫌な気持ちになるその話がとても大切な話だからもう少し話せるかな？」

あるいは，話したらどうなると思うかを聞いてみる。

- 「そのことを話したらどうなると思う？」
- 「話したら，私がなんて思うか心配？」

子どもが答えたくなければその場ではもう無理をせず，タイミングを見てまた改めて別の日に取り上げる。守秘義務に関しても明確に説明し，合意する。

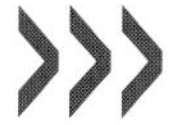

親への共感

親はどうしたら良いかわからず混乱したり，不安になったりしている。また，自分が問題なのかもしれないという罪悪感や自責感があるかもしれない。そのため「責めるゼロ」の文化を確立する必要がある。これから何ができるか，前向きに未来に向かっていくようにする。

親は，子どもが不安がっていることに耐えられなくて過保護になり，先回りして不安を取り除いたり，不安にならないように対応してしまう。しかしそうではなく，不安になったら自分で対処・解決できるように子どもをサポートすべきだと，親には伝える。そうすると親は，自分にすることがない，見守っていることしかできないのかと不満に思うかもしれない。その思いを汲み取りながら，子どもが不安になっている時に親が子どもに代わって対処するのではなくて，子ども自身が対処できるようなサポートの仕方を提案する。特に思春期の場合は，親からの自立という側面もあって，親がサポートしようしたり，褒めたりすると，逆に拒否する場合もある。だが，そのような子どもの状況は自然なことで，自分自身でどうにかしようと自分の行動に責任を持ちはじめていたり，自立に向けた成長の証であることを伝える。親自身が心配しすぎないで，安心してサポートできるようにする。

親が心理的な問題を抱えている場合は，その心理的問題の症状によって，子どもをサポートするのが難しい場合がある。例えば，うつの親が子どもをポジティブに受け止めるのは難しく，心配性の親には，子どもが不安になっている状況に向き合うのは難しい。その場合，例えば，祖父母が子どもの強みを見出せるかもしれないし，学校の先生が不安に立ち向かう助けになるかもしれない。親に代わって，子どもをサポートできる人の力を可能な範囲内で借りる。ほかの人からのサポートを得る場合は，親の子どもをサポートしたい思いを理解すると同時に，親だからこそできることと，ほかの人だからこそサポートできる部分があることを伝えて，決して親の力不足ではないことが伝わるように配慮する。

創造性

> 子どもの興味や経験に応じて，認知行動療法を親しみやすくするのが「創造性」である。認知行動療法の理論や技法をいかに子どもの世界とマッチさせるかという点では，既存の枠にとらわれない柔軟性とひらめきが重要である。

創造的に工夫する

認知行動療法は，子どもが目指したい目標，持っている長所，興味，価値観，すべてを取り入れ，「その子らしさ」にマッチするように工夫される。具体的には以下の例がある。

- サッカーが好きなら，有名なサッカー選手が試合をする場面を用いて，ポジティブ思考とネガティブ思考の説明がされる。
- 音楽が好きなら，その子がリラックスできる歌詞や歌を聞く。
- 絵を描くのが好きなら，将来の自分を絵で描いてもらい，そうなるために今どんなことができるか話し合える。
- 写真を撮るのが好きなら，気分を明るくする写真フォルダを作って，気分が暗くなったらその写真を見て，明るい気分の時のことを思い出すようにする。

映画のワンシーンから新しい考え方を学べる場合もある。ハリー・ポッターシリーズの『アズカバンの囚人』では，ハリーが敵をおもしろおかしくイメージして自分の恐怖に立ち向かうシーンがあり，このシーンから，考えと気持ちがつながっていることを学べるし，そういう方法があることを伝えられる。映画「シュレック」のワンシーンでは，シュレックに助けられたプリンセスがまるでシュレックを白馬の王子様のように思うが，シュレック自身は自分のことを醜くて怖がりだと思っている。ここから，同じ状況に対して，プリンセスはポジティブに受け止め，それはうまくいく考えになり，一方シュレックはマイナスに受け止め，それはうまくいかない考えになっており，それぞれの受け止め方が感情や行動にも影響を与えて，悪循環になったり好循環になったりすることを説明できる。

黒板，ホワイトボード，絵を描くもの，ワークシート，タブレットなども役立つ。このようなツールを使うことで，わかりやすく，子どもが楽しめるようにもなる。また，説明する時に子どもの身近な話題や経験談を使うとわかりやすい。例えば，エクスポージャーの説明をする時に，「まずくてにが～い薬のほうが効くっていう昔からの言い伝え知っている？　それと同じ」（Freeman et al., 2008）と説明する。強迫観念は，「頭の中で歌がずっとリピートし続けることってない？　あんな感じ」と説明できる。ずっとぐるぐる頭の中を駆け巡る反芻思考のことを「ロックされている乾燥機で回り続ける洗濯物みたいでしょ」と説明したり，マイナス面しか見ない思考について「ダメダメ色眼鏡をかけている」と表現したりできる。メールでのやりとりのほうがコミュニケーションを取りやすい子はそのようなツールを使うこともできる。

怒りをマグマが湧き上がってきて爆発するのにたとえて「怒りの火山」と言えば，怒りが強まる様子がわかりやすい。また，問題解決法として「止まって，問題を特定し」，「解決策を計画し」，「実行する」という一連の流れを，赤でストップ，黄色で計画し，緑で動くといった「信号機」に当てはめるとわかりやすい。

抽象的なコンセプトや複雑なプロセスは，シンプルにし，具体的なステップと比喩で表わす。例えば，4Cs（「見つけて，調べて，見直して，変える」）〔訳注：英語では，Catch it, Check it, Challenge it, Change itで，頭文字を取って4Csと呼んでいる〕は，考えを特定し，検証し，再構築するプロセスをわかりやすく説明している（若者 p.152）。自動思考は，利き手ではないほうで，家や自分の名前を書いてもらい，書き終わった後に，どんな考えが頭をよぎったか聞き，その勝手に思い浮かぶ考えが「自動思考」であると説明できる。

「選択的注意」を映画にたとえると，1回目の時は一部分しか見えないが，2回目のほうが他の部分も見えて新しい発見があり，人がいかに部分的にしか見ていないことを説明できる。動画「ムーンウォークする熊を見つける」（https://binged.it/2Lp4RYY）を使っても，私たちが一部分しか見えていないことを説明できる。もうひとつ，ウイルスに感染しているパソコンも自然に次々と思い浮かぶ自動思考と選択的注意の説明に使える。インターネットにつながったパソコン（自分の頭の中）が，ウイルス（自動思考）に感染していても私たちは気づかない。ウイルスは勝手にメッセージを表示したり表示しなかったりするため（選択的注意），私たちが得る情報は操作されているが，それに気づかない。つまり，自動思考と選択的注意によって，自分の思考がどれだけコントロールされてしまっているかをたとえている。

エクスポージャーを楽しんでできる方法がある。例えば，分離不安がある子どもでも，「宝物探しゲーム」で宝物を探している最中は，親と離れることができるかもしれない。それができたなら，親と離れるエクスポージャーの第一歩が，楽しみながらできたことになる（Hirshfeld-Becker et al., 2008）。社交不安障害の子どもは，他の子どもたちと一緒にアンケート調査をすることで人と関わる一歩となるかもしれない。

そのほかにも，「仕分けゲーム」で，考え，行動，感情を分けることができたり，「途中までの文章」を読んで特定の状況や気持ちの時にどんな考えが思い浮かぶか書き出したりすることで，考えと気持ちを区別したり，関係性を見ることができる。雑誌から色々な表情を切り抜くことで「気持ちのスクラップブック」を作ったり，「映画のワンシーン」を絵で描いたりして，ワンシーンでの出来事に伴う感情や考えを絵や文字で書き込めば，特定の出来事に伴った考えや感情があることに気づくきっかけとなる（子ども p.98）。

ICT も使い方によっては，手軽に自分の気分と考えや，出来事を書き込める便利なツールである。また，強い考えが思い浮かんだり，強い気持ちを感じた時に，「頭の中にあるものをダウンロードしよう」という説明の仕方は，考えを書き留めたり，表現することを求める時に，子どもに通じやすい言い方かもしれない（若者 p.129）。カメラ機能は色々な用途がある。例えば，エクスポージャーをするときに，不安になる場面をカメラで撮っておき，その写真を見続けて，不安に立ち向かうツールとして使うことができる。また，その時の考えや気持ちの記録として写真を撮っておき，あとで思い出し，どのように対処できるか計画を立てる時にも使える。さらには，写真で落ち着くイメージを撮っておき，フォルダに集めて，気持ちを落ち着けたい時にそれらの写真を見るツールとしても使える。インターネットの情報も役立つ。例えば，自分の好きな有名人も同じ悩みを持っていたことがわかれば少し安心できたり，対処の仕方を参考にできたりするかもしれない（若者 p.69）。マインドフルネスやリラクセーションのアプリやウェブサイトもあって，やり方を教えてくれる。同世代の同じ悩みを持つ若者の経験談や動画が時に，助けになることもある。ただしインターネットの使用に関しては，リスクや正確な情報ではない可能性も含めて慎重に使う必要がある。

発見する

「実感する」ことは，何よりも説得力がある。実感できるように子どもが初めてのスキルや考え方を検証したり，行動してみたりできるように導く。

協働とふりかえりが子どもの実感を高める

この「発見する」プロセスの鍵となる要素は，自分の信念や先入観と，ある出来事に対する反応について，客観的に検証する「行動実験」である。先にこうなるだろうという予想は伝えず，純粋に子どもに任せて，子どもが体験し，実感することを重視する。セラピストは，率直な態度で，「どうなるかやってみない？　私も知りたいな」と伝え，実行するのは子どもでも，二人で好奇心を持って取り組む協働調査のプロセスである。そのような協働調査の意識を持てると，子どもは自分の考えを検証してみようと思えるようになり，今までとは違う発見や見過ごしていたことに気づくことができる。協働調査とは――

- パートナーシップに基づき，共に計画を立て，共に発見から学んでいく。
- 結果がどうなるのかオープンに好奇心を持つ。
- ある出来事に対して様々な解決法があったり，考え方があったりすることをはっきりさせる。それによって，「正解」か「不正解」か，「○か×か」などの二者択一的思考からの新たな考え方へとつながる。
- 1回うまくいけば他の問題にも応用できる。
- ほかの人から学ぶことを勧める。例えば，「同じ状況でヨシオはそのような問題にはならなかったみたいだから，ヨシオがどうしたか確認してみてくれる？」などと伝える。

「どうなるか調べるには，どうすればいいかな？」と子どもに聞きながら，子ども中心で実験を計画する。例えば，マナブは「みんなに嫌われている」と思っている。マナブは，もし嫌われていないなら，友達からメールやメッセージをもらえるはずだと計画する。その計画通り，マナブは1週間，何回メールやメッセージをもらったか記録する実験をすることにした。

実験したら，発見したことを自分の考え方（認知の枠組み）に組み込めるようにするため，新たにわかった重要な情報に焦点を当てて，発見したことやその理由を考える，「ふりかえり」をする。このように好奇心を持つこと自体が，若者の頑固な考えを柔軟にする助けになる。

役に立たない信念や先入観の多くは，なかなか変わらず，また気づかないうちに自動思考に影響している。例えば，「自分のせいだ」と責任感に関連する思い込みと「自分はダメだから」という否定的な思い込みが根底にある若者は，ある出来事をきっかけに「いつも誰かを怒らせてしまう」とか「自分はバカだ」という自動思考が思い浮かぶ。思い込みや先入観は，その若者の自動思考を作っていることも，それらが偏っていたり，役に立っていないことも自覚していないので，それは，学校，友達関係，家庭などすべての生活場面で，知らないうちに無力感や絶望感を強めてしまう。

今の「自分はバカだ」という考えに対して，例えばやったことがない課題だったり，難しい課題だったりして「変則的な外的要因のせい」と説明することができると，「自分のせい」ではなくて，「課題によるもの」ということになり，否定的な思い込みから新しい考えに進むことができる。その際の実験として，勉強していて馴染み深いものであることがわかれば，自分はバカで何もできないのではなくて，勉強して課題に馴染めてさえいればできるという発見につながる。さらには，すべての科目ができないのではなくて，できる科目がほかにあることがわかれば，変わらない「自分はバカだ」という考えを見直す機会になる。こうして，植え付けられてしまっている考えに対しては，外的で（自分という中身の問題ではなく），変則的で，説明できることがわかると，新たな考えを発展させることができる。そうすると，自責感，無力感，絶望感から抜け出す可能性が開ける。

「ふりかえり」は実験や家での課題の結果を検証する大事なプロセスで，「何か気づいたことはあった？」，「どんなことがわかった？」という問いかけに子どもが答えることで，新たな考え方が生まれる可能性がある。例えば，記録を見て，きっかけとなる出来事と，よくある否定的な考えと，その考えを強めてしまう行動につながりがあることに気づくかもしれない。社交不安障害の子どもが対人場面で，小さな声で話したり，視線を逸らしたり，そもそも人と関わるのをやめる安全行動を取らないようにしてみたらどうなるか実験すると，安全行動をしないほうが不安に感じることはなく，自意識が下がって，人と関わりやすくなることを発見するかもしれない。実験や家での課題に，マインドフルネスやコンパッションを取り入れ，やってみた結果，「助けになったか？」，「気持ちにどんな影響があったか？」，「何か難しいことはあったか？」などを聞いて，子どもの気づきを深めることができれば，子どもが引き続きその方法を使い，良い習慣になる可能性がある。

自己効力感

▎子どもの持ち味を肯定し，活かすことで「自己効力感」を高める。

持ち味を活かす

0か100の完璧主義の思い込みがある若者は，うまくいかない部分に目が行ったり，人と比べて劣っていると思う傾向が強く，本人としては，できていないことが目立ち，強みと思えないことがある。また，人からどう思われるか気にする不安があると，自分の強みを恥ずかしがったり，言うのを躊躇したりして否定するかもしれない。

自分の強み（若者 p.67）や人の優しさに気づくため（子ども p.62；若者 p.84）に，書き出してみるといい。自分の強みや持ち味，人がしてくれたことを思い巡らすことで，柔軟に考えたり，安心するための大切なことに気づくかもしれない。様々な場面で見過ごしていることがないか思いを巡らせてみる。

- 学校――勉強，グループ活動での様子，課題提出，部活動など。
- 仕事――頼られる，がんばり屋，気が利くなど。
- 趣味――楽器演奏，ゲームの腕前，動物好きなど。
- 友達や家族関係――親友がいる，聞き上手，頼られる，サポートすることが多い。
- 得意なこと――綺麗好き，慎重に考える方，優しい，事務的作業が得意。
- やり遂げたこと――スポーツチームを最後までやった，演劇，試合でがんばった。

自分の持ち味や強みをなかなか思いつかない子どもの場合，「親友はあなたのことをなんて言っている？」，「どうして友達になりたいと思われるのだと思う？」と，他者の視点から自分のことを考えてみると見つかるかもしれない。

既存の対処法を活かす

「同じような状況になった時，前はどうしていたの？」，「前は，どんなことが助けになった？」，「最悪の状況にならないためにはどうしたの？」などと聞き，今までにできたことを思い出せると，自己効力感が高まる。

自分の持ち味とすでにうまくいった対処法に気づけたら，それらを新たな困難な状況にも使えるか考えてみる。例えば，ゲームの好きな子どもの場合，ゲームがうまくなるためには，人の真似をしたり，ずっと練習してきたことを思い出せば，困難な状況に関してもうまく対処している人の真似をしたり，練習が必要であることを理解することに役立つかもしれない。例えば，人に気を遣ってばかりいるのは大変だが，それを人に対してだけではなくて，自分のためのセルフトークとして活かせれば，今避けている状況に立ち向かう時に使えるかもしれない。また，几帳面な性格は記録をつけるのに役立つかもしれない。ほかにも，ユーモアのセンスを使って，自虐ネタにし笑わせるのが上手なら，繰り返し同じことを考えてしまう時に，自分にツッコミを入れると反芻思考から抜け出せるかもしれない。このように，子どもの持ち味を逆手にとってプラスに活かせる可能性を探る。

自分の持ち味を活かした対処法があったら，それを意識して，日常生活でもやってみるように働きかける。セラピストはうまくいったか／いかなかったかというよりも，まずは，新しいことをやってみようとしたことを褒める。そして，継続できるように，うまくいっていることを目立たせて励ます。特に，自分に過度なマイナスイメージを持っている子どもの場合は，褒められても人ごとのように感じて実感が伴わないが，それはまさに自分自身がやっていることであるとしっかりフィードバックして，自分ごととして意識できるようにする。

楽しみながら主体的に参加する

子どもが楽しめることこそ，主体的に関わる秘訣である。

楽しませる工夫

子どもたちは，誰かに連れられて相談に来る場合が多く，問題意識やモチベーションが低い。そのため，どのようなことをするのかわかりやすく説明したり，子どもを脅かさない楽しめる工夫をしたりする必要がある。例えば，考えと気持ちのつながりを紹介した後に，気持ちの言葉を見つけるワークシート（子ども p.183）を実施して，次に考えや気持ちを区別するゲームをする。飽きさせない工夫としては，セッションの長さを短くする，部屋の中にじっとしていないで外に出る，絵を描いて表現させる，ゲーム的にする，などがある。子どもが疲れていたり，集中力がない時には，一旦，認知行動療法を脇において子どもがリラックスしながら話せる事柄や活動をしながら，関係を築いたり，深めたりする時間にし，次のセッションにつながるようにする。特に，最初の出会いの段階では，関係作りの時間が多くなるだろう。

- 「私が好きなものクイズ」:「一人でいるときに好きなことは…」，「友達と一緒にいるときに好きなことは…」，「好きなテレビ番組は…」，「家族とする好きなことは…」など好きなことを聞くカードを作っておいて，それを順番に引いて，お互いが答えていく。
- 子どもの興味関心に応じて，インターネットを使って調べて，話題にする。
- 子どもの作った作品（イラスト，小説，漫画，曲など）を見せてもらう。
- 少し一緒に散歩に出かける。

実践の基本的態度

事例　エリの強迫観念

エリ（7歳）には，家族の安全に関する強迫観念と強迫行動があった。寝る前の戸締りと電気製品の電源が切られているかの確認行動があり，ベッドに入ってからも強迫観念が止まらず，寝つくのに2時間ほどかかり，夜中に数回目が覚め，そのたびに，確認行動があった。

ある回で，強迫観念が強く出た。セラピストは，エリに「エリちゃんがずっと考えてしまう気になること，寝る前にどうしたい？」と聞くと，エリは「鍵を閉めて，出られないようにしたい」と答えた。このエリの発言をもとにさらに話を進めると，囚人が牢屋に入っているイメージを持っていることがわかったので，牢屋の比喩を強迫観念への対処に使うことにした。エリは，囚人の胸に強迫観念の内容を書いて，その囚人が牢屋に閉じ込められている絵を描いた。そうすると，エリは強迫観念が安全に閉じ込められると思い，強迫観念が落ち着くと言ったので，家に持ち帰り，毎晩，囚人の絵を描き，その胸に強迫観念を書き，牢屋に閉じ込めて寝るようにした。

この事例でPRECISEをなぞってみると――

- 協働する＝エリのアイディアを聞いている。
- 発達レベルに合わせる＝強迫観念を牢屋に閉じ込めるといった，年齢に応じた具体的な比喩を使っている。

- 共感＝エリが話したいことをじっくり聞いて，言ったことを反射している。
- 創造性＝絵に描き出す工夫をして，考えをコントロールしている。
- 発見する＝エリが考えたやり方がうまくいくかどうか試している。
- 自己効力感＝エリの発案に基づいている。
- 楽しみながら主体的に参加する＝自分から家でも試してみると言った。

事例　ヨシオのマイナス思考

ヨシオ（9歳）には，気分の落ち込み，パニック障害，全般性不安障害があり，特に学校場面で症状が強く出ていた。アセスメントの結果，ヨシオは曖昧な状況においては，何か悪いことが起こるのではないかという恐怖心があり，マイナスの出来事にばかりに目が行き，うまくいったことを見過ごしていることがわかった。

ヨシオは，ハリー・ポッターが好きで，魔法に興味を持っていた。ヨシオが全体を見ているのか，あるいは一部分しか見ていない考えがあるのか，ハリー・ポッターから何かヒントを得られないか話し合った。ヨシオは，ハリーが見たいものをすべて見ることができる「みぞの鏡」について話し始めた。そこで，ヨシオと共にその鏡のイメージを膨らませて，ヨシオが何かポジティブなことも見られるようになるのではないかと話し合った。ヨシオは帰宅後，自分の鏡を作った。学校から帰ると母親に学校での出来事を話したが，鏡を見ながら「もう一度見直す」ようにした。鏡を使うと，見過ごしていたポジティブなことを見つけられた。毎日，鏡を使って見直しをすることで，ポジティブな側面にも考えが向かうようになり，よりバランスのとれた考えができるようになった。

この事例でPRECISEをなぞってみると――

- 協働する＝ヨシオのアイディアを聞いている。
- 発達レベルに合わせる＝ハリー・ポッターに出てくる鏡を使ってわかりやすくしている。
- 共感＝ヨシオが好きなハリー・ポッターと自分のアイディアを話すことができている。
- 創造性＝作った鏡を使って見直すという検証の仕方が創造的である。
- 発見する＝ヨシオは鏡を使って検証している。
- 自己効力感＝ヨシオの発案で検証されている。
- 楽しみながら主体的に参加する＝母親と共に，実用的でおもしろい方法で，偏った認知を検証できている。

◀第3章▶ アセスメントと目標設定

日本のセラピストのみなさんへ

アセスメントと目標設定も，子どものために工夫する。標準化されたチェックシートや受付面接時の確認事項以外に，よくある考えや考えと気持ちと行動のパターンを把握するための様々な方法がある。目標設定に関しては，「自分がどうなりたいか」と考えることは自分が人生の主役として生活するための一歩であるが，日本の子どもたちは，こういうことについて考えるのはあまり得意ではない。だが，工夫次第で「なりたい自分」について考えることができる。親がどう言葉を挟んでくるかは考慮すべき点で，セラピストは親の願いと子どもの本音の違いを見極める必要がある。さらに，子どもが認知行動療法に向けてどれくらい心の準備ができているかアセスメントしながら介入を進めることも，この章で説明されている。

介入するための明確な目標を立て，記録，質問紙，評価尺度を適切に使用する。

出会いの場面でのアセスメントの目的は次の通りである――子どもの問題の程度と内容を知る，子どもがどうなりたいと思っているかを知る，変化に対する準備がどれくらいできているかを知る，認知行動療法への適性があるかを知る。アセスメントの方法としては，観察，標準化されたアウトカム尺度の使用，固有の評価（目標に基づく）などがある。子ども本人，そして，親，他の関係者（例えば，教師）など別の環境で子どもを見ている人たちからの情報も必要に応じてアセスメントに役立てる。

現在の問題を包括的にアセスメントする

今，現われている問題を大まかに理解するために，必要な情報を集め，アセスメントする（Creed et al., 2011）。アセスメントは，流動的であり，介入計画を説明し，問題の状況に応じて見直し，治療の終結の時期を示す（Weisz et al., 2004）。したがって，子ども，その家族，子どもを取り巻く状況に関する情報だけでなく，子どもの特性，生育歴，問題の発展や維持に関する情報も含める必要がある。

家族，子どもを取り巻く状況に関する項目——

- 家族構成，関係性，家族の基本的な力動に関して。
- 成績，出席率，対人関係，態度を含む教育に関して。
- パフォーマンス，勤務態度，対人関係を含む仕事に関して。
- トラウマ体験，死別，健康上の問題，発達の問題などの特筆すべき出来事。
- 家族や親との不仲，経済的問題，家族の健康上の問題，仕事の問題。
- 子どもの友達との関係，興味関心，人との関わり，長所。

次に，子どもに現われている問題に関する項目——

- 発現時期，頻度，深刻度，日常生活への影響。
- 子どもと親が理解している問題が起きた理由について。
- きっかけに関する見立て。
- 強く，不快で，目立つ感情の特定と，その感情との付き合い方について。
- 子どもの問題に関するいつもの考え方。
- 問題に対する子どもや親の対応の仕方。
- 過去に試して助けになった方法とならなかった方法。
- 子どもと親の認知行動療法に対する期待。
- 子どもと親の変化に向けての準備と認知行動療法に取り組むモチベーション。

子どもは，最初の面接時，不安を感じ，心を開かず，無口になり，セラピストがアセスメントする目的など当然よくわからないでいるので，初回面接の目的を伝え，子どもが積極的に参加できるように配慮しなければならない。質問は子どもに直接するが，親が答えてしまう場合もある。子ども以外からの発言は，子どもがどう思うのか，思わないのかなど子どもの思いを汲み取りながら聞く。

言葉でのコミュニケーションだけではなく，言葉以外の方法も用いて，アセスメントする。幼い子どもの場合は，例えば，子どもが難しさを感じている状況の直前，その状況の最中，直後について絵を描き，その横にどんな気持ちだったのか，何を考えたのかを映画のワンシーンのように描いてもらうという方法（子ども p.98）がある。

子ども以外の関係者たちからも情報を収集して，アセスメントに役立てる。親と子どもが一緒だとお互い話しにくいことがあるので，時間を分ける。守秘義務に関しては，はじめに共有し，子どもも親も何が共有されて，何がされないかを理解し，どういう状況では共有されるか説明され，合意する。

アセスメントの際，子どもと親では問題の捉え方が違う場合がある。例えば，親としては，子どもが外出しないのは，やる気がないからだと捉えているかもしれない。しかし，子どもにしてみれば，やる気の問題ではなく，人のいる場が心配で，どのようにしたらいいかわからないために，避けているのかもしれない。したがって，アセスメントの段階では，このような親と子どもの認識や行動の意味の違いをはっきりさせる。そのためには，フォーミュレーションを共有し，目標を立て，親も子もそれに合意する。このケースの場合は，子どもが家で過ごし，人のいる場を避け続けるのではなくて，段階的に人のいる場に出ていく方法がある。

子どもと出会った瞬間からアセスメントは始まり，認知行動療法の哲学——子ども中心，アウトカム中心，ふりかえり，エンパワメント——が重視され，基本的態度であるPRECISEが始まる。子どもとのやりとりを通して子どもの言葉や非言語的スキル，思考力，感情の表現力などの様々な能力をアセスメントする。また，家族のコミュニケーションの仕方を観察し，出来事に対してそれぞれが違った受け止め方や理解をしていることを把握し，認知行動療法が適切な介入方法なのかを判断する。アセスメントしながら，認知行動療法のモデルを心理教育し，認知行動療法への関心，参加意欲を確かめることもできる。

アセスメントを「日常的なアウトカム指標（ROMs）」で補完する

アセスメント面接は，「日常的なアウトカム指標（Routine Outcome Measures：ROMs）で補完されなければならない。これらは，短時間で終わる標準化された尺度で，症状の変化と介入効果を測るために，介入の途中でも使われる（Hall et al., 2013）。ROMsは子どもが自分の症状の状況や，改善具合を理解するのに役立ち，その結果によって介入の方向性を導くためにも役立つ。ROMsを使う利点には次のようなものがある——症状の改善を早める（Bickman et al., 2011; Knaup et al., 2009; Lambert, and Archer, 2006），子どもとセラピストのコミュニケーションを良くする（Carlier et al., 2012），期待する状況になっていないことを早いうちに見つける（Lambert, and Shimokawa, 2011）。

様々なROMsを紹介する。Child Outcomes Research Consortium（CORC）のウェブサイト（www.corc.uk.net/）〔訳注：英語版のみ〕に英国で最もよく使われるROMsが掲載されている。

▶ Revised Child Anxiety and Depression Scale（RCADS）

8～18歳対象で，親子がそれぞれ答える。質問項目が47ある。頻度に関して1～4の数値で表し，合計し，下位項目とともに，全体の不安得点を出す。

▶ Generalized Anxiety Disorder Assessment（GAD-7）

全般性不安障害を測る。質問項目が7しかない短い自己記述式の質問紙である。16歳以上が対象である（Spitzer et al., 2006）。最近の2週間で，それぞれの症状にどれくらい悩まされているかを4段階で答える。それぞれの点数を足し，合計を出す。

（日本語訳：https://www.cocoro.chiba-u.jp/recruit/tubuanDB/files/GAD-7.pdf）

▶ Mood and Feelings Questionnaire（MFQ）

6～17歳対象で，親と子どもがそれぞれ答える。質問項目が33ある，自己記述式の質問紙である。「当てはまる」，「時々当てはまる」，「当てはまらない」の3択式で合計得点を出す。

▶ Patient Health Questionnaire（PHQ-9）

13歳以上が対象で，質問項目が9ある，自己記述式の質問紙である（Kroenke et al., 2001）。DSM-IVにおけるうつの9つの基準を測定する。0（全くない）から3（ほとんど毎日）の間で答える。広く使われる質問紙である。

（日本語訳：https://www.cocoro.chiba-u.jp/recruit/tubuanDB/files/PHQ-9.pdf）

▶ Strengths and Difficulties Questionnaire（SDQ）

幅広く使われている行動に関するスクリーニング尺度である。子どもの情緒や行動，多動および衝動性，友達関係，反社会的行動に関する25の質問がある。11～17歳の子どもが対象の自己記述式質問紙と，3～17歳の子どもを持つ親や教師が記述する質問紙がある（Goodman,

1997)。

（日本語訳：https://ddclinic.jp/SDQ/aboutsdq.html）

▶ Child Revised Impact of Event Scale（CRIES）

8歳以上の子どもが対象のPTSDの尺度である。侵入思考と回避を測る8個の質問項目と，過覚醒を含む13個の質問項目がある。0（全くない）から5（いつもある）の間で答える。

目標と期間について話し合う

子どもの個別の目標設定（若者 p.110）は，標準化されたROMsとともに使うことで，どのように治療をしていくか決めるのに役立つ。子どもが達成したいと思う目標を設定して，毎セッション，1（到達できていない）〜10（到達できた）あるいは，1〜100で到達度を示す。目標を設定し，到達度を意識することで，子ども自身が何に向かって行動しているのかわかり，目標に向かう行動をとることができる（Weisz et al., 2011）。毎セッション測ることで，状況把握に役立ち，うまくいっていないなら何をするか修正でき，いつ終結すればいいのかもわかる。一方で，はっきりと数値化するのを望まない子どももいるので，子どもに応じて使い分ける必要がある。

子どもにとっては，目標に基づいた自分専用のスケーリングを作った方がモチベーションが高まり，標準化された尺度より馴染み（Bromley, and Westwood, 2013; Edbrooke-Childs et al., 2015），ROMsでは，測りきれない子どもの対処法，生活への影響，子ども自身の成長の変化がわかる場合もある（Bradley et al., 2013)。例えば，ROMsの結果はあまり変わりなくても，より日常生活にうまく対処できて，活動的になれていることがわかることもある。

子どもが自分で決める目標は，「悲しまない」，「心配しすぎない」などの否定的な言い方にならないようにし，本人が納得し，定期的に到達度を確認できるものにする。曖昧で否定形で表わされる目標だと，測定が難しく，ポジティブな行動が意識されなくなってしまう。目標設定のポイントは，大切なポイントの頭文字を取って「SMART」と覚えておくとよい。

▶ Specific（具体的）——子どもが何をするか，具体的にポジティブに示す。

▶ Measurable（測定できる）——進み具合が計測できる。

▶ Achievable（達成できる）——現実的で達成できる。

▶ Relevant（合っている）——子どもにとって重要で，モチベーションが高まる。

- ▶ Timely（タイムリー）——ちょうどいい期間の中で達成できそうなものにする。

高すぎる目標は，モチベーションを下げ，「自分はできない人間だ」と思ううまくいかない考えを強め，自己効力感を低めてしまうので，スモールステップに分ける。成功するように目標を設定し，一歩ずつが自信となり，自己効力感を強め，積極的に取り組むきっかけになるようにする。

目標を定める

若者にとって，自分で目標を定めるのは難しいかもしれない。なぜなら，今の状況が普通で，問題がなくなった後の生活がどのように変わっているのか想像するのが難しいからである。その場合，「奇跡の質問」（若者 p.109）をする。これは，解決志向ブリーフセラピーから借りてきたもので，Steve de Shazer が用いているものである。「今晩寝ている間に奇跡が起きたらどうなっているか」という質問をして，若者がどうなりたいかということを具体的に引き出す。「奇跡の質問」は，未来志向型で，子どもは，過去や現在の問題について考えるよりも，問題が消えてなくなっている将来の自分について考えることができる。

- ▶「今晩寝ている間に奇跡が起きたとします。朝起きたら，すべての問題が消えてなくなっています」

上記の質問をした後に，何が変わっているかを具体的にするための質問が続く。

- ▶「どんな感じがするかな？」，「例えば，気分が落ち着いて，満たされていて，穏やかな気分とか？」
- ▶「何をしているかな？」，「例えば，何か違うことができているかな？　行ったことがない場所に行けているかな？　いつもはしない行動をとっているかな？」
- ▶「どんな考えをしているかな？」，「例えば，頭をよぎるけど，そんなにその考えにとらわれないで済んでいるとか，自分に優しい考えをしているとか？」

もし，若者がうまく奇跡が起きた時の自分について想像ができなかったら，第三者の視点を使う手もある。

▶「ほかの人，例えば，お母さんとか親友はどうやってあなたの問題が消えているって知るかな？　あなたのどんなことに気づくかな？」

目標の優先順位を決める

若者がいくつか目標を決めたら，次に優先順位をつける。目標の数が多くなりすぎないよう（若者 p.110），とりわけ重要と思われる3つほどに絞るとよい（Weisz et al., 2011）。それぞれの目標がどうして重要なのか話すこともできる。

▶「いくつか目標を決めたね。どれから始めようか？　どれが一番，あなたにとってできたらうれしいかな？」

最も重要な目標は，達成するのが一番難しいかもしれない。そのため，うまくいき，若者のモチベーションを高めるには，より簡単に達成できる目標から始めたほうがよい。そうしたほうが，やればできるという思いを強められる。

誰の目標か？

子ども，親，教師など他の大人は，それぞれに期待がある。子どもと共通している場合もあるが，違う場合もあり，いくつか目標がある場合は優先順位が違ったり，目標に向かう取り組み方が違ったりする場合もある。

▶ 学校に行けていない子どもにとっての目標は，「友達を作ること」かもしれない。友達と学校まで一緒に行くことが，不安の軽減や，学校に行くための助けになるかもしれない（友達の助けや支えが助けになる）。

▶ 親にとっての目標は，「毎日学校に行く」かもしれない。なぜなら，学校に行けない時間が長引くと勉強が遅れてしまい，ますます学校から足が遠のいてしまうのではないかと思うからである。

▶（早く学校に戻ってほしい）教師にとっての目標として，「数学に追いつくこと」といった特定の教科が挙がるかもしれない。なぜなら，数学が一番重要だと考えて，数学に追いつければ学校に登校しやすくなるのではないか（勉強のプレッシャーを取り除いてあげたい）と考えているからである。

この例では，全員が同じ目標――「学校に行けるようになる」――を目指しているにもかかわらず，考え方だけでなく，達成するための方法も異なっている。同じ目標を達成するためにも様々な方法があることを取り上げて，どうやれば目標を達成できそうか話し合う。それぞれが目標達成までに良いと思っていることをメモしておくと，面接時に共有できるかもしれない。ただし，子どもの意欲とモチベーションを維持するためには，子ども自ら挙げたものから試してみたほうが効果的である。親や教師の考えは無視されるのではなくて，「駐車しておく」，「保留にしておく」ようにし，尊重される。子どもが自分の決めた標的行動を達成できたら，「駐車」ないし「保留」にしていた目標を取り上げ，次にやることとして話し合ってみてもよい。

不適切な目標

若者が定めた目標が適切ではなかったり，現実的ではなかったりすることもある。

- ▶ 摂食障害の若者が，今の危険な体重を維持したいと言う。
- ▶ いじめられている子どもが，体を鍛えて，逆にいじめている人たちをやっつけたいと言う。
- ▶ うつの若者が，「毎日幸せな気分でいたい」と言う。

このような若者が立てた目標を受け止めつつも，適切ではなく，非現実的であることをはっきりと伝えなければならない。食べる必要があること自体受け入れるのが難しいのを理解しつつ，食べないでいるという選択肢がないこともはっきりさせなくてはならない。いじめられる不満を理解しつつ，いじめている人をやっつけることは危険で，ほかの方法を見つける必要があることを伝える。同様に，毎日幸せな気分でいるのは難しいが，もう少し現実的な目標を立てられるということを伝えなければならない。

日記，吹き出し，スケーリングを使う

日記は，アセスメントにも，他の様々な目的のためにも使える。日々の主な感情や，身体の反応（若者 pp.174-175），考え方（子ども pp.108-109；若者 pp.127-129），反応の仕方，長所（若者 p.67），ポジティブな出来事（子ども p.167；若者 p.68），優しくしたり優しくされたりしたこと（子ども p.62；若者 p.84）を捉えることができる。子どもが記録する際には，その目的をはっきり伝え，具体的に何を書いてきてほしいか，記録する期間，

どれくらい書けばよいかを明確に伝える。そうすれば，必要最低限のものから意味のある情報が得られることが伝わり，面倒に思う気持ちも，「やってみよう」という思いに変わるかもしれない。何をどれくらい書くか，紙に記録するかデジタル媒体にするかなどは，子どもとやりとりしながら，共通理解ができるようにする。

事例　気絶しそうなサラ

サラ（16歳）は，気絶しそうになる時に「急に変になる」ことを心配していたが，きっかけやパターンはわからず，探りたいと思っていた。サラは，週に2回くらいはこうなるので，1週間記録をつけてみることにした。いつ，どこで起きるのか書き留めることによって，何か似た出来事がきっかけになっているかもしれないと思った（表3.1）。また，その時の考えと行動も記録することにした。

その記録には，3つの出来事が書かれていた。時間帯やきっかけとなる出来事に共通点はなかったが，共通するテーマを発見し，人が大勢いる場所で起こることがわかった。気絶しそうだと感じると，サラは「この状況に耐えられないから逃げなければいけない」と思っていることもわかった。記録をつけたことで，何も共通点がないように思えていた最初の考えとは違い，パターンがあることに気づいた。

表3.1　サラの日記

日時	何が起きたか？	何を感じたか？	何を考えたか？	どんな行動をしたか？
月曜日の朝	学校の集会	気絶しそう，緊張	息ができない，ここから出たい	保健室に行った
土曜日の午後	友達と町に出る	震え，気絶しそう，熱い	人が多すぎる，家に帰りたい，もうどうしようもない	親に電話して母親に迎えに来てもらった
木曜日の午後	ダンスのレッスン	汗をかく，気絶しそう	気分が悪いから，早退して家に帰ろう	体調が悪いと先生に言って，母親に電話させてもらった

チェックシート

チェックシートは，行動，感情，考えがどれくらい起きるか簡単に記録する方法である。何をチェックするか決まれば，子どもや親は発生時にチェックマークを書けばよい。簡単なので，頻度が高い行動の量を測るときに役立つ。

- ユイトには，「誰かを傷つけるのではないか」という侵入思考がある。その思考がどれくらい起きるかスマートフォンに記録した。
- スミレには，全般性不安障害があり，頻繁に親へ再確認を求めた。親は再確認するたびにチェックシートにマークをつけて回数を把握し，スミレの再確認の頻度に変化があるか記録した。
- ルイは，他者の優しさに気づくのがあまり上手ではなかったので，誰かが自分に対して優しくしてくれた時に，スマートフォンのチェックシートにマークをつけた。

考えを書き出す吹き出し

アセスメントの時点で，子どもがどれだけ自分の考えを意識できているか，そして不快な気持ちにさせている考え方やその内容を捉えられているかを見る。そのために，「その時，何を考えていた？」，「頭にどんな考えが浮かんだ？」と直接聞き，もし子どもが答えられたら，よくある考えや考えのわなについて話し合うことができる。

しかし，このような直接的な質問では，「わからない」とか「別に」とか「ない」と言い，答えられない場合もある。このような場合は，漫画で使われる「吹き出し」を使うと「考え」を表現できるかもしれない。3歳の子どもでさえ，「吹き出し」の中には，その人の考えが書いてあることを理解できるし（Wellman et al., 1996），7歳以下の子どもなら，考え，感情，行動を区別でき，また，その人なりの考えがあることや，2人が同じ出来事に対して違う考えを持つことも理解できる（Quakley et al., 2004; Wellman et al., 1996）。自分のことがわかる（自己認識）という点では，Flavell et al.（2001）は，6歳くらいから自分の心の中の声がわかることを示している。したがって，自分に優しく話しかけることをコンセプトとするポジティブなセルフトークは，考えに関連する介入方法のひとつとして有効であり，幼い子どもに馴染みやすい。

アセスメントでも，漫画の一コマのような絵や吹き出しが書いてあるワークシートは使いやすい。例えば，漫画のキャラクターのイラストに空白の吹き出しがあれば（子ども p.115），幼い子どもでもそのキャラクターが何を考えているか想像することができる。一人の子どもから4つ吹き出しが出ているワークシートもある。文字や絵で，自分について（子ども p.112），将来について（子ども p.113），自分の行動について（子ども p.114）書くためのワークシートである。また，吹き出しは，難しい状況で，自分が何を考えているか書く時にも役立ち，その子の考えの内容を捉えることができる。

▶「初めて会う人と話す時のことを，この吹き出しに絵か文字で書いてくれる？」

▶「友達があなたを誘い忘れた時のことを，この吹き出しに書いてくれる？」

▶「お父さんが叱った時には，どんなことが頭に思い浮かぶかな。この吹き出しに書いてみてくれる？」

視覚化

「視覚化」は，子どもの感情や考えをアセスメントし，子どもが認識するのに役立つもうひとつの方法である。例えば，サッカーが好きな子どもには，サッカーの試合をイメージしてもらい，その時にどのような考えや感情になるか聞く。子どもの好みに応じて，シチュエーションは変えてよい。

▶ サッカーが好きな子どもに，好きな選手がゴール手前にいるところを想像してもらう。選手はちょうどゴールの前に立って，ゴールキーパーのほうを向いている。その選手にボールがパスされた時，ゴールを見る。その選手がボールをキックしようと走り出した時の気持ちと考えを子どもに説明してもらう。さらに，その選手がゴールを入れた時，あるいは外した時の気持ちと考えを説明してもらう。

物語

子どもの問題に関係する物語を創ってアセスメントする。物語を聞きながら，子どもがどのような考えを持ち，どのような気持ちを感じ，どのように行動するか質問する。例えば，学校でいじめられているサエに，学校に行くのが怖いクマの話をしてみる。

セラピスト　新しい学校に転校した，小さなクマの話をしてもらってもいいかな。

サエ　別にいいけど。

セラピスト　クマの名前はどうしようか？
サエ　ブーね。
セラピスト　ブーはどこに住んでいて，何が好きなの？
サエ　ブーは，木の穴の中に，お母さんと弟と住んでいるの。ブーは，運動やゲームが苦手で，ほかのクマとあまり話さない感じ。
セラピスト　ブーに友達はいる？
サエ　いない。だって，ブーはまだ転校してきたばかりだから。
セラピスト　ブーは学校に行っているの？
サエ　うん。今日が初めての日。
セラピスト　そうなの!?　どうなるのかなぁ。
サエ　ブーはお母さんに連れて行かれるけど，ブーはすごく怖くなって泣いちゃうの。お母さんと一緒にいたいって思うわ。
セラピスト　ブーは何が怖いの？
サエ　言ったでしょ。だって，誰のことも知らないし，人見知りなの。
セラピスト　ブーが学校に行く時，どんなことを考えるの？
サエ　普通のこと。
セラピスト　普通のことって？
サエ　どこから来たのかとか，なんでお父さんがいないのかとか聞かれたり，笑われたりするの。ブーの声は聞き取れないくらい小さい声だから，そのせいもあると思うわ。

この物語には，サエの体験や心配が含まれている。サエの父親は薬物依存であり，薬物を買うお金欲しさに，近所で窃盗したり，突然訪れて母親に金銭をせびったりすることがあった。その結果，家族は何度も引っ越さないといけなくなり，サエは何度も転校させられていた。そのたびに，サエは他の子どもから家族や父親のことを聞かれて，答えづらかった。そのことで，徐々に学校に行くのが嫌になり，朝起きられなくなっていた。

スケーリング

認知行動療法では，若者の行動や，感情の強さ，考えを客観的に捉えるために，量を測る。量的なアセスメントの重要性は次の通りである。

- 考えや感情といった内的なことを客観視するため。
- 思春期の若者にはよくありがちな二極化思考に対して，グラデーションを持たせるため。

- エクスポージャーをする時などの変化を捉えるため。
- リラクセーションなどの感情対処技法の有効性を示すため。
- 長期的な進み具合を目立たせるため。
- わずかで見落としがちな重要な変化を明らかにするため。

悲しみ，怒り，不安など認知行動療法で取り上げる感情は，誰にでもあるものであるが，それらの感情が強すぎて，生活に支障が出る時に問題になる。したがって，認知行動療法の目標は，これらの感情をゼロにしたり，取り去ることではなく，軽減させて，若者の生活への悪影響を減らすことである。また，若者はうまくいかない考えに気づき，認知再構成法で，助けにならない考えが思い浮かぶ頻度を減らすことを目指す。しかし，認知再構成法でも考えをうまくコントロールできない場合があるので，考えが思い浮かぶ頻度や内容を変えることを目標とするのではなく，マインドフルネスを使い，考えからくる不快感の軽減を目標とする。

円グラフ

円グラフやパイ型チャートと呼ばれるものは，色々な要因がどれほどあるか，量を可視化するのに役立つ。

事例　テルの手洗い

テルには，多くの強迫行動があり，一度に4回洗わないときれいになったと思えない洗浄強迫がある。4回の手洗い中で，1回ごとにどれくらいきれいになっていくかを円グラフで表し，図3.1のような円グラフをテルと共に作った。

完成した円グラフを見ると，4回目の手洗いは割合が小さかった。この結果を手洗いの回数を減らす実験をする時に使い，4回目をやめると考えるようになった。

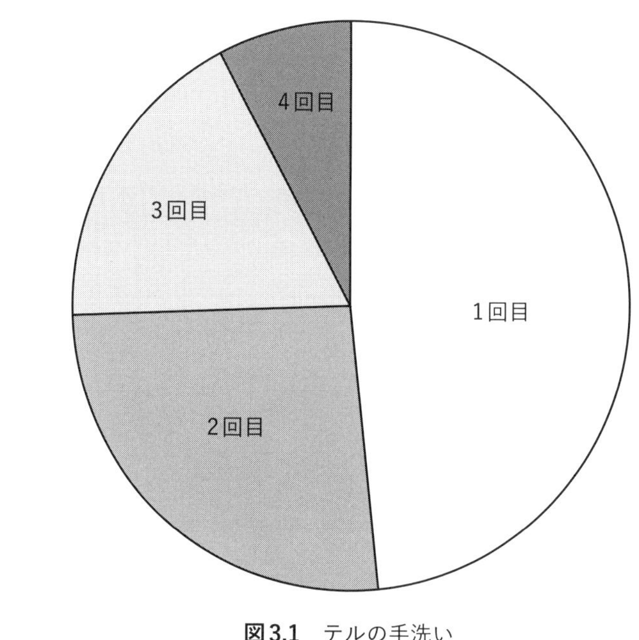

図3.1　テルの手洗い

モチベーションと変わることへの準備ができているかをアセスメントする

変わることへのモチベーションを高めるには，以下の事柄を認識できるとよい。

- 問題意識がある。
- 問題は変えられると思う。
- 助けを求めるということは，変わるために役立つと思う。
- 自分がスキルを身につけていくためにセラピストが助けになると思う。

アセスメント時には，子どものモチベーションと変化に対する準備ができているかを考慮する。「変化の段階モデル」の各段階が，どれくらい積極的に認知行動療法に参加できる状態かを判断する枠組みを与えてくれる(Prochaska et al., 1992)。このモデルは，薬物やアルコール依存の治療でよく使われ，変化への準備は徐々に成立するプロセスであり，時間がかかり，0か100のように二極化されているものではないことを示す。子どもがどの段階にいるかをセラピストが判断し，どれくらい集中して認知行動療法の介入ができる状態かを示す（図3.2)。

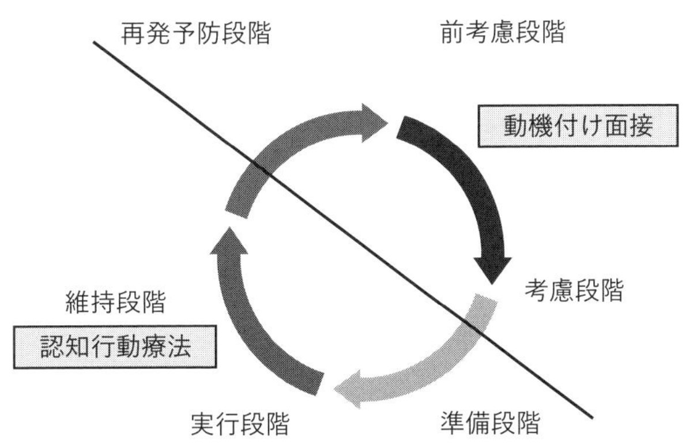

図3.2 「変化の段階モデル」とセラピーの中心となるもの

前考慮段階

子どもとセラピストの出会いの段階である。多くの子どもは，誰かに連れて来られ，自らの意思による来談ではない。そのため，問題意識は低く，変わる必要性を感じていなかったり，変われると思っていなかったりするので，イライラしていたり，心を閉ざしていたりして，「問題はありません」，「別におかしくないし」と言う。また，「ここにいる必要がない」，「いつもこうだから」と関心のない態度を見せる。「どうせできないし」と言って全くやる気を示さず，自分ではどうすることもできないとあきらめている場合もある。ただ，このような状態は，変わるためにどうしたらいいかわかっていなかったり，まさかこの状況が変わるとは思っていなかったりするだけで，全く問題がないと思っているわけではないことが多い。

子どもは変われると思っていないため介入には消極的になっているので，変われるかもしれないと気づくための簡単なターゲットを決める段階である。また，問題が解決した時にどうなるかを明らかにすると，問題にはまっているときには，今まで考えることがなかったことを考えるきっかけになるかもしれない。それは，将来に目が向き，目標を立て，変わろうと思うきっかけになる。

- ▶「書くことが苦手な子どもはたくさんいるから，パソコンを使ったらどうかな。そうしたら，自分の考えていることを書くことはできそう？」
- ▶「親のことは当然心配だよね。友達の家に泊まりに行くために，心配とうまく付き合うことはできるよ」
- ▶「先生に目をつけられていると思うのね。そうだとしたら，どのようなことで自分だけと思ったのかな。それ以外に，先生から，あなたをほかの人より目立っていると思われたことはある？」

前考慮段階で投げかける質問の目的は，現状と将来の違いをはっきりさせることである。

- ▶「家か学校でどうなりたいというのはある？」
- ▶「何が一番心配？」
- ▶「いつそれが心配になったり，問題になったりするの？」
- ▶「変わるためには，何が起こるといい？」

子どもは，今のことで精一杯で，なんとかしたいとも，変われるとも思っていないかもしれない。そういう場合，まずは安全・安心感が大切になるため（Piacentini, and Bergman, 2001），急がせないで，セラピストは，変わる可能性について楽観的でいながらも，今は積極的に何か変えようとするタイミングではないことを受け止める。

考慮段階

この段階の子どもは，若干の問題意識を感じはじめてはいるものの，その問題は変えられるものなのかどうか不安に感じていて，積極的に何とかしようとまでは思っていない。そのため，子どもの解決したいという思いを受け止めつつ，問題となっている事柄について話す。この段階の子どもは以下のような訴えをする。

▶「変われればいいけど，あまり気にしていないし」
▶「そうなれば大変じゃなくなると思うけど，うまくいかないと思う」

実験を始めるにあたって，問題が改善した場合の利点や問題を改善する障壁になっているものを考える。このようなことを話していく過程で，子どもがどのようなことに不安を感じ，何が課題になっているのかがはっきりする。以下のような質問をすることで，子どもは自分の中で曖昧だったり，壁になっていることに気づき，課題を乗り越えるための答えを見つけはじめるかもしれない。

▶「したいことをするのに何があなたを止めているの？」
▶「何がうまくいかないと思う？」
▶「しようとするにはどんな助けが必要？」
▶「前にはどんなことが助けになった？」

準備段階

この段階の子どもは，ターゲットを見つけ，曖昧な部分がはっきりし，変わろうとすることを止めているものがはっきりしているので，変化に向けて実験をする準備ができている。しかし，まだうまくいくとは思えていないし，前にやろうとしたもののうまくいかなかったことを思い出したりしている。

子どもがモチベーションをさらに高めて，成功体験となるようにすることが目標となるため，前にうまくいったことに注目し，過去に役立ったスキル，考え，行動を取り上げるなどして，自己効力感を刺激する。子どもを肯定し，長所に注意を向けながらも，セラピストは気分の浮き沈みなど落とし穴の可能性にも目を向ける。

実行段階

認知行動療法の介入を実行する準備が整い，変化に向けて何か実行しようとしている段階である。そのため，認知行動療法を実践し，今までにやってうまくいったことをさらに積み上げていく。

維持段階

新しく身につけたスキルを様々な場面で応用し，その結果をモニタリングしてふりかえり，スキルを維持する。さらに，子どもは，これから待ち受けている困難を予想し，困難な場合にどうするかを計画し，問題解決スキルを身につける。

再発予防段階

前のようなパターンに戻ってしまうと，子どもは問題が改善しないのではないかと思ってしまうので，今まで対処できていたこととその時の対処法を思い出し，自信を取り戻すことが目的となる。

「変化の段階モデル」は，子どもが変化に向けてどれくらい準備ができているかを示し，認知行動療法をどのくらい集中的に行うか見極めるのに役立つ。認知行動療法を実施するのは，準備段階，実行段階，維持段階である。この段階の子どもは，目標を立て，うまくいく可能性へのモチベーションが高まっている。一方で，動機付け面接は，再発予防段階，前考慮段階，考慮段階で行い，子どものモチベーションを高めることが重要である。

第4章 行動技法

日本のセラピストのみなさんへ

行動技法は，子どものモチベーションと自己効力感を高める有効な手段である。不安階層表とエクスポージャーは，不安が強すぎて行動できなくなっている子どもに取り入れる。今は不安によってコントロールされて動けなくなっていても，少しずつ行動することで自己コントロール感を取り戻し，「大丈夫」や「安心」を積み重ねて，不安と付き合えるようになる方法である。行動活性化は，気分が落ち込みすぎて行動できなくなっている子どもが，「気分が良くなるまで行動するのを待つより，行動してみたら気分がついてくる」ことを実感できる方法である。

行動技法を使う介入を紹介する。

行動技法は，認知行動療法の中心的な介入方法である。古典的条件付けとオペラント条件付けの理論に基づいて，望ましく，役立つ行動を行えるように様々な技法が発展してきた。系統的脱感作は，若者が恐怖を感じる出来事や状況に立ち向かい，対処するために役立つ。作成した不安階層表に沿って，段階的に恐怖を感じる出来事に立ち向かう。エクスポージャーと反応妨害法は，強迫性障害（OCD）の若者がいつもの反復行動をせず恐怖を感じる状況に向き合い，強迫行動を乗り越えることを目的とする。行動活性化は，日中に気分が良くなる活動を取り入れる活動計画を立て，より生産的な活動をするための方法である。さらに，ご褒美カードを使い，行動に随伴する結果を工夫し，標的行動を誘発し，強化する。問題解決スキルは，問題を克服し，対人関係の有効性を高めるのに役立つ。

行動技法を使って改善を目指す

階層表を作る

今まで回避していた場面や出来事に向き合うスキルを育てるためには，まず何に恐怖を覚えるか，恐怖を覚える場所・もの・状況を書き出し（若者 p.221），目標を決め，目標に少しずつ近づくためのステップを決めて（子ども p.227；若者 p.222），不安階層表を作り，スモールステップで段階的に不安に向き合っていく。ステップが難しく，曖昧だとうまく向き合えず，自己効力感の低下や改善しないという思いにつながるので，どのようなステップにするかはうまくいく可能性に即して考える。

- 人混みが不安な子どもは，街中やお店，映画館，学校の集会，公共の交通機関を使うのを避けるかもしれない。
- 菌を心配している子どもは，公共のトイレやドアノブを触ることや，みんなが使うパソコンを使うことを避け，自分専用のコップでしか飲み物を飲まないかもしれない。
- 行ったことがない場所に行ったり，進学して新しい学校に行ったりすることが心配かもしれない。

避けている出来事や状況が特定できたら，具体的な目標を決めて，それに向かって徐々に取り組んでいく。

- 人混みが不安なら，目標は友達とカフェでお茶することになる。
- 菌が心配なら，目標は映画を見て，公共のトイレに行くことになる。
- 進学する新しい学校に行こうとするなら，目標はその学校に行って選択科目を選び，学校に通うことになる。

次に，恐怖に立ち向かい，目標達成に向かうためのスモールステップを考える。付箋にどのようなステップにするか書き出す。階層表（はしご）の一番上は，例えば「友達とお茶しに行く」，「映画館のトイレを使う」，「学校に行き，選択科目を選ぶ」と目標を書き込む。はしごの一番下に一番簡単にできそうなものを設定して，上に向かうほど徐々に難しいものにする（若者 p.202）。不安の強さを1～100で測り，不安が強いものを上にし，順番に並べる。

「友達とお茶しに行く」と目標を設定した若者のステップ

目標	ソヨちゃんと一緒に日曜日の朝，お茶しに行く	
ステップ	日曜日の朝，姉とお茶しに行く	不安90
ステップ	日曜日の朝，母とお茶しに行く	不安80
ステップ	土曜日の朝，テイクアウトの飲み物を買う	不安70
ステップ	水曜日の夕方，テイクアウトの飲み物を買う	不安60
ステップ	金曜日の朝，人がいない時間帯にカフェに入る	不安30

「映画館のトイレを使う」と目標を設定した若者のステップ

目標	映画に行き，トイレを使える	
ステップ	学校のトイレを使う	不安90
ステップ	ショッピングモールのトイレを使う	不安75
ステップ	友達の家のトイレを使う	不安48
ステップ	いとこの家のトイレを使う	不安35
ステップ	祖父の家のトイレを使う	不安15

「学校に行き，選択科目を選ぶ」と目標を設定した若者のステップ

目標	学年主任の先生に会って選択科目を選ぶ	
ステップ	学校に行き，書いたものを学年主任の先生に提出する	不安90
ステップ	担任の先生から選択科目のためのプリントをもらう	不安65
ステップ	担任の先生に電話して時間を決める	不安25
ステップ	学校へ行くバスの路線と時刻を調べる	不安10

モチベーションと自己効力感を維持するために，不安階層表のステップは，できそうなものにしたり，難しそうだったら間にもうひとつ加えたりするなど，内容は子どもと一緒に考えて，ちょうど良さそうなものにする。

不安階層表の作成は，OCDの子どもたちにも使える。OCDの場合，何か不快なことが起こるのではないかという強迫観念から生まれた不快感に対し，強迫行動によって一時的に安心を得ようとする。多くの場合，強迫観念は破局的で，誰かが傷ついたり，死んでしまったりしないようにしなければいけないと責任を感じ，儀式的行動を繰り返す。そのため介入としては，儀式的行動をやめ，恐怖と強迫観念に向き合う曝露反応妨害法を行う。儀式的行動をすべて特定し，難しい順にはしごに書き込んでいく（若者 p.222）。つまりやめるのが一番難しいものを最上階，簡単なものを一番下に書き込む。

段階的エクスポージャー

エクスポージャーを計画する際には，若者は恐怖に立ち向かうための理屈を理解していることが重要である。そして，恐怖やOCDの階層表を作った後に，階層表の一番下の段から恐怖に徐々に向き合うエクスポージャーをする（子ども pp.228-229；若者 p.223）。OCDの場合は，強迫観念が出てきても，強迫行動・習慣をしないようにする。エクスポージャーによって，いつものように特定の状況を回避しなくても，あるいは習慣行動をしなくても，不安・心配になる考えに対処できることを知る。1段目に成功したら次の段に挑戦し，1つずつ段階を上げる。あわせて，次のようなエクスポージャーのメカニズムのポイントを伝える。

- フォーミュレーションを見ながら，不安にさせるものを回避したり，同じ行動を繰り返したりすることで，今は不安をなんとかしようとしていることを伝える。
- 今の避ける方法では，一時的に安心するが，不安な気持ちの対処法としては役に立たず，不安な気持ちがまた戻ってきてしまうことを伝える。
- 生活を元に戻すためには，不安に立ち向かうという今までとは違うアプローチを取る必要があることを伝える。
- 不安に立ち向かえば不安を感じるが，そのままでいると段々と不安感に慣れて，受け入れられるくらいの不安になることを伝える。
- このプロセスによって，不快な気持ちに耐えられ，不安が軽くなることを実感できることを伝える。

次は，エクスポージャーの説明の仕方である。

- 「不安になるようなことを避けてきたよね。避けた直後は，一時的にホッとするけど，同じ状況ではまた不安になっていたと思う。でも，これからずっとうまく不安と付き合える方法があって，それは不安を避けないようにする方法なんだ。きっとそれを聞いて，『できないと思う』とか『うまくいかないと思う』と思ったんじゃないかな。でも，サポートするし，できることがあるし，できるところから少しずつ立ち向かっていけばいいから。そうしたら必ず不安は軽くなるからね」

若者は，不安に立ち向かうタイミングは自分で決めたいと思い，「気分がましな時にする」と言うかもしれない。その場合は，若者の心配な気持ちを理解し，不安に関する心理教育をし，どうして不安に対処すると助かるのかわかりやすく伝える。あるいは，あるステップが難しくて達成できないと思っているのかもしれないので，もう少しやさしいステップを考える。いずれにせよ，恐怖に立ち向かうときは不安になるのが当然で，不安がなくなるまで待つのは現実的ではない，だからできる範囲でやってみよう，とすすめる。場合によっては，事前に日にちと時間を決めたほうがやりやすいかもしれない。若者の準備の状況に応じて，エクスポージャーを取り入れる。

エクスポージャーでは，時間とともに不安が軽くなるので，それがわかるように不安の強さを数値化する。不安の強さを1〜10，あるいは1〜100で表わし，始める時，最中，不安が下がるまで測り（子ども p.191），数値がしっかり下がるまでその状況に居続けることが重要である。エクスポージャーを取り入れる前までは，不安になればすぐにその状況から逃げていたけれど，エクスポージャーをして，その場に居続けることが，不安を下げるということを経験する。そのため，エクスポージャーには，不安が下がる経験ができるまでの十分な長さの時間が必要である。そして，ふりかえりをする。うまくいったことを自覚して，次のステップに納得して進めるようにする。エクスポージャーは，繰り返し不安が軽減されるまで行う。例えば，誰かと話すことに不安を感じる若者は，不安が軽くなるまで何度も誰かに挨拶をする練習をし，そして定着させる。

反応妨害

OCDの若者は，悪いことが起こらないように強迫行動を繰り返す。このような「安全探索行動」には，様々な形がある。

- 洗浄——手，コップ，皿などを洗う。服を着替えて洗う。
- 確認——戸締り，電源を切る，蛇口を閉める。
- 数える——決まった回数繰り返す，決まった順番に並べる

これらの安全探索行動は，一時的に安心をもたらすものの持続せず，心配が湧き起こり，強迫行動を繰り返すことがわかっている。そのためOCDへの介入では，恐怖に立ち向かい（エクスポージャー），強迫行動をやめる（反応妨害）ことを目指す。

- 洗浄強迫の若者は，自分が触ったものから菌が移るのではないかという恐怖心を持っている。反応妨害としては，手を洗わないようにして便器を触る。
- お風呂の蛇口を閉め忘れているため，家が水びたしになるのではないかと恐れ，蛇口が閉じているか何度も確認する。反応妨害としては，

手洗いした後に，蛇口を閉じるのは一度だけにする。

- ▶ 本を決まった順番に並べないと何か悪いことが起きるのではないかと心配する。反応妨害としては，本を順番に本棚に返さず，決まった順番にしない。

反応妨害で強迫行動をやめると当然不安になる，ということは伝えておく。フォーミュレーションを参考にし，以下のように説明する。

- ▶「その習慣をすることで，不安が軽くなり，悪いことが起こらないようにしているよね。そうすると少しのあいだだけ，ほっとするけど，心配にさせる考えはまたすぐ戻ってくるでしょう。だから，繰り返しその習慣をせずにはいられないよね。でも，心配にさせる考えがあっても，もう習慣をしなくてもいい方法をしてみようか」

事例　ジュンの菌に対する心配

ジュン（13歳）は，大事な家族に菌を移して，家族が死んでしまうのではないかと心配していた。それはジュンの祖母が抗がん剤治療をしているときに，祖母の免疫機能が落ちていて，感染症にかかりやすいから，お見舞いの時は，体を清潔にしなさいと伝えられた頃から始まった。それから，自分が菌を移してしまうのではと心配になり，感染させてはいけないから強迫行動（手洗い，ドアやドアノブに触らない，洋服を着替えるなど）が始まった。しかし，あまりに普段の生活ができなくなっていたので，ジュンは，このような行動をやめようと決心した。

- ▶ ジュンは，不安階層表を作り，最初のステップは，お風呂のドアを触っても手を洗わないことにした。
- ▶ 手洗いをしないようにしている時に，どうやって不安に対処できるか計画を立てた。ジュンは，対処するための自分をはげます言葉（子ども p.169）「手は汚くない，自分の考えが心配にさせているだけだ」を用意して，「OCDが自分の手を汚いと思わせているんだ」と思えて，菌に関する考えを見直した。ジュンは，OCDを「いばりん坊」として外在化させ，そのいじめっ子（考え）の言うことは聞かないと計画し，マインドフルネス（子ども p.80；若者 p.96）を練習した。
- ▶ そして，ジュンは，お風呂のドアを触っても手を洗わないようにした。不安の強さを数で表わし，時間とともに下がっていく様子を観察した。

エクスポージャーをする際の問題

若者の回避

エクスポージャーは，若者を不安に立ち向かわせて不安を軽減するのに有効な手段だが，実際，負担にもなる。そのため，エクスポージャーの課題にとまどい，やる気がなえ，回避のパターンに陥ることもある。このような場合，理想の目標に辿り着いて元の生活を取り戻すために，今の行動から抜け出す必要があることに注目する。そして，エクスポージャーに効果がある理由をわかりやすく説明し，回避を続けるデメリットをおさらいし，セラピストがしっかりサポートすることを約束する。若者の持ち味や，得意なこと，うまくいったことなどのプラス面にも目を向けて，立ち向かう力を得るようにすることも大事である。その一方で，色々と工夫しても若者が踏み出せない気持ちを持ったままの場合は，一旦課題を中止する必要もある。しかし，エクスポージャーのすべてをやめてしまうのではなくて，不安階層表にはない，今できることで何か不安に立ち向かえそうなことが見つけられたら，それをするとよい。

▶「不安に対処できると証明できることを，ほかに探してみようか。今の時点では，この課題で立ち向かうのは難しいと言うのはわかったから，代わりに，今日，何かできそうなことあるかな？」と聞いてみる。

セラピストの回避

若者の負担になるだろうと思い，エクスポージャーをセラピスト自身が回避し，進めるのが難しくなる場合もある。イメージを使ったエクスポージャーまではできても，実際の現実場面を使うエクスポージャーに進めなくなってしまう場合もある。しかし，イメージ上のエクスポージャーは，予期不安には効果的であるが，実際にできるようになるためには，現実場面のエクスポージャーが必要である。なぜなら，現実場面のエクスポージャーは，予期したことが実際には起こらず，それによって安心を実感することを学ぶという効果があるからだ。そのため，セラピストが確証を持てないでいると，無意識に若者の不安に同調してしまい，エクスポージャーをしたくないという思いを強めてしまう。セラピストこそが若者の不快感に対して，前向きに希望を持ち，覚悟して，耐えなければいけない。

もうひとつの問題が，先延ばしである。エクスポージャーの話をしてみるものの，若者が気乗りしなかったり，躊躇したりしていることに対して，エクスポージャーをする際の当然の不安があるにもかかわらず，まだ準備ができていないと受け止めてしまい，実行しないままになってしまう。この判断はスーパービジョンで取り上げ，それがセラピスト自身の不安によるのかどうか検討できるとよい。

不安が軽減しない

エクスポージャーをする際，不安は軽減し，対処できるものだということを若者が実感することが重要である。このような実感がないと，若者の不安に対する，耐えられない，対処できないという思いを逆に強めてしまう。そのため，課題は不安が軽減されるまでの十分な長さの時間を必要とする。セッション中に行う場合は，不安の強さを測りながら，不安がしっかりと軽減されるまで行う。

若者は自分の不安にフォーカスしているか？

「気晴らし」や「頭を使うゲーム（例えば，123から9の引き算を続ける）」（子ども p.156）は，予期不安には一時的に効果がある方法である。

- 学校に行くときの不安に対しては，「気晴らし」をすることで，自分の内的な不安反応から気を逸らし，ニュートラルな刺激に注意を向ける。例えば，親から子どもに，「赤い車を3台見つけて」，「子どもの自転車を探して」，「茶色い犬を探して」などとミニクイズを次々と出す方法がある。

エクスポージャーの際には，このような「気晴らし」はしない。子どもは，不安に立ち向かい，じっくりと耐える。気晴らしをしない代わりに，自分をほめたり，はげましたりする言葉を使ってもよい（子ども pp.168-169）。

親は適切に参加しているか？

親は，子どもの回避に協力していたり，子どもが怖がっている姿を見たりするのを負担に感じているかもしれないため，親自身が，エクスポージャーの意味を把握し，協力することで子どもが生活を取り戻せるということを理解してもらう。子どもが不安に立ち向かおうとする時や対処しようとしている時には当然不安になることを理解してもらう。そのような子どものがんばりに，親が耐えられず，協力できない場合には，ほかの誰か（もう片方の親，祖父母，親戚など）が協力できないか話し合う必要がある。

活動計画と行動活性化

活動計画

活動計画は，気分の落ち込みやストレスが溜まっているときに気分を良くする活動を生活に取り入れる方法である。不快な気持ちを，楽しい，リラックスといった逆の反応によって軽減する方法である。まず若者は，何をしている時にどんな気持ちなのか，気持ちの強さを記録し，モニタリングする（子ども p.222；若者 p.233）。記録の頻度（毎時間毎日記録するのか？），記録の期間（数日記録するのか？）を決めて，子どもの負担を考えて頻度や期間を少なくしたほうがよければ子どもに合わせる。記録を取る目的は，時間帯，出来事，強い不快な気持ちとのつながりを見ることである。ある特定のつながりが見つけられたら，若者は不快な気持ちになりやすい時にできる，気分が良くなる活動があるかを考え，取り入れる。

事例 アリサの落ち込み

アリサ（17歳）は，ずっと気分が優れないので，何かパターンがあるか記録を取ることにした（表4.1）。毎時間記録を取るのは負担だし，忘れてしまうので，1日を6つの時間帯に分けて，悪い気分の強さを測ることにした。それでもアリサは，記録を取り続けられないと思い，記録しているうちに，「いつも同じだから記録する意味がない」と言った。

記録を見ると，アリサの気分はいつも低く，7～10の間だった。しかし，記録は1日の中で多少の違いはあり，朝起きた時と，学校から帰ってきた後に悪いことがわかった。その結果から，何ができるか，以下のことを話し合った。

- ▶ アリサは，起きた途端に今日はどんな悪いことが起こるのかと考えはじめることがわかったので，悪いことが起こるという考えを聞かないようにするための活動をすることにした。また，アリサは，音楽が好きなので，起きたらすぐにラジオをつけることにして，考えから気を逸らすことができるかやってみることにした。
- ▶ アリサは，学校から帰った後，誰もいない家に帰ると，今日の出来事を思い出し，どれだけ悪かったかとぐるぐると考えてしまい，気分が悪くなっていた。アリサは元々走ることが好きだったけれども，落ち込むようになってからは走らなくなっていたので，誰もいない家で今日の振り返りをして悪いことばかりを考えるよりも，少し走りに行くのはどうかと話し合った。

表4.1　アリサの記録

曜日	起床時	午前中	お昼頃	帰宅後	おやつ時	寝る時
月	10	8	9	9	7	9
火	10	7		9		9
水	10		7	10	7	10
木	10		9	10	7	9
金	10	8	8	8	8	
土	9	7	7		8	
日	9		7		8	10
月						9
火	10			9		

行動活性化

行動活性化は，気分の落ち込みがある若者に役立つ方法である。人はうつ状態の時，活動が低下し，その代わりにマイナスの考えにとらわれる。以前は楽しんでいた活動，人と関わる活動，目的を持った活動，やれば何かが達成できる活動をする機会が減っているので，行動活性化は，若者を忙しくさせて，やりがいがある活動をすることを助ける。

行動活性化の最初の目的は，気分を良くするというよりも，もう少しだけアクティブになることを目指す。今より少し活動し，活動することに対して，内的なご褒美（周りから「できたね」と言われて少しうれしいと感じる，やっている間は体が軽くなったり，気分が少し良いと感じたりする）を得られるとよい。最初のうちはすぐに気分が変わらないので，できることからやってみる。そのあいだは，落ち込まないと感じる程度かもしれないが，続けるうちに，あとから気分が変化してくることを実感できる。

行動活性化の方法や効果を説明した後に，どのような活動ができるか，どうしたらもう少し楽しくなるかを考える（子ども p.223）。今はしなくなっている好きだった活動，あまりしないけれど楽しい活動，やりたいと思っている活動を見つける（子ども p.225；若者 p.234）。活動が思い浮かばない場合もあるので，サポートし，その子に合った活動を考えるのが鍵となる。

- 人との活動――兄弟で買い物をする，家族と食事をする，友達と宿題をするなど。

- 運動——ランニング，ダンス教室，散歩，サイクリングなど。
- 趣味——お料理，お菓子作り，ゲーム，絵を描く，音楽を聞くなど。
- 達成できる活動——自転車を直す，絵を描く，洋服の整理，お手伝い，好きな飲み物を買いに行くなど。

活動のリストが作れたら，1つか2つ選んで，楽しめるように週間予定に組み込む（若者 p.235）。活動を決める際には，意味があり，その子の興味や関心，価値観に沿ったものにする。

- 環境問題に興味があるなら，リサイクルできるゴミを集めたり，整理したりすると意味があり，モチベーションが高まるかもしれない。
- 健康的な生活を送りたいと思っているなら，運動や誰かと健康的なものを食べる。
- ほかの人の役に立ちたいと思っているなら，祖父母のお手伝いをするのはやりがいがあるかもしれない。

活動を選ぶ際には，あまり高望みしすぎず，負担になりすぎないものにし，気軽にできてうまくいくタスクにする。することで気分が良くなるのであって，する前から気分が良くなることはないので，「気分が良くなったらする」と言うのを待って先延ばしにせず，すぐに始めるようにする。活動を始めたら，子どもを励まし，よくできていることを支持し，どれだけできているか丁寧にふりかえることで，子ども自身もうまくいっていることを実感できるようにする。飽きさせない工夫も必要である。

行動活性化を行う際の問題

する気がしない

行動活性化の一番の問題はやる気の問題である。多くの場合，子どもは，気分が落ちているので「やる気がない」，「気分が良くなったらする」と言うが，子どもの気持ちに理解を示しつつ，少し勧めてみたり，背中を押してみたりすることも大事である。動かないとどうなるかを話し合いながら，動くとどうなるかも伝える。行動活性化を行うかどうかの判断は，自分がどのように感じているかを基準にしない。それよりも，最初は少しがんばる必要があるかもしれないが，活動的になれたら気分が良くなると伝える。今より楽しめるようにワークシート（若者 p.234）を使って計画を立てると助けになる。

やってみたものの気分は良くならない

気分が落ち込んでいるときは，できたことを見過ごし，過小評価し，軽視するものだ。また，前はもっとできていた，自分よりできる人がいると考え，できたはずのことに意識が向かなくなる。「1ページは読んだけど，前は1週間で1冊読めていた」，「庭でボールを蹴ったけど，こんなことできて当たり前。前は，いつもサッカーチームで練習していた」などと言う。このような場合は，過去の自分やほかの人と比べるよりも，今実際にできたこと，今ここに注意を向けるような言葉をかける。

▶ （1週間で本を1冊読んでいた時もあったけれど）半年前は本を手に取ろうとさえしなかったよね。でも，今，本を読み始めたのは一歩前進だよ。

▶ （サッカーチームに入っていたけれど）ここ何年かはボールを蹴ることさえしなくなっていたよね。それが，外に出て，ボールを蹴って，ドリブル練習までできたのはすごいと思うよ。

意味がない

行動活性化の活動は，子どもにとって意味あるものにし，楽しみややりがいを与えるものにする。「やらなければいけない」，「させられる」という思いでは続かず，やったとしても良い気分にならないし，その自覚もないため，行動活性化の意味があまりなくなってしまう。子どもがしたいと思える活動をするようにする。

行動的方略を使う明確な根拠を与える

セラピストと子どもの協働作業を深め，新しいことをするモチベーションを高め，最終目標である自分自身のセラピストとして，人生のガイド役になるために，有効な方法を明確に親と子どもに説明することは認知行動療法の基本である。

すでに取り上げているエクスポージャーでは，若者が主体的に恐怖に向き合えるようになるために，しっかりと伝わるわかりやすい説明が必要である。エクスポージャーは，不安に対する中心的な介入法であるが，回避とは真逆の方法なので，当然若者は恐怖を感じる。実際，現在の回避行動とは違って，恐れているものを避けるのをやめて立ち向かうことを求められているのだから，エクスポージャーの課題にセラピストと若者双方が納得・合意する必要がある。納得することで自己コントロール感も高まる。そして，やめたいけれどやめてはいけないという曖昧な思いや，面倒だからやめようという思いを理解しながら，しっかりと確実にエクスポージャーを進める。

ご褒美と随伴する結果を決める

心理的問題があるとできなかったことや不十分なことに目が行ってしまい，うまくいったことやがんばっていることに意識を向けたり，認められなくなったりする。がんばりを認められないとモチベーションが下がり，改善したことやうまくいったことを見過ごしてしまう。ここでは，「随伴性のマネジメント」の原理を使って，問題の維持や問題の改善に役立つ関わりについて見る。つまり，行動は結果に随伴し形成されるので，プラスの結果は行動を強化し，マイナスの結果は行動の発生を弱める。

- 不安な子どもは，自分の心配と対処法を親と長い時間かけて話す。時間の長さと親の注目は，ますます不安を強め，不安の対処にならない。
- 親が勇気を持つように強化し，親の時間と注意を，勇気を出して対処したことに向ける。不安に対処しようとする話が強化される一方で，不安に関する話は聞き流されるか，注意を向けてくれなくなる。

「ご褒美表」は，標的行動を決めて，随伴性のマネジメントをわかった上で使う。ご褒美には様々な形があり（子ども p.231），子どもの発達レベルに合わせたものにする。子どもの場合は次のようなものにする――具体的なもの（ご褒美シール，賞状，小さなプレゼント），少し特別感があるもの（遅い時間まで起きられる，ゲームをいつもより30分延長できる，特別バージョンのエピソードを見られる，ケーキを焼く，おやつに好きなものを食べられるなど）。若者の場合は次のようなものにする――内的な部分に影響するもの（身近な人からの「よくがんばった」と言ったようなポジティブな言葉をかけられる，注目される，ハグされる，自分自身を褒める），贅沢感があるもの（自分を甘やかす，キャンドルをつけてゆっくりお風呂に入る，ネイルをする，大好きなココアを飲む），誰かとすること（父親とサイクリングに行く，仲良しの従姉妹と買い物に行く，母親とゲームをする，友達と散歩する）。このように様々なご褒美があるだろう。

幼い子どもの場合は，標的行動をはっきりさせ，行動できた時に，ご褒美を与えられるようにするとよい。ご褒美カードを作り，誰もが見えるところに貼り，家族が気づきやすくし，頻繁に褒められるようにする。以下にご褒美カードを作る際の手順を述べる。

▶ 標的行動を明確にする

標的行動は，具体的でポジティブな言い方にする。「いい子になる」のような抽象的なものや，「弟と喧嘩するのをやめる」のような標的行動を説明していないマイナスの言い方にはしない。例えば，具体的に「食事中は座っている」，「弟におもちゃを貸す」などプラスの言葉で表わす。

▶ ご褒美に納得する

子どもが何をしたらご褒美がもらえるかわかるように，どのようなご褒美にするか決める。ご褒美は，お金がかかる大掛かりなものにする必要はなく，子どもにとってやる気が出て，意味があるものにする。あわせて言葉でも褒める。

▶ 標的行動を達成する回数を決める

もし形のあるものにするなら，手に入れるまでに時間が長すぎると，意欲が維持できず，どうせもらえないだろうと思ってしまうので，実現可能な回数を決めて，達成するともらえるようにする。例えば，「寝る時間までに準備する」だと，1日に1回しか達成できないが，「おもちゃを貸す」だと1日に何回か達成できて，3回貸せたらご褒美がもらえるとする。

▶ 一貫性を持つ

ご褒美に親も子どもも納得したなら，そのご褒美のままでやり遂げる。親が標的行動に対して，ポジティブに働きかけ，注目し，褒め続けると，子どものモチベーションが維持され，このご褒美システムがうまくいく。親がご褒美を忘れたり，標的行動に興味を持たなくなったりすると，子どもの意欲は下がる。ご褒美は標的行動が生起した時だけ与え，悪いことをした時に減らすことはしない。

▶ 重視する

ご褒美カードは，標的行動に，子どもも親も意識が向くためのものなので，できた時には，十分に褒め，注意を向ける。調子が悪く標的行動ができない時は，次の日の始まりにまた新たにがんばってみることを促す。

いくら親が子どもを褒めても，子どもがそれを否定し，「うまくいっていない」と思い，あきらめてしまうかもしれない。しかし，子どもを褒めることをやめれば，子どもにとってその行動は，無視され，もう重要ではなくなってしまう。親がどうするかは重要であり，親が褒めたことを子どもが受け入れなくても，褒め続ける必要がある。子どもが否定する場合は，褒め方を変えて，「できたね，星シールもうひとつね」とさりげなく短く伝えたり，「わざわざ言われるのは嫌かもしれないけど，できたということをわかってもらいたいから言うね」と伝えたりして言い方を調整する。

お手本，ロールプレイ，問題解決，スキル訓練

対処法のお手本を見せる

新しい対処スキルを育てる上で，親の役割はお手本，コーチング，強化の鍵となる。若者は他者を観察することで学び，親がどのように感じているかを察知し，どのように振る舞っているかを見ている。もし親がいつも恐怖，心配，不安な気持ちばかり話していると，子どもは，世の中が自分では対処できない怖い場所だと無意識に学習する。

親自身の問題として，対処するのが難しい恐怖や心配を抱えているとしても，これは否定されるべきではない。しかし，対処できずに，不安にさせるものを避けているお手本を見せるよりも，子どもが学んでいるスキルを使って，親自身も立ち向かい，対処し，不安を乗り越えようとしているお手本を見せるようにする。その結果，親が良いお手本となり，すぐにできるようにならなくてもいいからあきらめずに，助かる方法があることを示せる。

子どもが立ち向かうことを褒める

親は，子どもが苦しんでいる姿を見たくない。だから，なんとか苦しみを減らそうとするが，時に，これは予期しない結果を生み出す。例えば，「その誕生日パーティーのことで大騒ぎしても意味がないわ。行かなければいいし，行かなくてももっとほかにいいことがあるわよ」と親が言うと，この言葉は，若者の気持ちを一瞬楽にする。しかし，不快な気持ちに対処していないどころか，嫌な気持ちになる状況を回避することを強めている。このような言葉をかける代わりに，むしろ親は若者が不快な気持ちを抱えながらも向き合おうとしていることを励まし，対処しようとしていることを褒めて，親自身も子どもの不安に共に向き合っていることを示す。

前向きになる，励ます

子どもがうまくいくために，親は子どもを導き，手をかけ，間違いなくできるように練習させる。そのため知らぬ間に，口うるさくなり，できているところを見るよりも，できないところを見てしまうようになる。このように手を貸し口を出すと，子どもは，うまくいくわけがない，対処できないと思ってしまう。そうではなく，子どものできることに注意を払い，

それを褒めると，子どものスキルと強みに重点が置かれ，子どもはポジティブなことをやってみたくなる。子どもがすることは完璧でなくても構わないと覚えておくことも，子どもをサポートする助けになるだろう。

不快な気持ちを抱えることを学ぶ

つい親は先回りして，子どもが不快な気持ちにならないようにしてしまう。人混みが苦手なら，子どもを買い物には連れて行かないようにする。そうすると子どもから，立ち向かう機会を奪い，自分の強い気持ちを対処したり，抱えたりすることを学習する機会を失わせてしまう。不安を感じさせないようにするのではなく，親は恐怖に立ち向かうように励まし，どのように恐怖を抱えるかを学ぶことにチャレンジさせる。

自立に向けて応援し，褒める

親がやってしまったほうが，子どもが自分でできるようにするよりも簡単で早い。例えば，子どもは修学旅行に行きたいと思っているが，心配で先生に質問でできないでいると，親は先生に連絡し，知りたかったことを聞いてしまう。それはたしかに助けにはなるが，いつも親が子どもに変わってするパターンになってしまうと，子どもはいつも親を頼りにするようになる。自立のためには，親が代わりにしてしまうのではなくて，子ども自身が答えを見つけられるにはどうしたらいいか考えてみるように促し，それを実際にやるためのサポートをする。例えば，先生に何を質問するか考えさせて，親が先生役になって，子どもは質問をする練習ができるだろう。

他者から学ぶ

親から学ぶ以外に，他のロールモデルを見て学ぶこともある。誰をお手本にするか，どうやってその人が問題に対処したかを話し合う（子どもp.247）。例えば，社交不安障害の子どもは，どうやって人と話すといいかをおしゃべり好きな大人に聞いたり，観察したりする。クラスで当てられた時に間違うのではないかと心配している子どもには，ほかの誰かが間違った時にどんなことが起きているか観察させる。

ロールプレイ

ロールプレイは，過去の出来事を相談できる（「何があったかやってみせてくれる？」），安全に立ち向かえる，新しいスキルを学べる（「どうするかやってみせてくれる？」）技法である。ロールプレイは，アクティブラーニング（何が起きたか，どのようにするかを実際に示す）の機会となる。過去の出来事のロールプレイでは，その時の考えや気持ちを捉えるのに役立ち，「次に同じことが起きた時はどうしようか？」というふりかえりにもなり，「みんなが笑ったと言っているけど，ユイちゃんだけだったみたいだね」と見直す機会にもなる。

ロールプレイは特定の場面——クラスの前で発表をする，レストランで今日のおすすめ料理を聞く，友達に遊ぼうと誘う——を設定して練習する。ひとつの決まりきった，完璧な受け答えを身につけるのではなくて，相手や状況に応じて自分のスキルをうまく使って対処する練習をするので，子どもに自信をつけさせるのに役立つ。

- 発表する時，ほかの人たちはどうやってうまくいくことを想像して，不安になることに対処していると思う？　あるいは，言うことを忘れたらどうすると思う？
- もしお店の人が無視したら，それを聞いた人はどうすると思う？　単に聞こえなかっただけならどうすると思う？
- もし友達が電話に出なかったらどうすると思う？　あるいは忙しいと言われたら？

ロールプレイは，簡単なものから難しいものまで様々な経験と練習ができる。ロールプレイは，ビデオに撮って，子どもがうまくできたところや，もう少し改良するといいところをふりかえり，もう一度やってみる。もし，子どもができなくて固まってしまったり，困ったりしたら，ロールプレイを一旦止めて，どのような自動思考が頭に思い浮かんだのか聞き，その考えにどう対処するか考えて，再度ロールプレイで練習してみる。

問題解決

若者は，物事をじっくりよく考えて問題を解決するスキルが欠けている場合がある。問題が難しくて，簡単に答えが出ない場合，解決しようとしないで避けようとする。感情が強すぎて，うまく頭で考えられなくなり，理屈の通った冷静な判断ができないこともある。様々な他の可能性を考えられず，今までうまくいかなかった方法をそのまま続けている場合もある。

問題解決スキルは，問題に対する構造的なアプローチである。つまり，様々な思いつく答えとその結果を考え，精査するやり方である。幼い子どものためには，信号機にたとえた次の3つのステップ（子ども p.251）がある

- 赤は，止まれ

  一度問題から離れて，見つめ直して，客観的に問題を把握する。

▶ 黄色は，様々な答えを考える

「ほかには？」，「あるいは？」とセラピストは語りかけ，次々と違う答えを考えさせ（子ども p.246）さらに，その一つひとつの答えをよく見て，それぞれのプラス面とマイナス面を検証し，どの方法を試してみるか決定させる（子ども p.248）。

▶ 緑は，進め

決定した方法を試すステップである。そして，試してみた結果，よかったのか，またするのかをふりかえる。

思春期以降の若者には，次の5ステップのやり方がある（若者 p.201）。

▶ ステップ1――問題を具体的に説明する。この時間を取ることで，若者が自分の問題を冷静に捉えることができ，感情で決断を下すことがなくなる。例えば，「土曜日，サッカーの試合に行けない」とか「明日，友達と街に行けない」とか，「週末出かけられない」というのは，自分には限られた友達しかいないからだと思っているかもしれないが，実際は，お金がないということもあるかもしれない。だとすれば，友達が限られているというよりも，問題は，どのようにお金を稼ぐか，そうしたら友達に会えるかということである。

▶ ステップ2――様々な可能性を考えるために頭を柔軟にする。ここでの目的は，良い／悪いなどどちらか一方の極端な判断はしないで，できる限り多くの可能性を考えることである。もし若者が答えを見つけられずに困っていたら，友達や家族に様々な可能性がないか聞いてみることを提案する。

▶ ステップ3――可能性とその結果を検証する。このステップを踏むことで，正解は1つではなく，ベストな答えがあるとも限らない難しい問題があることを知るのに役立つ。ある1つの可能性を選んだときの短期的，長期的な結果を考え，自分以外の関わる人がどうなるのかということまで考える。例えば，いじめてきた人を叩き返すという1つの可能性は，直後は気分がスッキリするかもしれないが，長期的には停学になるかもしれない。新しい友達と仲良くするという可能性は，友達関係を広げられるかもしれないが，今の友達との関係はどうするのかという問題が残る。

▶ ステップ4――可能性を検証して，バランスをみて，現時点ではベストになりそうな答えを選ぶ。すべてを満たす完璧な正解はないので，何を重視するか考えて，答えを出し，実行してみる。実行しないで問題をそのままにしたり，先延ばしにしたりしないようにする。

▶ ステップ5――最後のステップは，ふりかえりと検証である。うまくいったこととうまくいかなかったことを考えて，次の機会にどう改良するか考える。

 スキル訓練

対人関係スキルが高くなく，問題が維持されている場合は，ソーシャルスキル，コミュニケーションスキル，アサーションスキルの練習を取り入れる。

- ソーシャルスキルの問題――例えば，視線を合わせない，話す声が小さい，表情が場面にそぐわないと友達を作るのが難しい場合がある。
- 自分の思いをはっきりわかりやすく伝えるのが苦手な場合，自分の考えが無視されるので，他人に合わせてしまう。
- 自分の思いをアサーティブに伝えられないと，いじめられたり，利用されたりしてしまう。

若者が効果的にコミュニケーションを取り，自分の考えを伝えられるようになることを目的とした対人関係スキルを練習し，育てる。ロールプレイをして，ビデオに撮って練習する。

- ソーシャルスキルを身につける――視線を合わせる，声を大きくする，聞きたいことを聞くなどのスキルを身につけて，人付き合い能力を育てる。
- コミュニケーションスキルを身につける――ほかの人の意見を気に留めながらも，自分の意見もきちんと踏まえて，主張したり，妥協したりして，対立を減らす。
- アサーションスキルを身につける――今まで周りに理解されなかったり，嫌な気持ちになったりしていたことを我慢しないで，落ち着いて，丁寧に，しっかりと自分の思いを伝える。

第5章 認知技法

日本のセラピストのみなさんへ

思い込みを修正するのは一筋縄ではいかない。だからこそ，この章では「うまくいく考え方」に向かって，自分の考えを見つける冒険が始まる。冒険の途中では，「下向き矢印法」や「何が起こるのかな？」，「もしもクイズ」で，自分の考えと出会う。その後，「考えの網」や「吹き出し」，「考え日記」を通して，新たな考えの仲間と出会い，冒険は続く。「証拠は？」や「4Cs」，「ほかの人ならどういうだろう？」を通って，新しい考えとより関係を深めていく。さらに，「マインドフルネス」や「アクセプタンス」，「コンパッション」という他の仲間が待っているルートもある。考えの冒険は奥深い。少し難しいけれど，目標を目指していけば，体に力がつくことを「体力」と言うように，考え方にしなやかな力がつく「考え力」が身につくはずである。

認知技法を使う心理支援を紹介する。

認知技法のセッションでは，若者は自分の考えが，感情や行動にどのように影響を与えているかを理解するためのサポートを受ける。助けにならない考えが特定されると，若者は偏った否定的な考えのわなに気づく。特定できたら，第二世代の認知行動療法では，これらの否定的な偏った認知を，よりバランスが良い，うまくいく考えに変えられるように直接働きかける。うまくいかない考えを見つけ，調べ，見直し，変えていく。さらに，自分の考えを検証し，本当にそうなのかという証拠を集め，今までとは違う視点を身につけ，よりバランスの良い考え方ができるようになる。第三世代の認知行動療法では，考えとの関係性を変える。考えていることを直接変えるというよりも，若者は，自分の考えていることを客観的に捉えて，思考の自然な働きとして受け入れ，やり過ごす。マインドフルネスや，自分に優しくする方法で，思い浮かんだ考えに現実のことのようにとらわれないようにする。アプローチの違いはあるものの，両方とも自分の考えに気づき，不快な気持ちを軽減し，考えを機能させることが目標である。

考えに気づく

考えの内容

認知行動療法では，助けにならない，否定的で偏った考え方は，強い不快な感情やうまくいかない行動とつながっていると仮定している。

- 攻撃的な若者は，誰かから意図的に攻撃されるという偏った考えを持っている。曖昧な状況において，怖い，敵意がある，挑発的と捉えて，攻撃的になる（Lansford et al., 2006; Yaros et al., 2014）。
- 不安な若者は自分を怖がらせる考えに偏っている。怖いものに注意を向け，曖昧な状況を怖いと捉え，対処できないと予想する（Barrett, Rapee et al., 1996; Bögels, and Zigterman, 2000; Waite et al., 2015）。
- うつの若者は，自分のダメなところに考えが偏っている。自分自身や予想に対して否定的な見方をして，ポジティブなことを見過ごしたり，見えなかったり，1つの失敗をほかにも当てはめて考え，うまくいったことは自分自身の力ではなくて，偶然などの自分ではない外からの力の作用だと捉える（Curry, and Craighead, 1990; Kendall et al., 1990; Shirk et al., 2003）。

考えのレベル

Beck（1976）の認知モデルは，3種類の認知を特定している。中核的信念／認知的スキーマ，推論（人生に関する先入観），自動思考である。

中核的信念／認知的スキーマ

中核的信念と認知的スキーマは，深く定着した強固な考え方である。認知的モデルでは，助けにならない中核的信念や，自己防衛のための偏ったスキーマは幼少期から形作られ，多くの心理的問題の根底にあると仮定している（Beck, 1976; Young, 1990）。子どもや思春期の研究は限られているが，強固な信念とスキーマが子どもの頃から存在するとしている（Rijkeboer, and de Boo, 2010; Stallard, and Reyner, 2005）。さらには，このような不適切なスキーマは，うつ（Lumley, and Harkness, 2007），肥満（Van Vlierberghe, and Braet, 2007），攻撃（Rijkeboer, and de Boo, 2010）などの心理的問題（Stallard, 2007; Van Vlierberghe et al., 2010）と関連がある。幼少期のどの時期にこのようなスキーマが形作られるのか，そしてどのようにこれらが定着し持続するのか，そのプロセスについては明らかにされていない。

中核的信念／認知的スキーマを見つける──下向き矢印法

中核的信念／認知的信念は決めつけ──たとえば「自分はダメな人間だ」，「誰からも愛されない」，「悪い人間だ」──で表わされるが，その思いが面接で直接表現されることはない。下向き矢印法（Burns, 1981）は，その思いを特定する便利な方法である（子ども p.147；若者 p.162）。若者に決めつけや強い考えが出てきたら，「（もしそれが本当なら）それってどういうこと？」と，中核的信念が出てくるまで繰り返し聞いて，掘り下げていく。

事例　笑い者になるのではないかというフミコの心配

フミコは，社交不安障害があり，人前で笑い者になるのではないかとよく心配している。この考えの根底にある中核的信念を見つけるために下向き矢印法を用いた（図5.1）。「みんなに嫌われている」という信念に気づけたことで，フミコは，集団場面で話せなくなり，嫌われないように何を言うか常に気をつけていた自分の行動や，人前を避けている理由が理解できた。

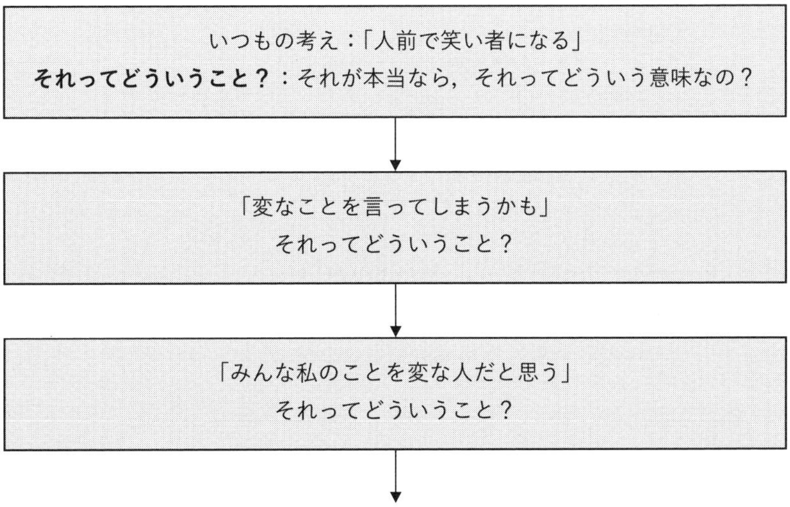

いつもの考え：「人前で笑い者になる」
それってどういうこと？：それが本当なら，それってどういう意味なの？

↓

「変なことを言ってしまうかも」
それってどういうこと？

↓

「みんな私のことを変な人だと思う」
それってどういうこと？

↓

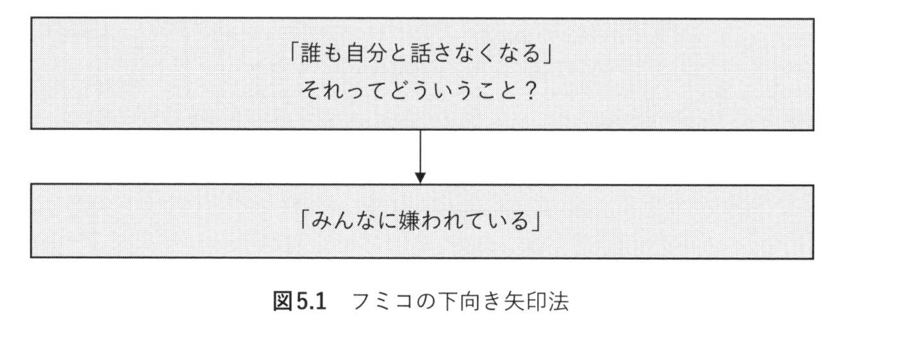

図5.1　フミコの下向き矢印法

中核的信念／認知的スキーマを見つける——質問紙

信念を質問紙で補う方法もある。質問紙を使うと若者の信念に当てはまる考えが見つかるので，セッションで取り上げて，話し合うとよい。「子どものためのスキーマに関する質問紙」（Stallard, and Reyner, 2005）を用いると，Young（1990）によって特定された15の子どもの不適切なスキーマを見つけることができる（子ども pp.149-152；若者 p.164）。それぞれのスキーマは，「誰も自分をわかってくれない（社会的孤立）」，「悪いことが自分に起きる（傷つきやすさ）」，「感情を人に見せてはいけない（感情抑制）」など短い一言で表わされる。「全く信じない（1）」から「強く信じる（10）」の1〜10の数値で測る。The Schema Inventory for Children（Rijkeboer, and de Boo, 2010）も，Youngの不適切なスキーマを元に作った質問紙である。11のスキーマを測定する40個の質問があり，「いつも自分のやり方で行うべきだと思う（権利）」，「誰も信じてはいけない（不信）」，「いつも誰かのためを思わないといけない（自己犠牲）」などの質問がある。「当てはまる」から「当てはまらない」の1〜4の数値で表わされる。

推論

推論や先入観は，私たちの人生におけるルールである。認知の枠組みを操作し，考えと行動のつながりを説明する。フミコの場合，「みんなに嫌われている」という信念により，周りの人たちがみんな不親切であると推論し，人と関わったり，話したりすることを避ける行動につながる。推論は，よく「もし…なら，〜になるだろう」，「〜べき」と言い表わされる（Greenberger, and Padesky, 1995）。推論は表面的に言い表わされることが少なく，直接的な言い方ではない場合が多い。

「何が起こるのかな？」

「何が起こるのかな？」という質問を使って，先入観を見つける。若者に興味を持つことで，若者は，中核的信念と行動がどうつながっているのか見つけようとするかもしれない。以下は，ケイコの先入観を見つけるためのやりとりである。

セラピスト　全部きちんとやって，間違ってはいけないと話していたよね。そうだとすると，宿題をするときはどうなるの？
ケイコ　すごく心配になって，すごく時間がかかるの。
セラピスト　それって，遅いからなの？
ケイコ　ううん，違う。
セラピスト　だとしたら，どうして時間がかかるの？
ケイコ　ちゃんとできてると思えないからなの。見直して，確認して，直すから，すごく時間がかかるの。
セラピスト　サッと1日で済ませて，次の日に提出したことはあるの？
ケイコ　そんなことしたことないわ。だって間違えているかもしれないから。
セラピスト　そのどこが間違っているの？
ケイコ　もっとしっかりやらないといけないっていうこと。
セラピスト　たくさん時間をかければ，それだけいい点数が取れるってこと？
ケイコ　そう。だから何度も何度も見直すの。

ケイコには，「完璧でないといけない」という先入観があることがわかった。また，「**もし**時間をかければ，うまく**いくだろう**」と予想していることがわかる。

「もしもクイズ」

「もしもクイズ」を使って，先入観や推論を見つけることができる(子ども p.99)。「もしも」で始まり，「〜だろう」で終わる文章の真ん中に，子どもが何が起きるかを書き込むクイズである。例えば，「もしも間違えたら」と始まっている文章に，子どもは，「怒られる」と書き込み，「だろう」で終わる。「もしも成功したら，**私はラッキー**だろう」，「もしも自分を好きな人がいたら，**みんなに優しい人**だろう」と文章を完成させる。**ゴシック体**のところが子どもが書き込んだ部分である。

先入観がはっきりしない場合は？

子どもの先入観や推論がはっきりしない場合がある。その場合は，「？」マークをフォーミュレーションに残しておき，後のセッションで見直し，どのような先入観が現在の行動に影響があるかを明らかにしていく。

自動思考

自動思考は最も捉えやすい考えである。自動思考は頭をぐるぐると巡り，自動的に思いつく考えで，私たちに何が起こっているのかを伝えている。次々に浮かんでくるため意識されないことも多いが，時に意識されることもある。筋が通ったいつもの考えなので，それが普通だと思い込んでいる。

自動思考は，ポジティブで助けになることもあるが，ネガティブで助けにならない時もある。セラピストは自動思考を特定し，助けにならない自動思考が，嫌な気持ち（例えば，悲しみ，不安，怒りなど）と助けにならない行動（例えば，やる気を低下させる，状況を避ける，不適切な振る舞いをする）につながっているということをはっきりさせる。

思考記録表と吹き出しを使う

直接的な質問

自動思考は，「その時，何を考えていたの？」という直接的な質問によって引き出されるが，Friedberg, and McClure（2002）は，以下の他の質問の仕方を示している。

- 「どんなことが頭をよぎったの？」
- 「自分になんて言っていたの？」
- 「何が思い浮かんだの？」

間接的なアプローチ

「考えの網」

直接的な質問をしても，子どもは肩をすぼめて「別に」，「わからない」と言うだけの場合がある。直接的な質問に子どもが答えられなかったり，答えたくなかったりする場合は，間接的な方法をする。子どもは会話の中で自然と考えを発しているので，子どもが話しているのを聞いて，セラピストは子どもが発した考えを集めておく。考えを「網」で捕まえておくイメージである。会話の流れを止めないために，例えば，「前回会った時に，〜

と言っていたけど」,「それが起きた時，何か考えていたことがあると言っていたよね」と言葉を挟む。

考えを集めるときは，子どもが発した言葉を変えないようにする。なぜなら，子どもがその状況を受け止めたままに捉える必要があるからである。子どもの言葉をそのまま使うことは，子どもが理解されたと感じ，関係を深めるためにも役立つ。このプロセスを子どもは，セッション場面以外でも，「頭の中身をダウンロードする」（若者 p.129）で練習するよう促される。強い感情を抱いたら，その時に何が起きたか，誰がいたか，何を言われたか，どんな気持ちを感じたかをなるべく詳しく書くようにする。次のセッションで書き込んだものを見て，重要な考えを見つけていく。

「吹き出し」

特定の考えや考え方を見つけるために，漫画の「吹き出し」を使う方法は，楽しく，子どもが取り組みやすい。考えを目に見える形で見つけられ，同じ状況でも異なった考えがあることを示せる。例えば，人物や動物のイラストの横に吹き出しがあり，そこにその人物や動物が考えていることを書く（子ども p.115)。自分のよくある考えや自分のよくすること，自分の将来に関する考えを人物の横にある吹き出しに書く（子ども pp.112-114)。同じ状況でも様々な考えがあったり，立場によって考えが違ったりすることを吹き出しに書く（子ども p.116)。

7歳くらいになると吹き出しが考えを示すことが理解できる。吹き出しを子どもの問題の状況に合わせて使えば，その時どんな考えがあるかということを見つけることができ，子どもが自分の考えとやりとりできるようにする。

「考え日記」

「考え日記」は，いつもの考えを見つける方法である。「ホットな考え」という，強い感情を感じた時に頭の中をよぎる考えを見つける方法もある(子ども p.108；若者 p.128)。若者は，セルフモニタリングや日記をつけることがあまり好きではない。そのため，どうして記録をつけることが大切であるか理由をきちんと説明するとよい。例えば，四六時中ずっと一緒にいることはできないよね。だから，日記をつけてくれると，あなたのいつもの考えや何があったかということがわかってとても助かる」と説明する。記録の意味を理解し，日記をつけることを納得してもらうためには以下の点に気をつける。

- 記録の目的を明確に伝えたか？
- 子どもは自分の日記帳を使いたいのか，ワークシートに書き込みたいのか？
- 何を書くか項目がはっきりしていたほうがいいのか？　それとも「頭の中身をダウンロードする」のように自由度が高いほうがいいのか？
- 何に記録したいか——紙，パソコン，スマートフォンなど？
- どれくらいの期間記録できそうか？
- いくつくらいの出来事を書き留められそうか？

もし説明しても，記録にあまり気乗りしなそうなら，セッションの中で困難を感じた状況を取り上げて，その時の考えを見つけるようにしてもよい。

うまくいく考えと，うまくいかない考えを見つける

考えを見つけられるようになったら，次に子どもは考えが気持ちや行動に影響を与えることを知る。その際に，うまくいく考えと，うまくいかない考えがあることを理解する。

うまくいかない考え

うまくいかない考えは，やる気やエネルギーを奪い，本当はしたいことをできなくさせてしまう。うまくいかない考えは，ネガティブで，批判的で，うまくいっていないことに注意を向かわせ，うまくいくわけがないことを知らせる。例えば，「街中には大勢人がいるから，私は行けないな」，「どうせまた間違えるからやってみる価値はない」，「友達の家に泊まりに行くと必ず風邪をひくから，行けないと言ったほうがいいな」というような考えは助けにならない。不快な気持ちにさせ，やろうとしないか先延ばしにする。子どもに説明するときは，うまくいかない考えを「ストップの考え」あるいは「赤信号の考え」と信号機にたとえて，したいことを邪魔する考えであると伝えるとわかりやすい（子ども p.110）。

うまくいく考え

うまくいく考えは，やる気にさせ，勇気づけてくれる。この考えは，バランスがよく，前向きで，自分の持ち味やうまくいったことをわからせ，できたことに注意を向かわせて，うまくいくことを知らせてくれる。例え

ば，「街中には大勢人がいるけど，前に行った時は大丈夫だった」，「難しいけど，できる限りやってみるしかない」，「友達の家に泊まってみて，家に電話したくなったらしよう」というような考えは，良い気分にさせ，やる気にさせる。このうまくいく考えは，「ゴーの考え」あるいは「緑信号の考え」と信号機にたとえて，やる気と勇気を与えてくれる考えであると伝える（子ども p.111）。

よくある考えの偏り（「考えのわな」）を見つける

助けにならない考えは，うまくいかなかったり，偏ったりしている。「考えのわな」と言い表わして若者には伝える。考え方について理解することは，自分の助けにならない，批判的で，偏った考え方に向き合い，「考えのわな」に陥らないための助けになる。主要な5種類の「考えのわな」がある（子ども p.124）。その中に，11のよくある偏った考え方がある（若者 pp.138-139）。

マイナスフィルターの考え方

このわなでは，ネガティブにフィルターがかかってしまい，ポジティブなことを見過ごしてしまったり，無視してしまったりする。子どもにわかりやすくするために，選択的抽出を「ダメダメ色めがね」と呼ぶ。子どもは，マイナスのフィルターがかかっているサングラスをかけているように，物事のマイナス面しか見えなくなってしまう。

▶ 今日の学校生活はうまくいった。ショウタは，課題がよくできていたし，サッカーの試合でゴールを決められたし，昼休みは友達と遊んだ。でも，ショウタは「ダメダメ色めがね」をかけていたので，体操着を家に忘れたというたったひとつのことばかりに目が行ってしまい，「最悪だ。もしスズキ先生が朝，会いたいと言わなければ，体操着は忘れなかったのに」と思った。

もうひとつのマイナスフィルターの考えは，ポジティブなことを軽視する「良いところを無視する考え方」である。ポジティブな出来事は，大したことではないとか，関係ないということで却下されてしまう。

▶ リクトは，美術が苦手だった。でも，前回の課題では良い点を取った。それでもリクトは，「みんなも良い点を取った」とその出来事を却下し，美術はできない，苦手だという思いを持ち続けた。

ダメなところを強調する考え方

このわなは，ネガティブなことを大げさにし，より重大なことだったかのように考える。ここには，3種類の考え方が含まれる。

1つ目が「マイナス面を大げさにする考え方」（拡大解釈）で，細かいことが膨らみ重大になる。

▶ ダンスレッスンに遅れたミユは，スタジオに入った時，一人と目が合った。その時，ミユは，「みんなが私をにらんでいる。馬鹿みたいと思われている」と思った。

2つ目が「全か無の考え方」（二極化）で，白か黒，両極端の考えしかなく，中間がない。

▶ ナツミは，親友と喧嘩してしまった。「もう二度と話せなくなる」と思った。

3つ目が「最悪の考え方」（破局的思考）で，小さな出来事を最も悪い結果と捉える考え方である。

▶ フミユキは，少し不安を感じて，ドキドキしていた。そのうち，「心臓発作になるかもしれない」と考えるようになった。

悪いことばかりを予測する考え方

そもそも証拠はほとんど，あるいは，全くないのに，先読みしてこうなるだろうと予測する考え方（結論の飛躍）である。大体において最悪の結末を考える。ここには2種類の考え方が含まれる。

「読心術師」は，他人がどう思っているかわかっていて，最悪だと思われていると考える。

▶ 「マチコとジュリがこちらを見て笑っていた。きっと変な髪型と思われているわ」

「占い師」は，何が起きるかわかっていて，失敗するだろう，うまくいかないだろうと悪いほうを予想する。

▶ 「試験勉強する意味がわからない。どうせ勉強したって明日のテストで良い点が取れるはずないのだから」

自分を責める考え方

自分自身に対して過剰に批判的で，うまくいかなかったことは自分のせいだと思う考え方である。

「クズ人間のレッテルを貼る考え方」（ラベリング）は，人生のすべてにおいて，ネガティブなラベリングをしてしまう考え方である。

▶「僕は負け組だ」，「自分はクズだ」

「自分のせいだと責める考え方」（個人化）は，うまくいかなかったことはすべて自分のせいだとする考え方である。

▶ 親友が転んで膝を痛めたことに対して，「私が一緒にいたら，あんなことにならなかったのに」と思う。

失敗する自分を作り出す考え方

自分は失敗すると決めつける考え方（非現実的な予想）である。期待しすぎて，基準を高く設定するため，達成するのが不可能である。達成できたものに注目するより，達成できていないものに注目する。「べき思考」は失敗したことばかりに目が行くため，さらに「〜すべきである」，「〜しなければいけない」と何かほかのことをもっとしないといけないと考えるようになってしまう。

▶「もっと勉強しなければいけない」

▶「テストで100点を取らなければいけない」

▶「うまく対処しなければいけない」

さらに，この考え方は「完璧主義」ももたらす。達成するのが不可能な基準を設定し，決して達成されない。

▶ シズカは，勉強ができるようになりたいと思っていて，100点を取らないと落ち込み，怒りを感じる。

別の見方をし，バランスの良い考えを育てる

助けにならない，うまくいかない考え方を見つけられたら，若者はその考えに疑問を持ち，検証するよう促される。考えのわなによって見過ごされ，無視されている情報があることに注目し，見過ごしていた情報から新しい情報や意味を見つける。このようなプロセスを経て，若者はバランスの良い考えを育て，見過ごしていた情報に沿った考えができるようになる。

バランスの良い考え方は，ポジティブな考え方とは違う。実際，悪いことは起きるし，人は親切ではないかもしれないし，いつもうまくいくとは限らない。そのような中で全体を捉え，重要なポジティブな情報や助けになる情報を見つける作業が大切である。

「証拠は？」

「証拠は？」では，若者が自分の考え方を支持または否定するすべての証拠を検討したかどうかを確認するための，一連のステップを提供する（子ども p.137）。若者は自分の役に立たない考えを試し，バランスの取れた判断をする前に，以下のステップを実行する。

- この考え方を裏づける証拠は？
- この考え方に問題があるとする証拠は？
- 自分がこうした考え方をしていることを知った親友（第一の証人）は，なんと言うだろう？
- 自分がこうした考え方をしていることを知った親，先生，いとこなど（第二の証人）は，なんと言うだろう？
- 証拠をよく調べよう——考えのわなにはまっていないか？
- どのような判断が下るか？　その結果，今まで調べた証拠に当てはまる，よりバランスの取れた考え方はあるか？

「4Cs」

「4Cs」は，考えに気づき，検証するプロセスを通して若者を導く4つのステップである。4つのステップのポイントとなる言葉，Catch（見つける），Check（調べる），Challenge（見直す），Change（変える）の頭文字を取って「4Cs」と呼ぶ認知再構成法である（子ども p.138；若者 p.152）。

- ▶ 第1ステップは，「見つける」である。不快な気持ちにさせ，実行することを止める，うまくいかない考えを見つける。
- ▶ 第2ステップは，「調べる」である。考えのわなにはまっていないか，状況を実際よりも悪く捉えていないかを調べる。**ダメなところを大げさにみる考え方，悪いことばかりを予測する考え方，自分を責める考え方**になっていないかを調べる。
- ▶ 第3ステップは，「見直す」である。うまくいかない考え方のなかに，その考えに当てはまらない証拠はないか見直す。マイナスフィルターをかけていないか調べて，マイナス面ばかりみたり，失敗する自分を作り出したりしていないか，見過ごしていた新たな重要な情報がないか見直す。
- ▶ 第4ステップは，「変える」である。今までの証拠を振り返って，証拠に合う，よりバランスの取れた，うまくいく考え方にする。

「ほかの人ならどういうだろう？」

若者は自分の否定的な自動思考を検証するのが難しいと感じるかもしれないし，いつもそう考えるので当たり前になっているかもしれない。その時は，別の視点から見れば，それ以外の可能性を考えられる。「証拠は？」のワークで「証人たち」がどう言うかと聞かれて，別の視点から捉えてみるよう促されている。若者は，大切な人が自分の考えを聞いたらどう言うか考えることをすすめられたり，友達や大切な人が自分と同じ考え方をしていたらどう言うのかを尋ねられたりする（子ども p.139；若者 p.153）。

事例　アズサの友達とのいさかい

アズサは，友達のルカと喧嘩してしまい，「私はいつも人とうまくいかない。みんなから嫌われている」と，ずっとネガティブな考えが頭の中に思い浮かんで苦しくなっていた。アズサは，別の見方をし，親友のユリアが自分の考えていることを言っていたら自分はなんと言うかを考えてみた。すると，ユリアはきっと，「ルカは最近ピリピリしているわ。ほかの人ともよく喧嘩しているわよ」と言うだろうと思った。そう思うと，アズサは少し楽になった。また，ルカの怒りが自分に向いたことに対して「自分を責める考え方」のわなにはまっていたことにも気づいた。さらには，「ダメダメ色めがね」のわなにもはまっていて，ルカがほかの人ともうまくいっていないことを見過ごしていたのに気づいた。

スケーリングを使い，両極端の考えを検証する

中核的信念の影響は強く，持続し，変えるのが難しい。「自分はダメな人間だ」と考えるように，多くの信念は，0か100かの思考である。そのため，中核的信念への介入は，わずかだが重要な変化を捉えて，はっきりさせる作業を続ける。まずは，うまくいかない信念に気づき（例えば，「自分には価値がない」），どのくらい強く信じているかを1〜100の数値で測る。中核的信念においては，よりうまくいく信念（例えば，「自分は大切にされている」）をネガティブな信念とともに持ってみるようにする。この考えは，元々のうまくいかない考えに反しているので，最初のうち，若者は信じられずに，うまくいく信念を低く見積もる。そこで，スケーリングを使って，ある出来事が自分の信念にどのような影響を与えるかを調べる。以下のように問いかけて検証していく。

- ▶「『自分には価値がない』という思いを96から90に減らすとしたら，どんなことが起きるといいかな？」
- ▶「友達がどんなことをすると，自分が大切にされていると思える？」
- ▶「親が自分を気にかけてくれているとわかるにはどうしたらいい？」

例外的に体験したことを使うと，ネガティブな信念を見直すきっかけになる。

- ▶「数学の先生に，大切にされているなとか，気にかけてもらっているなと思うことはある？」
- ▶「3人くらいからメッセージをもらったと言っていたよね。そのことは，『自分には価値がない』とか『自分は大切にされている』と思うことにどんな影響がある？」

このように，うまくいかない考えと，うまくいく考えに，両方同時に働きかけることはできる。「自分には価値がない」といったうまくいかない考え方と「自分は大切にされている」といったうまくいく考え方のどちらかひとつではなく，両方を持ちながら，スケーリングを使い，検討していけば，うまくいかない考えの影響が小さくなり，うまくいく考えが強まっていく可能性がある。

マインドフルネス，アクセプタンス，コンパッション

 マインドフルネス

考えを検証したり，変えたりすることは難しい。先述の検証するためのステップを試してみたものの，実感として定着しなかったり，理屈はわかるけれどその通りにできないと思ったりして，実際の変化に至らないこともある。そのような場合，うまくいかない考えの内容を変えるよりも，考えとの関係性，つまり距離を置いたり，巻き込まれたりしない方法が使える。これはマインドフルネスと呼ばれる，「特別な方法で注意を向ける。意図的に，全く評価をせず今ここに注意を向ける」（Kabat-Zinn, 2005）方法で，今まさに注目が集まっている。マインドフルネスは，心を開き，受け入れ，好奇心を持ち，身につけていくことができる（Bishop et al., 2004）。多くの研究が積み重ねられ，メタ分析では，注意と心理的機能に有効であることが示されている。不安とうつ（Dunning et al., 2019; Klingbeil et al., 2017; Maynard et al., 2017; Zenner et al., 2014; Zoogman et al., 2015），そして自分を大切にすることや，向社会的行動とも関連する（Cheang et al., 2019）。

マインドフルネスは，現在のこの瞬間や，今ここで経験している考えや感情とつながる方法である。私たちは普段，多くの時間を，心配することに費やしたり，自分の考えとやりとりしたり，起きたことを繰り返し考えたり，これから起きることを心配したりして過ごしている。すでに起きた過去のことを考えると，ネガティブ思考が繰り返されたり，それにはまったりするし，先のことを考えると心配したり，最悪なことを予想したりして，不満や怒りが出てきて，ストレスになる。

マインドフルネスでは考えや感情を，変えるべき現実と捉えるのではなく，流れゆくものとして受け入れる。考えと感情を抱え，好奇心を持って，評価せずに観察する。それによって考えや感情があることに気づき，一歩離れて受け流すことができる。

マインドフルネスとは今ここにフォーカスすることである――それを子どもや若者にわかりやすく説明する。

▶「私たちは，何が起きたかとか何が起きるかということを心配する時間が多いよね。今，この瞬間に起きていることは，次々と流れているから気づかないでしょ？　だから，あえて，今この時に注意を向けてみたらどうなるかな。そうすると，頭の中にあるしこりみたいに詰まっているものが気にならなくなることがわかっているんだよ」

マインドフルネスの目的は，起きていることを好奇心を持って観察することである。考えていることを止めたり，変えたりすることではない。考えは感情に反応するのではなくて，若者は，何が起きているのかを観察して，理解する空間を持つように励まされる。

フォーカスする

マインドフルネスをするステップを理解するために，「FOCUS」というキーワードを紹介する（子ども p.78）。

- **F**ocus：今，起きていることに**意識**を向ける。
- **O**bserve：今，起きていることを**観察**する。
- **C**urious：**興味**を持つ。
- **U**se：**五感**を働かせる。
- **S**tay：それに**集中**し続けて，評価しない。

まずは，今ここに注意を向ける練習である。私たちは常に色々なことを考えているので，ネガティブなことにとらわれたり，心配なことを繰り返し考えたりして，今ここで起きていることに注意が向かない。「フォーカスする」ことは，起きていることを意識して，注意がそれた時には，今ここに戻すことである。「フォーカスする」は，「レンズを拡大する」というイメージで，何が起きているかを観察する。詳しく観察し，観察したことを誰かに説明し，今まで気づかなかったことを少なくとも1つ見つけるよう促される。マインドフル・イーティングをした場合は，以下のような観察をするように求められる。

- 食べ物の見た目は？
- どんなにおい？
- 口の中の感触は？
- どんな味？
- 食べている時にどんな音がする？

そして，そのままでいるよう指示される。注意がそれたら，今ここに戻るように促される。浮かんできた考えに反応したら，一歩離れて観察し，評価は先延ばしにする。

マインドフルな活動

長い時間，マインドフルネスをする必要はない。毎日，数分マインドフルネスの時間を持つと助けになるだろう。タイマーを使って，数分やってみてもいいし，手を洗っている時，学校に行く途中の歩いている時，食べている時，寝る前の時間など生活に組み込めると良い。マインドフルネスは，いつでも，どこでもできる。食べる（子ども p.77），呼吸（子ども p.76；若者 p.95），日用品の観察（子ども p.78；若者 p.97），考え（子ども p.80；若者 p.96），感情（子ども p.81）にフォーカスを当てる。他のスキルと同じく，マインドフルネスも練習を続けることが大切である。

コンパッション

多くの苦しみは，批判的な考えと心の中の厳しい声によって引き出される。自分に厳しく，否定的で，自分自身を慰められず，優しい気持ちになれない若者には，コンパッションが助けになるだろう。あまりに批判的になり過ぎるのではなくて，より自分に対して思いやりを持てると，自分自身でいることに落ち着けて，自分の持ち味に気づけるようになるかもしれない。

コンパッションは，自分や人に厳しいことで苦しんでいる人たちへのアプローチとして発展してきた（Gilbert, 2013）。大人の場合は，自分に思いやりを持てない人ほど，心理的問題を持つ可能性が高かった。逆に，自分に思いやりを持てることと心理的問題の可能性の低さは関連していた（Macbeth, and Gumley, 2012）。

自分自身に思いやりを持つ，セルフコンパッションでは，アクセプタンスや優しさを含む，自分自身を批判せず，思いやりを持つアプローチを育て，実験し，より助けになる習慣を身につけることを目指す。

自分と友達になる

頭の中で思い浮かぶネガティブな考えが人と共有されることはほとんどなく，自分でも気づいていないので，ほかの人にはしてあげられることでも，自分にはしていない。そのため，このような自分に厳しい心の声に対処するために，自分に厳しい心の声に気づいたら，「親友がそう言ったり，考えたりしていたら，自分は親友になんて言うだろう？」と問いかけ，友達にすることを自分にするように促される。そうすると，自分に対してより優しく，前向きに関わるということがわかるし，実際にそのように関われるかもしれない（子ども p.58；若者 p.81）。

自分に優しく語りかける

自分に優しく語りかけることを身につけることで，自分に優しい心の声を育てられる（子ども p.61；若者 p.83）。自分に厳しい心の声はとても厳しく，また自分の考えを誰かに話すのは恥ずかしいと感じている。その代わりに，自分に優しい心の声をかけられるようになったほうが，楽になる場合がある。以下のように，自分の感情に気づき，一人ではないことを伝え，自分に優しくすると良いことを，短いセリフで自分に伝えるようにする。

- 「気分が落ち込むこともあるよね。誰にでもあること。だから自分をいたわろう」
- 「すごく不安になってきたんだね。みんな不安になるよね。間違っても大丈夫」

このような短いセリフを1日の始まりや，自分に厳しい心の声に気づいた時に声に出して言ってみる。鏡を見ながら自分に言ってみると自信が出てきて，このセリフをより信じられるようになるかもしれない。

自分をケアする

セルフコンパッションは，自分が落ち込んでいる時に自分でできる方法である（子ども p.60；若者 p.82）。自分を傷つけ，批判し，責めるのではなくて，自分のケアをするようにサポートする。自分をいじめて嫌な気分にさせるのではなくて，何か良い気持ちになることをする。お風呂にゆっくり入ったり，好きなシリーズ物のDVDを見たり，おいしいココアを飲んだり，子どもが良い気持ちになるものを取り入れる。

アクセプタンス

自分の欠点，自分にないもの，そして違う人になりたいといったことを，多くの時間を費やして考えてしまうかもしれない。このような自分自身に対する不満は，不安にさせたり，落ち込ませたり，何かをする自信を低下させたりする。そして，以下のように自分をいじめてしまう。

- 自分がしたことや達成したことに満足しない。
- うまくいかなかったことを自分のせいにする。
- 自分の欠点や失敗に目を向ける。
- 自分の持ち味やうまくいったことを全く見ない。

その代わりに以下のように受け入れられないだろうか。

- うまくいくこともある。
- 完璧な人はいない。
- 誰でも間違える。
- 優しくされない時もある。

ほかの誰かになりたいと思う代わりに，若者は，自分であることを受け入れ，意味があると思えるようにサポートされる（子ども p.59）。重要なステップは，自分の持ち味を見つけて，認めることである。

- 自分自身を好きになれなければ，ポジティブな面を見つけるよう促される――我慢強い，意志が強い，仕事熱心，信頼される，優しいなど。
- 自分を好きになる人はいないと思うなら，人との関係でうまくできている部分を見つけるよう促される――聞き上手，誠実，協力的，気配りができる，人を元気にするのが上手など。
- 見た目が気になるなら，自分が好きなところを見つけるよう促す――スタイルが良い，髪の毛がきれい，爪がきれい，声が良いなど。
- すべてがダメだと思っているなら，自分のスキルを見つけるよう促す――スポーツ，美術，音楽，料理，想像力の豊かさなど。

変えたいと思っている部分に注意を向けるのではなくて，自分自身であることそれ自体がすでにかけがえのないことなので，自分自身をそのまま受け入れることをすすめる。

持ち味と達成したことに注意を向ける

以下のような若者の厳しい心の声に対しては，自分ができなかったことに目を向けるのではなくて，できたことに目を向けることで立ち向かえるかもしれない。

- 人と自分を比べてばかりいる。なかでも一番うまくいっている人と比べて，自分に足りないことや不満を感じる。
- 「しなければいけない」，「すべきである」と，さらに良くしないといけないと考えてばかりいて，できたことに気づかず，受け入れていない。
- いつも結果ばかり気にして，努力を褒めない。

自分の持ち味や達成したことに目を向けるように助ける（若者 p.67）。そして，なんでも一番ではいられないことを受け入れ，自分らしさや自分ができることを見つける。

優しさ

気分が落ち込んでいたり，不安だったり，怒っている時には，こんな自分を好きになる人はいないだろうと思い，世の中から見捨てられたような気がして，誰も自分に優しくしてくれる人などいないだろうと思ってしまうかもしれない。こうして，ますます自責的になり，周りが自分に優しくないと思うようなことばかりに目が行くかもしれない。そうなっている時には，誰かが気遣ってくれたり，思いやってくれたりしたことに気づき，自分に優しく，バランスの取れた見方ができるようにサポートする（子ども p.62；若者 p.84）。視点を変えて，たとえ小さなことでも人の親切心や優しさに気づき，心が満たされる感覚を実感する。

- 挨拶して話す時間を作ってくれた。
- うれしいことを言ってくれた。例えば，「その髪型，似合うね」とか「そのジャンパー，かっこいいね」と言ってくれた。
- SNSでやりとりしてくれた，絵を交換してくれた，写真を送ってくれた。
- 「ありがとう」と言っている友達，運転手さん，先生がいた。
- 係の仕事を「手伝おうか」と言ってくれた。
- 「大丈夫」と気遣ってくれたり，優しい言葉をかけてくれたり，面白いことを言ってくれた。

こういった優しい行為に対して自分がどのように感じたかを発見した後，若者は誰かに優しくするように促される。褒める，笑いかける，手伝う，相談に乗るなど，小さな優しさ，気配り，親切心が重要である。

◀第6章▶

発見支援技法

日本のセラピストのみなさんへ

「ソクラテス的対話」や「別の見方に注意を向ける方法」，「行動実験」など，子どもを新たな考えの発見へと導く画期的な方法の数々が紹介されている。この3つの方法では，一つひとつを説得されてやらされたり，発見したつもりにさせられたりするのではなくて，子どもが納得し，実感することが重視されている。日本の子どもたちは，内面を言語化することに慣れていない。しかし，本章に登場する子どもたちも決して言葉にするのがうまいわけではないが，セラピストは子どもが話しやすいように，聴いたことを要約したり，具体的に質問したり，図に表わして，やりとりを工夫しながらまずは1つ，子どもの新たな発見へ足掛かりを作り，1つの小さな発見をきっかけにさらに追求したいと思える仕掛けを作っていく。

様々な質問の技法と行動実験を紹介する。

認知行動療法のプロセスでは，自己理解を深める。ソクラテス的対話によって，自分を見つめ，若者が自分の持ち味やスキルを見出し，出来事に対して新たな情報や意味を見出す。ソクラテス的対話，すなわち好奇心を持って会話をすることで，若者は新しい情報や見落とした情報に注意深くなり，またそれらの情報が偏った否定的な考え方とは一致しないとわかるようになる。このような発見のプロセスは，オープンで，探索的で，客観的なものであり，信念や推論を客観的に「調べる」行動実験を伴い，若者は新たに見つけたことを自分の考えの枠に取り入れてみるよう促される。信念や推論を暴走させないで，適切に止められるようになると，バランスの良い考え方を育てることができる。

ソクラテス的対話を使って発見とふりかえりを促進する

認知行動療法未経験者にありがちな間違いは，認知再構成法のプロセスとは，単に合理的ないし論理的に考えを突き詰めることだ，というものだろう。したがって，セラピストは若者に辿り着いてもらいたい目標を想定し，それに向けた道筋を想像し，質問し，若者をその結論に導いていく。このようなプロセスでは，若者をサポートせず，協力的でもなく，単に若者の考えの不合理性をはっきりとさせ，それが間違っていることを証明するだけである。これは否定的で抽象的で知的な行為となり，若者が主導権を持てない。特に思春期の子どもの場合，こんなアプローチなど役に立たないと感じ，プレッシャーに直面してかえって自分の信念と推論に固執し，セラピストと敵対関係に陥ってしまうかもしれない。

反対に，ソクラテス的対話は，若者が考えを見つけ，調べて，再構築することを助ける。このプロセスは，お互いに正直であることが前提にあり，前向きで，自分にもできそうな感じがして，支持的である。知りたいという感覚があるからこそ，過度の一般化――まるで普遍的な意味があるように生活すべてに適用しているもの――を見つけることができる。若者自身が，主要な考え，信念，推論，および経験にどのような意味があるかを明らかにする。若者は今の自分の考えを一時保留にし，心を開いて自分の信念や思い込みを検証してみようとする。そのため，若者の考えは確固たる事実ではなくて，妥当かどうか調べる仮定として捉える。ソクラテス的対話によって，自分が今知っていることについて，何か新たな発見ができるかを検証していく。若者は，自分自身のセラピストになるような感覚で，より助けになる，うまくいく考え方や行動を育て，将来の問題にも適用できるプロセスを学ぶ。

ソクラテス的対話は，評価をしない協働作業であり，お互いの先入観や前提に気づいていく。若者の自動思考をうまくいかないものだと決めつけず，ソクラテス的対話を使って若者の考え方を理解する。理解できた後は，緩やかに知りたいという感覚を持って，質問したり，ヒントを与えたりしながら若者が自分の考えを検証するのを助ける。質問は，若者が見過ごしたり，重視していなかったりする情報に気づく助けになる。気づいた新たな情報は，より多くの理由や可能性について考える機会を与える。今までとは違う出来事の捉え方があると知ることで，自分の考えが普遍的ではないと気づくかもしれない。説得されるのではなく，自分で納得できることが大事である。「それは違うと思う」，「本当はそうではない」といった，若者の考えを直接的に否定する質問はしてはいけない。「本当はもっとこうだと思う」といった，セラピスト自身の考えを押しつけることもしてはいけない。

ある出来事に対する捉え方の探求と分析は，帰納的推論に基づいている。さらに，過度の一般化，選択的抽出，二極化思考を特定するのに役立ち，「私は馬鹿だ」と言った一般論的な考えは，広がりすぎて適切ではないことに気づく。過度の一般化を検証するには，ある特定の考えが様々な状況で当てはまるかを見てみる。一般論的な考えが当てはめられていると，わずかだが重要な違いに気づけていない場合がある。これは認知行動療法においてよくみられる認知の偏りで，その根底には不正確な過度の一般化がある（Ellis, 1977）。若者には，自己否定の過度の一般化がよくある。そのため，二極化思考になり，白か黒かとしか捉えられず，中間のグレーゾーンがない。ソクラテス的対話によって，帰納的推論を促し，見過ごしていた新しい情報に目を向けると，一般化や偏りを見直せるようになる。

ソクラテス的対話

Overholser（1993a）は，ソクラテス的対話の3つのステップ――見つける，調査する，見直す――を説明している。「見つける」段階では，その人の重要な「一般論（universal definition）」を引き出すことに焦点を当てる。若者は，ある出来事を捉える際に，この過度の一般化に基づいたフィルターと歪みをかけている。この一般化を特定できたら，その捉え方がすべてに当てはまるのかを具体的に説明するように促される。そうすると矛盾が見つかり，多少迷いが生じるので，次の「調査する」段階に進む。この段階では，その人の一般論に基づき，予想されていたことや限界だと思っていたことが本当にそうなのかが検証される。一般論が正しいなら，いつでも，どのような時でも当てはまるはずである。しかし，例外や当てはまらないことがわかると，自分の一般論が確かではないことがわかる。そして，最後の「見直す」段階へと導かれる。ここでは，新しい情報が見つかり，その情報が若者の認知の枠に組み込まれる。このことによって新しい説明が生まれ，よりバランスの良い，役立つ認知が身につく。

Overholser（1993a）は，7種類のソクラテス的対話のそれぞれの段階で用いられる質問を示している。

1．覚えていることを聞く質問

まずは最も答えやすい，「覚えていることを聞く質問」である。事実とその詳細を明らかにし，これから話し合うことと関連する情報を思い出すための質問である。若者が改めて自分の経験，感情，考えを見つめ直し，セラピストと共有する。記憶に関する質問では，事実を説明する。

▶「いつから始まったの？」

▶「このような気持ちになる時，何をするの？」

▶「どれくらい頻繁に起きるの？」

2. 意味を聞く質問

次の段階は，出来事に対してどんな意味があったのか気づくための「意味を聞く質問」である。「意味を聞く質問」は，若者の捉え方や先入観を見つけるために役立つ。若者の認知の枠，考え方を深く捉え，考えの偏りをはっきりさせ，さらなる検証へと進ませる。アクティブリスニングの「反射」を使うと，言ったことをより深く考えるために役立つ。

▶「これについてどう思う？」

▶「どうしてそういう気持ちになったの？」

▶「それは君にだけ起きるの？」

3. 解釈を聞く質問

「解釈を聞く質問」では，2つの出来事の関連性またはつながりを調査するために用いる。この質問では，2つ以上の出来事を結びつけ，その間の類似点や関連性を若者に考えさせる。

▶「友達と待ち合わせする時，学校に行く時と同じ気持ちになるの？」

▶「ネガティブな考えと気持ちのつながりに気づいた？」

▶「友達と喧嘩をした後に，手首を切ったのかな？」

4. すでにあるものを聞く質問

4つ目の段階の質問は，「すでにあるものを聞く質問」である。若者が以前持っていた知識やスキルに関して尋ねる。この質問は，見過ごされていたり忘れられていたりする，実は関係しそうな重要な情報を見つけることが目的である。

▶「このような気持ちになった時，過去には何をしていた？」

▶「前回これが起きた時，そんなに悪くなかったと言っていたよね。今とは何か違う，役に立ったことはあった？」

▶「こういう心配な考えは学校ではないみたいだね。これらの考えをやり過ごすのに，学校では何か違ったことをしているの？」

5. 分析のために聞く質問

「分析のために聞く質問」では，自分の問題，考え，対処について，筋道立てて論理的に考えられるようにする。これは，合理的かどうかを分析したり，帰納的推論をしたりするプロセスである。「分析のために聞く質問」は，帰納的推論を使って，信念，推論，推察に客観的にアプローチし，その正しさを疑い検証することで，筋の通った結論を導くことが目的である。帰納的推論は，新しい，見過ごしていた情報にアクセスしたり，2つの出来事の関連性に筋を通したりするために役立つ。

- ▶「そのように考える時，あなたの考えを証明する証拠はあるかな？　それはなんだろう？」
- ▶「あなたが見過ごしていた証拠はある？」
- ▶「あなたがそのように考えていたら，親友はなんて言うと思う？」

穏やかに質問し，出来事間に原因があったかなかったかを検証できるようにする。

- ▶「こういうことが起きなかった時はあった？」
- ▶「こういうことが起きたけど，ほかのことが原因だったことはない？」

6. まとめるために聞く質問

「まとめるために聞く質問」によって，新しい，あるいは今までとは違う説明をしたり，解決策を出したりして，さらに高いレベルの話し合いをすることになる。Overholser（1993a）は，このプロセスのあいだは，若者が何を「発見」するかについて先入観を持たず，視野を広く，柔軟でいる必要があることを強調している。

- ▶「人によっては多少変に聞こえるかもしれないけど，これに対処するためのあらゆる方法を出してみよう」
- ▶「親友ならどうすると思う？」
- ▶「このことに関して別の可能性はないかな？」

7. 見直すために聞く質問

ソクラテス的対話の締めくくりは，「見直すために聞く質問」である。最初の考え，信念，先入観が見直され，修正されるための話し合いの段階である。

- ▶「では，今，これをどう解釈するかな？」
- ▶「まだ自分のことをダメな人間だと思う？」
- ▶「これに関して別の考えはありそう？」

質問の意図は，ソクラテス的対話のどの段階にあるかによって異なる。「覚えていること」と「意味」を聞く質問は，情報を収集して意味を見出すためである。「解釈」と「すでにあるもの」を聞く質問は，見過ごしていた情報に目を向けて，出来事間のつながりを見つけるためである。「分析のために聞く」質問は，帰納的推論を目的とし，「まとめる」と「見直す」ために聞く質問は，情報をまとめることで，新しい情報について考え，自分の考えを再構成することを目的とする。

何が良いソクラテス的対話か？

明確で具体的

考えを調べて見直す作業は抽象的なので，ソクラテス的対話はできるだけ明確で具体的にする必要がある。最初のソクラテス的対話は，事実を共有するため，短く，わかりやすく，具体的な質問にする。

- ▶「何？」――「何をしていたの？」，「彼は何と言ったの？」
- ▶「どのような？」――「どのような気分？」，「どのように彼はそれをやったの？」
- ▶「どこ？」――「どこに行ったの？」，「どこで一番よく起きる？」
- ▶「いつ？」――「いつそれは起きたの？」

答えやすい

ソクラテス的対話は，若者がすでに持っている便利な知識や役立つ情報をはっきりさせるために行う。そのため，質問は答えやすいものにする。特に，「なぜ？」と問う質問は，詳しく事実を聞くよりも，若者に解釈や評価を求める重要な質問であるが，検討して使うべきである。また，一度にいくつかの複雑な答えを要する質問はしないほうがよいし，抽象的だったり，何かを仮定したりする質問は慎重に使うべきである。

若者の言葉を使う

若者が使うようなわかりやすい言葉で質問をする。子どもの話をよく聴きながら，子どもの発達レベルに合わせて，ソクラテス的対話に比喩や言葉を使う。すると若者は自分のことをわかってくれていると思い，若者の言葉や意味に基づく対話をすることができる。

見過ごしている情報に注意を向ける

うまくいかない考えは，捉え方に偏りがある。ソクラテス的対話は，例えば，選択的抽出に対して，今はまだ見過ごしている情報に気づかせ，自分の信念について検証させ，別の捉え方ができるように導いてくれるかもしれない。

焦点を定める

自分の考えを検証するために多くの情報を持ち出すと，整理がつかなくなる場合も多い。また，あっさり話題が主題をそれ，的を射ない対話になったり，（興味はあっても）考え方とは関係のない話になったりすることがある。そのため，自分の考えに関連する情報をまとめて整理するのが難しくなる。ソクラテス的対話は，自分の考えを筋道立てて検証するために，出来事間のつながりを説明することに関係する情報だけに焦点を定めると助けになる。

事例　マコトの猫に関する心配

マコト（12歳）には，強迫行動と強迫観念がある。現在の問題は飼い猫に関係していて，猫が夜に外を出歩くと車にひかれると思ってしまい，毎晩家に閉じ込めてしまう。このことについて，ソクラテス的対話を使って話し合ったところ，マコトは自分の先入観に気づき，検証し，見直すことができた。

セラピスト　マコトくん，猫のことがすごく心配なんだって？　お母さんが教えてくれたよ。
マコト　そうなんだ。外を出歩いてほしくないの。
セラピスト　**いつ**出歩くのが一番心配？
マコト　夜，暗くなってから。
セラピスト　そうなのね。夜，出歩くと**何が**起きると思うの？
マコト　事故にあっちゃう。

セラピスト　**どんな**事故にあうと思うの？
マコト　わかんない。多分，車にひかれて殺されるかな。
セラピスト　そういえば，いつもうまくいかない，自分や家族に何か悪いことが起きると思うって話していたよね。
マコト　そうだよ。
セラピスト　今は，猫に何か悪いことが起きるのではないかと心配しているんだね。猫が夜，外に出たがったら**どうしているの**？
マコト　猫を探して，閉じ込めるよ。
セラピスト　**何時**頃，猫を閉じ込めるの？
マコト　大体，学校から帰ってきたら。
セラピスト　猫は嫌がらないの？
マコト　すごく嫌がるよ。僕を引っ掻いて外に出ようとする。
セラピスト　猫を閉じ込められたら，マコトくんは**どんな**気持ちになるの？
マコト　ホッとするかな。これでもう安全だから。
セラピスト　ちょっと確認させてね。猫が夜出かけると，車にひかれるのが心配なんだよね。悪いことがよく家族に起きるからだと思う。悪いことが起きないように，猫にとって安全なおうちに閉じ込める。猫はそれが嫌で，外に出たがるけど，閉じ込めればマコトくんはホッとするんだよね。
マコト　そう。その通り。
セラピスト　昼間は**何が**起きるの？
マコト　どういう意味？
セラピスト　昼間にも猫を閉じ込めないといけないんじゃないかと思って。
マコト　ううん。猫は出かけられるよ。
セラピスト　昼間に出かけることは**どんな**気持ち？
マコト　別に気にならない。
セラピスト　昼間は車の通りがないの？
マコト　ううん，結構あるよ。
セラピスト　昼間と夜，**どっち**のほうが車の通りが多い？
マコト　多分，昼間かな。学校への送り迎えの車が多いし，大きな会社が行き止まりのところにあるからね。
セラピスト　車の量がそれだけ多くても，猫が昼間に出かけるのはそんなに心配ではないの？
マコト　昼間はあまり心配してないよ。
セラピスト　猫が車にひかれる可能性が高いのは**いつ**？
マコト　わからないな。考えたことがなかったよ。
セラピスト　そうね。急に何かが頭に思い浮かぶことってあるよね。でも，ここでよく考えてみようか。猫が一番車にひかれそうなのはいつかな？

マコト　　　多分，昼間，車が多い時だと思う。

セラピスト　マコトくん，今，私は少しわからなくなってしまったのだけど，猫は昼間のほうが車にひかれる可能性が高いけど，猫は夜閉じ込められているんだよね。どう考えたらいいのか，どうしたらつじつまが合うか教えてくれる？

マコト　　　ほかに考えたほうがいいことっていうのはないけど，心配になってしまうの。つじつまは合っていないよ。昼間のほうが車の量が多いということは考えていなかったよ。

セラピスト　今，気づいたんじゃないかな。そうしたら，マコトくんの考えが少し変わったりする？

マコト　　　昼間が安全なら，多分，夜も安全かもしれない。

このソクラテス的対話は，「猫を夜閉じ込めたら，車にひかれなくてすむ」というマコトの先入観について，検証して，見直す助けとなった。この先入観は，「昼間より夜のほうが危ない」という前提に基づいている。質問では，マコトが答えやすいように「何？」「いつ？」「どのように？」と具体的に聞く。質問は，猫が昼間のほうが夜よりも車にひかれる可能性が高いという，マコトにとって新しい情報がはっきりするように，明確にする。そうすることで，マコトは，「猫を夜閉じ込めないといけない」という先入観と，「閉じ込めておく」という行動を検証し，見直すことができる。

一連のプロセスを通じて，まずマコトの先入観，それに伴う気持ちや行動を把握する。そして，共感的に聞き，マコトが言うことを要約しながら，マコトの理解を確認し，見過ごしていた新しい情報について考えるのを助ける。最後に，新しい情報をまとめて，先入観を見直す手助けをした。

よくある問題

不愉快な質疑応答になってしまう

ソクラテス的対話は，セラピスト主導の質問が多くなる。配慮を持って行わなければ，一問一答になり，セラピストが質問する側，若者が答えさせられる側になってしまう。このような質問は，幼い子どもにとって，間違ったことをして問い詰められ，言い訳をする必要があった時の繰り返しになるだろう。その結果，子どもや若者がますます防衛的で消極的になり，離れていく。思春期の子なら，イライラして，話さなくなるかもしれない。興味を失い，退屈し，会話に乗らなくなるだろう。幼い子どもなら，「正しい答え」ができているか心配したり，気にしたりするかもしれない。

このような不快な状況を避けるためには，穏やかに，関心を持って聞く。要約は，質問の合間に挟むと一息つくのに役立ち，ホワイトボードや紙に書き出すのもよいだろう。ソクラテス的対話は，1回以上のセッションで行える。このプロセスが馴染まなければ，一旦止める。この問題が続くようなら，直接的に話題に取り上げ，若者と話す必要がある。ある出来事や経験に対する若者の捉え方を理解するために質問していることを伝え，捉え方には特に正解があるわけではないことを保証する。若者の不快な気持ちに気づき，どうしたら話しやすくなるか理解しながら話し合う。それでもソクラテス的対話に怒りや懸念を抱き，面倒だと感じるようであれば，心理支援の方法を再検討する。協働し，楽しく，リラックスして，適切なスピードでなされているかを検討する。ペースに関しては，よく考えて，テンポの早い一問一答形式にならないようにしなければいけない。

わからない，あるいは質問に答えない

ソクラテス的対話の目的は，若者の考え，気持ち，行動を知り，見直すのを助けることである。しかし，若者がうまく答えられない時もある。繰り返しそのようなことが起こるなら，対話を見直し，若者が質問に答えるための情報や知識を持っているかどうかを検討することをすすめる。特に，抽象的で漠然とした質問に答えるのが難しい幼い子どもには必要である。より具体的で，答えが限定される質問を試してみる。そうすることで，子どもの関心が向き，子どもが答えられる質問をするのに役立つかもしれない。こうして，「どんな風に変わるといいかな？」といった漠然とした質問をするよりも，「まず何をしたいかな？」，「新しい習い事を始めてみたい？」，「学校で何が変わると思う？」，「お母さんのどんなところが変わればいい？」といった，より具体的な連続する質問をしたほうが答えやすい。

それでも答えるのが難しい場合は，「もっと友達が欲しい？　それとも，もっと友達に会いたい？　それとも，外でもっと遊びたい？」とより具体的に聞くようにする。このような質問は，子どもに選択肢を与え，なおかつ複数の答えがあることを示す。また，「どれにも当てはまらない」と言える機会も与えられる。他の方法としては，親や家族に参加してもらい，家族から提案してもらう方法もある。しかし，家族が言っていることに同意するだけではなくて，子どもが自分自身の思いを表わせるように気をつけなければいけない。

新しい情報を組み込めない

ソクラテス的対話をすることができ，新しい情報に気づけても，自分とは切り離し他人事のように捉えて，最終段階の見直しと再構成に至らない場合もある。若者がより多くの情報を発見し，見落としていたものに気づけるまで，粘り強く待つ必要がある。ふりかえりと要約は，新しい情報を把握し，発見したことに気づかせるのに役立つ。言葉のやりとりだけでは

ない視覚的な要約（ホワイトボードや紙に書く）を各セッションに含めて，重要な情報を客観的に目立たせる方法もよいだろう。視覚的な要約をもとに，若者がこの情報をよく考えるように促す話し合いを行う。新しい知識を使って，自分の考えを見直してみて，自分の考えを再検討できるかを尋ねる。

別の見方と新しい情報や見落とされた情報を取り上げて発見する

別の見方をする方法

多くの過度の一般化の根底にある独自の選択的抽出と主観的な偏りに反論するために，若者が別の視点から自分の認知を見てみるよう手助けする。第三者的視点は，客観視できるようになり，若者が自分の考えとつながっている感情から距離を置けるようになり，元の考えと違う他の考えを導くだろう。

▶ 自分のことをいつも「ダメな人間だ」と思っている若者に，親友でもそう思うかどうかを尋ねてみる（若者 p.153）――「親友がそう言っているのを聞いたら，あなたはなんて言うかな？」。

もし，若者が他の人の視点で考えられなければ，行動実験につながる「調べる」課題に進んでみる（子ども p.165；若者 p.212）。上記の例では，若者は，自分が大切だと思っていて，安心して話ができる人たちに，自分の得意なことや持ち味だと思っていることを尋ねてみるとよい。うまくいっていることに焦点を当てれば，「ダメな人間だ」という信念に向き合い，否定的な過度の一般化には検討の余地があると認識できるだろう。これは，若者が過度の一般化からより限定して，自分の「失敗」を定義するのに役立つかもしれない。例えば，「私は，よく数学のテストで失敗する」と，すべてではなく，より具体的に捉えられるようになるかもしれない。別の見方が一旦できるようになると，様々な事象についても，例えば「地域のスイミングチームの試合ではよく勝つことができる」というように，別の見方で捉えられるようになる。

責任のパイ

「責任のパイ」は，円グラフを使って，視覚的に同じ出来事に対して別の見方を見つける時に役立つ（若者 p.214）。若者は，その出来事に影響を与えている要因をいくつか考え，それぞれの要因がどれだけ影響しているか数値で表わす。より大きく影響しているものは，円グラフの多くの部分を占め，より小さい影響のものは円グラフの少ない部分で表わす。

事例　タクヤの事故

タクヤは，車との事故にあい，その時の責任のパイ（図6.1）を作った。責任のパイを見ると，交通事故の原因は明らかにタクヤが自分自身にあると思っていることがわかった。タクヤの捉え方としては，もし学校に行く準備が時間通りにできていて，母親と口論にならなければ事故にあわなかったと思っていた。母親にも責任のパイ（図6.2）を作ってもらい，タクヤのものと比べた。母親は，事故にあった相手の車の運転手が，道路が凍結しているのにスピードを出していたことが一番の理由だと思っていた。母親は，家を出るのがいつもより遅くなったというのも理由のひとつとして挙げていたが，タクヤとの口論は理由として挙げていなかった。母親にしてみれば，出かける前に洗濯機を回したかったので，洗濯物を集めていたために出かけるのが遅くなっていたと思っていた。このようにタクヤの捉え方を視覚的，客観的に表わすことで，タクヤの捉え方を見直し，自分の交通事故への責任を軽くすることができた。

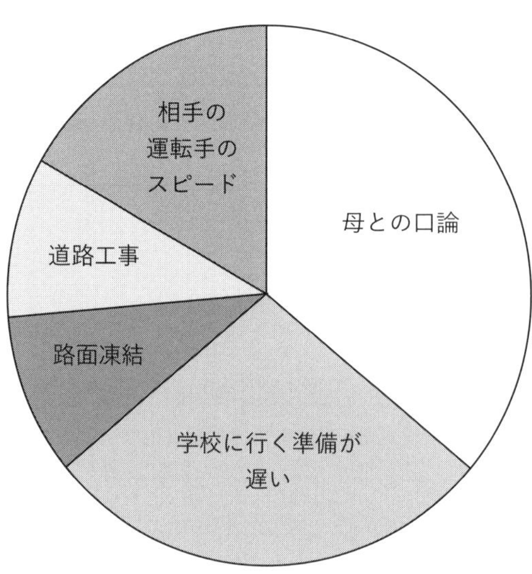

図6.1　タクヤの「責任のパイ」

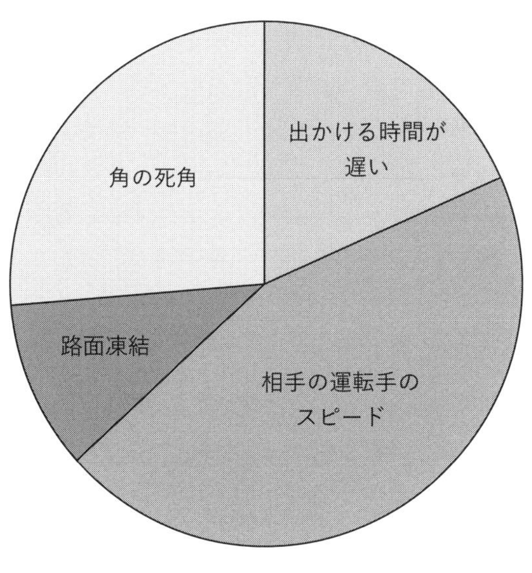

図6.2 母親の「責任のパイ」

見過ごされた情報を取り上げる

過去の出来事や経験から見過ごしていた新しい情報を見つけることで，現在の捉え方を見直す方法である。「みんな意地悪で自分を傷つける」と思っている若者にとっては，このことが起きた過去の経験を思い出させる。いじめは，特定の少人数のグループからのものであったことに気づくかもしれない。同様に現在の状況を調べると，友達関係が築かれている可能性もあり，友達が優しくしてくれているのかもしれない（若者 p.84）。こうして，「みんな意地悪だ」という過度の一般化を見直すことができる。

似ているものと比較する

過度の一般化は，状況が似ていることが前提となり，他の要因が関係していてもそれが見えなくなっている。例えば，いじめられたことがあり，「みんな意地悪だ」と思っているとする。この信念があると，出会う人に対してもそうなのではないかと思ってしまう。「似ているものと比較する」では，若者の視野を広げる。若者は，出来事間の違いを見つけるように促される。若者の持つ思いを他の状況に当てはめてみる。これらの2つの状況を，より細かい要因から比べてみる。こうして，若者は，表面的な1つの要因だけを見るのではなくて，視野を広め具体的な要因で比べることができる。例えば，「みんな」という1つの表面的要因だけでなく，「家族，性別，年齢，本人との関係など」という複数の要因を通して違いを見つめ，本当に「みんなが意地悪」なのかどうかを検証できる。

「似ているものと比較する」は，比喩を使っても表わせる。例えば，「みんな意地悪」と思っている若者には，車をたとえに使う。車は，多くの類似点があり，見た目では似ているが，ボンネットを開けると違いがはっきりわかる。だから，人は同じように見えても，中を見てみると（ボンネットを開けてみると），人によって意地悪だったり，優しかったりすることがわかる。このような比喩は，若者の視野を広げ，過度の一般化を見直す機会になる。

想定された関連性を系統的にテストする

先入観は，ある出来事が別の出来事の原因だという思い込みから生まれる。強迫性障害（OCD）の若者は，例えば，同じセットの言葉を繰り返さなければ，親が交通事故にあってしまうと考える。このように，強迫行動をすることで悪いことが防げると想定している。このような状況では，強迫観念と強迫行動の関係性を系統的に調べてみることが助けになる。それは，この2つの関係を論理的に考え，分析する帰納的推論によってなされる。OCDの若者の場合は，強迫行動，儀式が事故を防ぐのか，儀式をしなくても事故は起こらないのかを検証し，強迫観念と強迫行動の関係性を見る。行動実験によってテストされる。

- 儀式を行うことで親を安全に守れる。強迫行動をするようになってから，親は事故にあわなくなった——本当にそうなのか？
- 儀式を行わないと事故にあう。若者は，儀式を行わないと親が事故にあうかもしれないと想定している——若者が儀式をするのを忘れた時，親は事故にあったか？

事故が起こる原因を儀式以外に探し当て，事故と儀式が無関係だとわかれば，両者には何のつながりもないという証明になる。そのためには，予測が現実になるための前段階を，詳しく記述すればよい。「出来事の鎖」（第12章，p.199）で，本当にその出来事が起きるまでに必要な事柄を詳しく視覚的に記述する。1つでもなければ鎖はつながらず，切れてしまい，若者が起こると思っていることが実際には起こらないことがわかる。

事例　マイコの誰かに菌を移すのではないかという心配

マイコ（11歳）は，OCDで，他の人が感染症にかかり死なないようにする責任があるという恐怖心がある。この考えを中和するために，様々な強迫行動をしている。「出来事の鎖」（第12章，p.199）を使って帰納的推論をした。感染症にかかり死んでしまう前に，多くの段階が必要なことが明らかになった。図6.3が，マイコと一緒に作った「出来事の鎖」である。

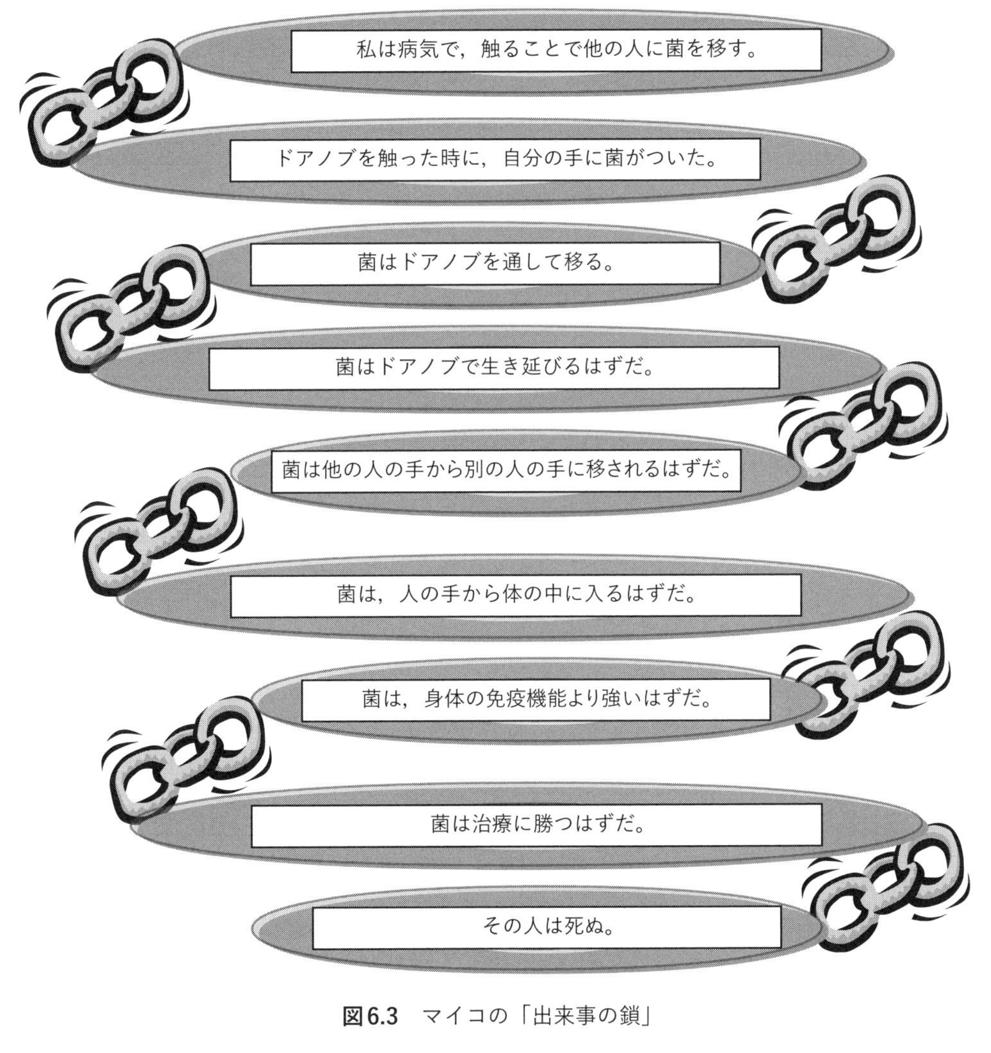

図6.3　マイコの「出来事の鎖」

行動実験と予測のテスト

認知を客観的に検証するためには，行動実験によって「調べる」方法がある。行動実験は，客観的に新しい情報を得られる。幼い子どもたちには，「プライベートアイ」という科学者（Friedberg, and McClure, 2002）や「ソーシャル探偵」（Spence, 1995）や「考え太くん」（Stallard, 2002a）など，自分の考え方を検証する情報を探す人になってもらう。

行動実験は，信念と先入観がいつも正しいか，出来事に対する別の説明ができるか，もし違うやり方をするとどうなるかということを，実践的に確かめる方法である。こうして，実験は，過度の一般化を限定したり，新しい情報を考え方の中に取り入れたりすることに役立つ。Bennett-Levy et al.（2004）は，様々なタイプの行動実験を示した。

考えのテストと予測のテスト

若者の信念，推論や考えを調べるための観察実験である。例えば，「友達がいない」と思っている若者に，ここ1週間，電話がかかってきていないか，メッセージが届いていないか，SNSでメッセージをもらっていないかを調べさせる。もし全く友達がいなければ，メッセージを全くもらえていないはずである。

違う行動をしたら何が起こるか実験

もし違う行動をしたら何が起こるかを調査する。これは，若者の信念や先入観をテストするための実験である。例えば，心臓発作で死んでしまうのではないかと心配している若者に，その場で走ってもらい，心拍数が上がるのは体を動かしたサインであり，「心臓発作」が起こるサインではないということをテストする。また社交不安がある若者には，うつむいて人を見ないという「安全行動」をしないときに，周りの人がどう行動するのかを観察し，いつもと違う行動を取ると何が起きるのかを実験してもらう。

情報収集実験

新しい情報をまとめることで，若者の信念や先入観を調べる実験である。信念を疑うような情報を探す活動（若者 p.163）や，新しい情報を収集するためにインターネットを使う方法もある（若者 pp.173, 213）。例えば，世の中には多くの人がうつで悩んでいることを知れば，自分が特別ダメなわけではないことがわかるかもしれない。

行動実験を計画する

行動実験の計画には，何が起こるのだろうという好奇心と，発見を受け入れる寛容さが鍵になる。目的は，「何が起こるかを調べること」である。若者の信念を意図的に偏っていると証明するものではない。実験によって，信念が保証され，妥当であると認められる時もある。結果がどうあれ，実験からの情報は，助けになり，どのような活動が必要かを示す。

- 「誰も友達がいない」という信念に対する行動実験として，本当に1週間誰からも連絡がなく，連絡があるまで待つというのは，友達関係を築く助けにならないことがわかった。そのため，もう少し積極的にアプローチする方針に方向転換し，若者が主導し，自ら誰かに連絡を取ってみる方法を試してみたらどうなるか。

実験は，若者が傷つかないように安全に行わなければいけない。

- からかわれている若者に対して，もう少し自分の思いをはっきり伝える実験をすることが助けになるかもしれない。しかし，この実験のマイナスの結果については，実行する前に慎重に検討しなければいけない。

また，結果が予想できない場合も慎重に計画しなければいけない。

- 人のいる場で，いつもと違う行動を取ることが助けになるかもしれない。しかし，大勢がいるところよりも，少人数の場所で，どうなるか予想がつきそうな状況で行う。

最後に，実験する前に，若者がどのような支援を必要としているかをチェックし，すべての関係者が実験を認識し，支援することが重要である。この支援がないと，行動実験はうまくいかないかもしれない。行動実験を計画する際には，しっかりと計画を練らなければいけない（若者 p.212）。

- どの考えが実験されるのかを明確にする。どれくらい信じているのか強さを測る。
- 実験のやり方を明確に説明する。実験の妨げになるものも説明する。
- 予想される結果をはっきりさせる。
- 実際の結果を説明する。
- 若者は，何を見つけたか，その情報は若者の認知にどのように影響したかをふりかえるよう促される。

事例　予測のテスト実験「自分はダメな人間だと思うカイト」

カイト（19歳）は，うつで，自分はダメな人間だという思い込みが強い。この考えを生活のすべてに当てはめ，その結果，やる気がまったく出ず，何もしないでいる。

どの考えを調べるか？

▶ カイトは，「自分はダメな人間だ」という信念を調べることにした。強さを測ると，1～100の数値で，92だった。

どのような実験をするか？

▶ どのような実験をするか，実験の邪魔になるものはあるかを検討し，カイトの大学の課題について検討することにした。これから出される5つの課題についての，成績を記録することにした。

何が起こると思うか？

▶ カイトは，すべての課題で良い成績は取れず，D以上の成績は取れないだろうと予想した。

実際に何が起きたか？

▶ 2つの課題は不合格だった。どちらも数学だった。英語と歴史はDで体育はBだった。

結果からわかったことは？

▶ 「予想していたことより実際のほうが悪かったか？」，「ダメではない時もあったか？」，「その結果，自分の信念とつじつまが合うか？」ということについて検討した。「教科の課題は難しかったが，運動はけっこうよくできた」と気がついた。気がついたことをもとに，「自分はダメな人間だ」という過度の一般化について考えるよう促された。

結果によって自分の考えや信念は変わるか？

▶ 起きたことについて，カイトは信念の強さをもう一度測った。90と強いままで，たまたま良かったものもあっただけと言った。カイトは，さらに次に出される10個の課題についても，同じことをやってみるように促された。

事例　行動実験「ルミの社会不安」

ルミ（14歳）は，不安になるため，人のいる場を避けていた。人がいる場にいるときは，不安を減らすための多くの「安全行動」を取っていた。ルミは，話さなくなり，話してもとても小さな声だった。自分が変ではないかとばかり考え，自分が言ったことを考え続けて，人を退屈にさせていないか，人から笑われていないかと恐れていた。

どの考えを調べるか？

▶「自分の安全行動が不安を軽くする」という考えを調べることにした。強さを測ると1～100の数値で，85だった。

どのような実験をするか？

▶ クリニックでルミは，顔馴染みではない病院のスタッフと簡単な会話をする実験をすることにした。ある会話では，安全行動をし，他の会話では，よりはっきりした大きな声で話し，自分が変かどうかを考えるのではなく，話していることに集中するようにした。会話は，録画した。

何が起こると思うか？

▶ 安全行動を取らないほうが不安になると予想した。

実際に何が起きたか？

▶ 録画したものを見てみると，安全行動をしないほうが上手にコミュニケーションを取れていることに驚いた。安全行動を取った時の不安の強さを測ってみると80であり，安全行動を取らないと50だった。

結果からわかったことは？

▶ 安全行動を取るほうが不安にさせることがわかり，ルミは驚いた。

結果によって自分の考えや信念は変わるか？

▶「自分の安全行動が不安を軽くする」という考えの強さを測ると50に減った。自分がどう見られているかと自分自身に焦点を当てて否定的に考えるよりも，会話に集中することを続けるほうが助けになった。

事例　情報収集実験「アツヒロのフォーミュレーション」

アツヒロ（9歳）は，不安とパニック障害で，学校から紹介された。この症状は特に，給食を食べる時間に起きたので，学校で食べたり，飲んだりしないで一日過ごしていた。

アツヒロは，おしゃれなデザイナーブランドの洋服を着て，髪の毛をハイライトに染めて，見た目をとても気にしていることがアセスメント時にわかった。給食で席に座る時に，みんなが自分をジロジロ見ている気がすると話したので，どうして見られているのかと聞くと，みんなはおそらく自分のことを「かっこ悪い」と思っていて，「何か変だ」と思っているからだと答えた。アツヒロには，給食の時に，喉がカラカラになり，心臓がドキドキし，呼吸しづらくなり，汗をかくなどの不安に関連する身体症状が現われた。それに気づくと，アツヒロは給食を食べられなくなり，教室にいられなくなった。図6.4は，アツヒロに何が起きているかを説明するフォーミュレーションである。

図6.4のフォーミュレーションは正しくないと思い，代わりに図6.5のフォーミュレーションを作った。アツヒロは，給食の前に，サッカーをするのが好きだと話した。ボールを追いかけてたくさん走るから，椅子に座っても暑くなり，汗をかき，呼吸しづらくなる。また，喉が乾いて，食べたくなり，外に出て涼みたくなった。

では，どちらのフォーミュレーションのほうがより説明がつくか実験してみようと話し合った。雨が降る3日間，給食の前にサッカーができなくなった時に実験することにした。もしアツヒロの説明が合っているなら，サッカーができなければ，暑くならず，給食が食べられるはずである。それでも食べられないなら，別の説明が必要になる。結果は，サッカーをしない日でも，給食が食べられなかった。こうして，アツヒロは別の説明が必要だと思うようになった。

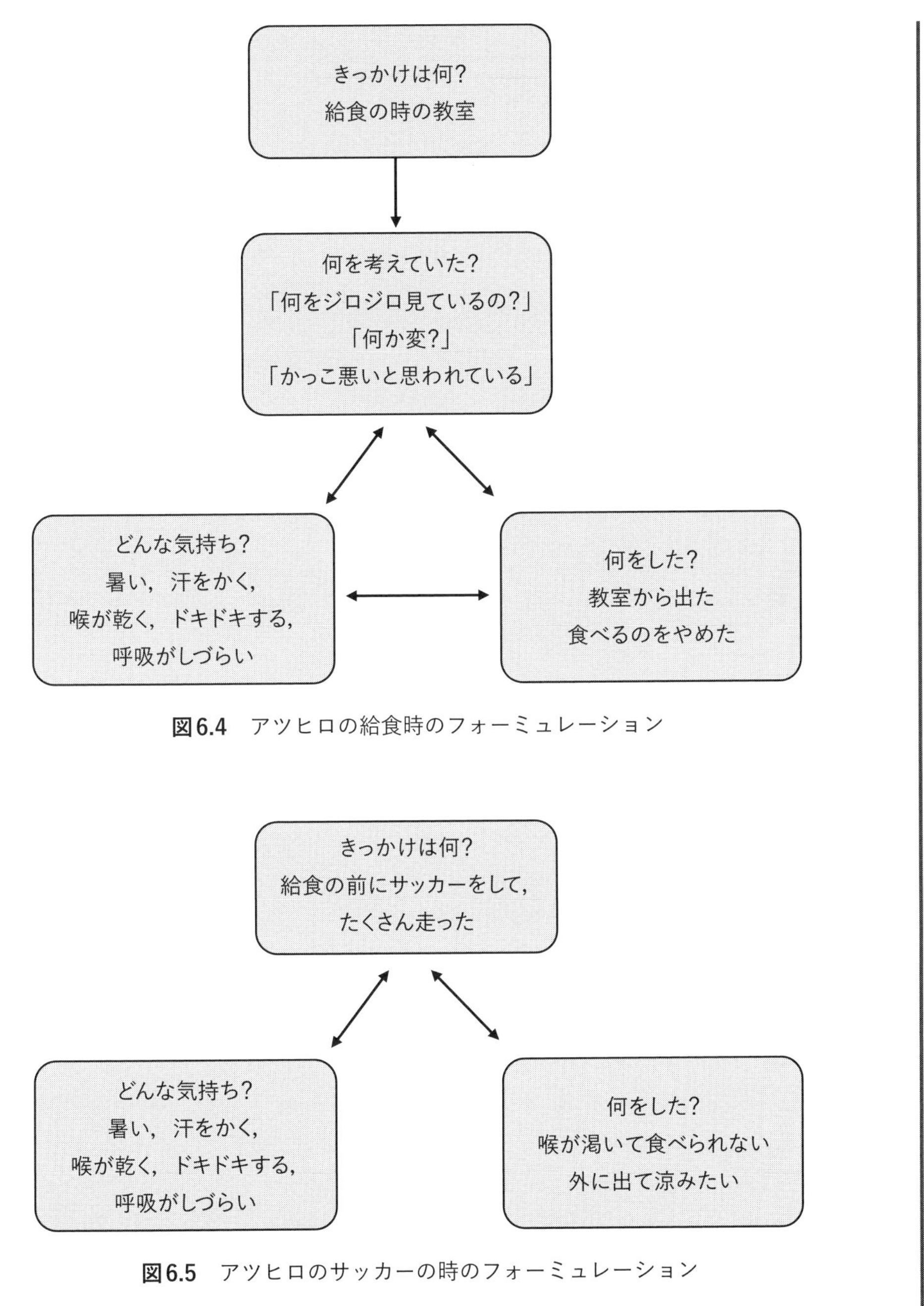

図6.4　アツヒロの給食時のフォーミュレーション

図6.5　アツヒロのサッカーの時のフォーミュレーション

◀第7章▶ 感情対処技法

日本のセラピストのみなさんへ

感情教育の柱は，「気づく（言葉にする）」と「うまく付き合う」だろう。自分の「不快な気持ち」に気づけたなら，身体反応をコントロールすることで，気持ちを落ち着ける王道のリラックス法に加えて，コントロール感を取り戻すことで感情に巻き込まれないようにする気分転換法や，感情を外在化し一旦箱にしまっておく方法，強い感情が湧き上がるきっかけとなる相手を面白おかしく変身させてしまう方法など，子ども向けならではのユニークな方法を紹介する。

▍様々な感情対処技法を紹介する。

感情に介入する際の目的は，中心的な感情に気づき，感情をマネジメントするスキルを身につけることである。まず感情を知るために，身体からのサインと中心的な気持ち（幸せ，悲しい，不安／ストレスがある，怒り）がつながっていることを理解する。身体のサイン（例えば，涙が出る，汗が出る）は特定の感情と関係しているかもしれないが，一方で他のサイン（例えば，暑い）には複数の感情が関与しているかもしれない。感情は，無闇に感じるのではなくて，ある特定の状況や出来事がきっかけとなっていることが多い。それを心理教育すると若者は感情とある出来事のつながりに気づき，コントロールするための一歩になる。この章では，不快な気持ちで生活をするのではなく，より快適な気持ちになる方法を身につけることをサポートしていく。

様々な感情に気づき，感情について知る

若者は「気持ち」について意識することは少なく，様々な感情に気づかず，「うざい」，「ストレスになる」，「めんどうくさい」とひとまとめにし，言葉で表現することが多い。不快な気持ちを鎮めるには，自分の感情に気づき，感情を区別して知る必要がある。

- ▶ 若者が不安や怒りを感じたときに，リラクセーションは助けになる。しかし，悲しい時はそこまで助けにならない。
- ▶ 若者が悲しい時には，行動活性化が助けになる。しかし，不安な時はそこまで助けにならない。

「感情を知る」ということは，感情に気づき，表現する能力である。これは，学校教育の中でもよく教えられることだが，若者がどれだけ感情を表わす言葉を知っているか確認するとよい。以下の方法で確認できる。

- ▶ 様々な表情を写した写真をカードにして見せて，「どんな気持ち？」と聞く。
- ▶ いくつかの状況を提示し，若者がどのような気持ちになるか聞く。例えば，「お小遣いをもらったり，特別なご褒美をもらったりしたら？」，「先生に大きな声で叱られたら？」，「友達に誘われなかったら？」，「していないのにしていると言われたら？」と問いかけ，どのような気持ちになるか聞く。
- ▶ いくつかの異なった状況を映像で見せる。若者がそのような状況でどのような気持ちになるか聞く。
- ▶ 「気持ちを表わす言葉に丸をつけよう」と伝え，子どもが様々な気持ちを表わす言葉を見て，どういう気持ちをよく感じるのか聞く。
- ▶ 「自分の気持ち」を色で塗り（子ども p.185），どのような感情をどれくらい感じているのか表わす。それぞれの感情を何色で塗るのか決めて，その色を使って人型の塗り絵に自分の今の気持ちを塗る。

感情を言葉で表現できるようになったら，普段使っている「うざい」，「ストレスになる」という言葉を，不安・怒りといった言葉に置き換えて表現してみる。感情を言葉に表わすことを親にも伝える。なぜなら，親が子どもの気持ちに気づいていなかったり，間違って受け止めていたりする場合もあるからである。例えば，子どもの本当の気持ちとしては，怖がってい

たり，うまく対処できないと思っていたりするのに，親のほうが怒っていると捉えている場合がある。感情を知るためには，若者が，幸せ，悲しみ，怒り，不安といった基本的な感情を区別し，言葉で表現できるかが重要である。

異なる感情を区別し，身体のサインを知る

身体からのサイン

主な感情を言葉で知ることができたら，それぞれの感情の身体からのサインについて知る。ある感情にどのような身体のサインが生じるのかを知るには，ワークシートを使って自分に当てはめる。そして，よくある身体のサインは何か，そのうち一番強いのはどれかを知っていく。

- 落ち込んでいる時（子ども p.186）は例えば，疲れる，やけ食いをしたくなる，涙が出る，集中力がなくなる，眠れなくなるなどの身体のサインがある。
- 不安な時（子ども p.188）は例えば，ドキドキする，口が乾く，身体が熱くなる，腹痛などの身体のサインがある。
- 怒っている時（子ども p.187）は例えば，声が大きくなる，拳に力が入る，歯を食いしばる，顔が赤くなるなどの身体のサインがある。

他の方法として，感情は，表情，態度，行動から伝わるということを教える。悲しみ（子ども p.186），怒り（子ども p.187），不安（子ども p.188），幸せ（子ども p.189）な気持ちの時に，どうなるかを言葉で表わしたり，絵で描いたりして自分の感情を知ったら，どれくらい強いか数字で表わす。

感情の集団教育ができ，グループで気持ちを知る場合は，例えば，大きな紙の上に一人寝転び，身体の形になぞり，それぞれの感情において身体の各部位がどのように変化するか書き込む。あるいは，特定の気持ちの身体のサインに気づいたら，部屋の中のその気持ちの場所に移動するといったゲームにすることもできる。このようにグループで取り組むと，別々の気持ちでも同じ身体のサインが生じるなど，様々な気づきが得られる。

感情日記

感情が，ある状況や出来事，考えがきっかけになっていることを知る。幼い子どもの場合は，「どんな時にどんな気持ちになる？」と聞き，場所と

気持ちの関係（子ども p.184）や場所，人，活動と気持ちのつながりを知る（子ども p.182）。若者は，感情日記を書く（若者 p.174）。強い感情を抱いた時に，日付と時間，どのような気持ちだったのか，何をしていたのか，何を考えたのかということを書き出す。書いた日記を振り返り，よくあるつながりに気づいて，きっかけを見つける。

事例　ユウスケは悲しんでいる

ユウスケは，強い悲しみを感じる。突然，悲しみに襲われ，きっかけがあるようには思えなかったので，1週間，感情日記をつけた（表7.1）。日記を見ると，一人でいる時に悲しくなることがわかった。特に，起きた後と，自分の部屋にいる時である。ユウスケは，うまくいかない考えを思い出し，ずっと考えていた。特に，宿題や，数学がわからないことや悪い点数を取るのではないかということを考えていた。ユウスケの悲しい気持ちは，朝一番に学校のことで心配になることと，つながりがあることがわかった。

表7.1　ユウスケの感情日記

日時	どんな気持ち？	何をしていた？	何を考えていた？
月曜日　朝	涙が出る，疲れる，自分を切りたくなる	起きたばかり，ベッドの上にいる	「起きられない，学校に行けない」
火曜日　朝	涙が出る，自分を切りたくなる	起きたばかり，布団の中にいる	「テストを受ける意味がわからない。できない」
水曜日　朝	涙が出る，ストレスがある	朝早く起きる（5：30），ベッドの上にいる	「宿題が終わっていない。わからない」
金曜日　朝	涙が出る，悲しい	ベッドの上にいる	「数学がわからない。どうしたらいいのかわからない」

感情のログ

感情が日中，変動することを知るために記録をつける（若者 p.175）。それぞれの時間帯でどれくらいある特定の気持ちが強くなるか数字を書き込む。どの時間帯で，何をしている時に感情が強まるかを知る。

▶ 悲しみは，おやつの時間と寝る時に強まることを把握し，どうしてなのか考えてみると，若者が自室で次の日の心配をしている時に悲しくなっているとわかった。

▶ 不安は，お昼に強まっていた。それは，お弁当の時に，誰も声をかけてくれないかもしれない，一人でいるところをみんなに見られるかもしれないと考えている時と重なっていた。

▶ 怒りは，火曜日の朝と水曜日の午後に強まっていた。習い事で，先生に当てられるのが嫌だと思っている時と重なっていた。

事例　サヤカは落ち込んでいる

サヤカは，「いつも」落ち込み，気分が沈んでいると言う。自分の気持ちに変化があるかどうか感情日記をつけてみることにした。サヤカは，1～10（1が一番沈んでいる，10が幸せ）の数字で毎日書き込んだ（表7.2）。

ログを見ると，サヤカが4以上になることはないことがわかった。特に朝，1日のことを心配しはじめた時に強くなっていた。また，帰宅後，一人で部屋にいる時に，学校であったことを思い出し，うまくいかなかったことなどを次々と思い出して，落ち込みが強まっていた。変化があることがわかったので，サヤカは行動活性化を取り入れて，助けになるか試してみることにした。

▶ 朝起きて，横になったまま心配しはじめるのではなく，何かほかのことはできるか？音楽を聴くのが好きなので，ラジオで音楽を聴くことにした。

▶ 学校から帰ってきて，部屋に行くよりも，母親や姉と一緒に過ごすことにした。

表7.2　サヤカの感情日記

曜日	起床時	午前中	お昼	学校の後	夕方	就寝時
月	1	3	2	2	4	2
火	1	4		2		2
水	1		2	1	4	2
木	1		4	1	4	1
金	1	3	3	2	2	
土	2	4	4		3	1

漸進的筋弛緩法，イメージ法，呼吸法，気持ちの切り替え

感情のコントロールは，不快な気持ちの時に若者が使える様々なスキルのお道具箱を作るようなものである。お道具箱の中から，状況や場所に応じてスキルを選んで使えるようにする。

- ▶ 身体を動かすコントロール法や気持ちを落ち着かせる方法は，学校で使うのは難しく，家でなら使いやすいかもしれない。
- ▶ 呼吸法はどこでも使いやすいかもしれない。

まず，子どもが気持ちを落ち着かせるためにすでにやっている方法を特定し，それらはうまくいっているかもしれないし，それらの方法を改良して取り入れる。例えば，3数えるといった方法を使っていたら，呼吸法に応用できる。ほかに，ゲームをする，自傷行為，（年齢が上の若者の場合）飲酒，喫煙，薬物乱用などの方法は，リスクや長期的に見た時に限界があり，適切かどうか話し合わなければいけない。そして，気分を良くする他の方法を試すこともすすめる。

❯❯❯ 漸進的筋弛緩法

不安や怒りの感情が湧き上がったり，頭痛などの身体的な問題があったりする場合は，リラセクセーションの練習が効果的である。ストレス反応と拮抗する生理的状態（リラクセーション）を作ることは，若者の認知行動療法において中核をなす（King et al., 2005）。漸進的筋弛緩法は，順番に筋肉に力を入れたり，緩めたりしながら，力を抜いていく方法である。身体の力が入っている部分に気づき，身体のどこに一番力が入りやすいかを知る。

漸進的筋弛緩法は，やり方を事前に説明し，一緒に練習する。一緒に練習すると身につけられ，また若者がどこでうまくできないのかもわかり，さらにその部分を練習することもできる。リラクセーションの後，一連のプロセスをふりかえり（例えば，どこに一番力が入っていたか，難しいところがあったか），実施する前後で力の入り具合に変化があったか数字で表わしてみる（子ども p.191）。新しいスキルを身につけるためには練習が必要で，効果を得るためには家での練習もすすめる（若者 p.186）。力が入っていると感じた時や，ストレスになることをする時などに，漸進的筋弛緩法をするようにすすめる。この方法を日常生活に組み込むには，毎晩寝る前の習慣にできるとよい。

リラクセーションは，多くのスポーツ選手，有名人，音楽家や俳優などが取り入れている方法であると紹介する。最初のうちは，効果を感じないかもしれないが，練習することをすすめる。やっても意味がないと思ってしまわないために，最初のセッションでは効果を体験するというよりは，やり方を知ることに焦点を当てたほうがいいかもしれない。

家では，邪魔が入らない，静かな居心地の良い場所で行うようにする。携帯電話の電源を切って，少なくとも10分間は何も邪魔が入らない状況で行う。椅子に座ったり，ベッドや床に横になったり，若者が一番やりやすく，気持ちのいい体勢で行う。集中できるなら，目は開けても閉じてもよい。それぞれの筋肉の部位は，力が入っていることを感じるまで力を入れる。痛くなるまで力を入れすぎない。5秒間，力を入れた後，筋肉をリラックスさせ，力を緩める。行っている最中は，筋肉が緊張したり，緩んだりしたりすることを感じ，緩むときに気持ちが落ち着く感覚を感じる。それぞれの筋肉の部位に力を入れた後は，緩んでいる感覚を数分間，十分に感じるようにする。

リラクセーションの説明は広く知られているので，やりやすいものを見つけるとよいだろう。例えば，足から頭までの筋肉の力を抜く方法がある。

- 足とつま先
- 脚
- 太もも
- お腹
- 肘と手
- 背中
- 首と肩
- 顔

より短い時間で行う方法として，筋肉の部位をまとめる（若者 p.179）。

- 肘と手
- 脚と足
- お腹
- 肩と首
- 顔

幼い子どもには，リラクセーションはゲームにするとよい（子ども p.204）。例えば，「サイモン（船長）が言った」というゲームがある。

- 背中，肘，脚に力を入れて，兵隊さんのように歩く。
- 脚の筋肉はその場で走ることで力を入れる。
- 肘とお腹の筋肉は，両腕を上にあげることで力を入れる。そして，背の高い木になったつもりで，風に揺れるように，両腕を上げたまま，身体を左右に斜めにする。
- 怖い顔を作るために顔に力を入れる。
- 全身に力を入れて，ボールになる。

最後に，力を抜いて，大きな重たい象になって，できる限りゆっくり動き，眠たいライオンになって床に寝転び，できる限りじっと動かないようにする。

イメージ法

リラックスするイメージは，不安や不快な気持ちを落ち着かせる方法である。子どもにホッとする，落ち着く，幸せな気分になる場所をイメージさせる（子ども p.205；若者 p.188）。落ち着く場所のイメージは，実在する場所でも想像上の場所でもいいが，子どもの快適な気持ちになる場所である。イメージするために，絵で描いたり，写真を持ってきたりして，説明してもよい。目的は，鮮明で，影響力があり，感覚を使うイメージにする。五感を使う。

- 何が見える？：場面の主な色彩，形，大きさなどを説明する。
- 何を感じる？：例えば，足の裏に砂の熱さを感じるか，顔に水の冷たさを感じるか，手に雪の凍るような冷たさを感じるかなど。
- どんな匂いがする？：海水の匂い，バーベキューでお肉が焼ける匂い，パイナップル畑の香りなどを想像する。
- 何が聞こえる？：カモメの鳴き声，砂浜に打ちつける波音，風で木の葉がサラサラと奏でている音など。
- どんな味がする？：海水の塩味，口の中で溶ける甘いアイスクリームなど。

子どもがリラックスして，落ち着けて，はっきり感じられるまでイメージする。はっきりとイメージできたら，不安やストレスなど不快感がある

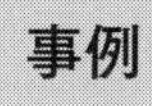

事例　アイカの落ち着くイメージ

アイカには，重度の喘息があった。喘息の発作があると，不安が強まり，その気持ちがさらに，発作を強めた。アイカは，落ち着くイメージをすることにし，海辺の母親の友達が営むカフェをイメージした。

▶ まず，アイカはイメージするためにサポートを受けた。

「カフェは，お店の裏の小さな中庭にあるの。外には，お客様用に3つのテーブルがあって，カフェに入ると，あと5つテーブルがあって，飲み物や食べ物をカウンターで頼むのよ」

▶ アイカは，カフェ内の**見えるもの**を細かくイメージできるようにサポートを受けた。

「テーブルの上には何かあるの？」

「うん。赤と白のチェックのテーブルクロスがかかっているわ。白いお砂糖入れがあって，花瓶に赤いお花が飾ってある」

「窓やカーテンはある？」

「うん，ある。お店の前は全部窓になっているから，外がよく見えるの。窓にも赤と白のチェックのカーテンがついているわ」

▶ アイカは，触ることをすすめられ，どんな感触がするか聞かれた。

「椅子のシートはどんな感触がするの？」

「木のシートなの。クッションはないから，座ると硬い感触がするわ」

▶ アイカは，何か聞こえるか聞かれた。

「外に小川があるから，水が流れる音が聞こえる。カフェの中は，人が話している声と，音楽がかかっている音が聞こえるわ」

▶ アイカは，匂いについて聞かれた。

「挽きたてのコーヒーの香りがカフェ全体にするわ」

▶ アイカは，味について聞かれた。

「ケーキを買える？」

「手作りのスコーンと，果物と，キャロットケーキと，美味しいチョコレートケーキを買えるわ」

「どれがお気に入りなの？」

「チョコレートケーキ」

「どんな味がするの？」

「甘くて，とろ〜りチョコレートソースがかかっているの。ふわふわしていて，口の中で広がって最高に美味しいわ」

時に，落ち着く場所をイメージするようにすすめる。

呼吸法

呼吸が浅かったり早かったりするのは，よくある不安の症状である。この症状には，横隔膜——肺の下にある大きな筋肉からできている——を使った深い腹式呼吸で対処できる。呼吸をゆっくりさせ，心拍数を減らし，身体がリラックスするのに役立つ。

シンプルで，手軽にできる方法なので，力を抜いてコントロール感を取り戻すために，様々な場面で使える。お腹に大きな風船があるようなイメージで，風船をゆっくり膨らませたり，縮ませたりする。お腹に手を当てて，ゆっくり鼻から息を吸って風船に空気を入れる。風船に空気が入るとともに，お腹が膨らみ，手が持ち上がる。風船がいっぱいに膨らむと，次に，口からゆっくり息を吐くように言われ，風船がしぼみ，お腹に置いた手が下がる。これを，3〜4回こなすと，呼吸にコントロール感が出て，リラックスできる。

呼吸が早くなり，浅くなったことに気づいたら，4－5－6呼吸法を試してみるように促される（子ども p.197；若者 p.180）。4つ数えるまで，鼻から息を吸い，5は息を止め，6から10数える間は口から息を吐く。若者の場合，コントロール感を取り戻すために3，4回繰り返す。小さい子どもの場合，誕生日ケーキのキャンドルを一つひとつ吹き消す場面をイメージして行う。鼻から息を吸って，息を止めているうちに吹き消すキャンドルを決め，狙いを決めたキャンドルに向かって口からゆっくり息を吐き，火を消す——この手順を繰り返す。

気持ちの切り替え

気持ちを切り替えるために，若者に気分が良くなる活動をすすめる。不安や落ち込みなどの強い感情に気づけても，わざわざ切り替えよう，コントロール感を取り戻そうとまでは思わない。感情に圧倒されるのではなくて，積極的に切り替えて，良い気分になるようすすめる。

- 力が入っている場合は，リラックスできることをする。例えば，深く呼吸をする，音楽を聴く，本を読む，絵を描くなど。
- もし気持ちが満たされないのなら，元気が出る方法をする。例えば，お気に入りのシリーズもののドラマを見る，ネイルをきれいにする，好きなココアを飲む，ペットと遊ぶなど。
- 怒りを感じるなら，スッキリすることをする。例えば，クッションを叩く，バッグをパンチする，風船を割る，散歩に出かける，楽器を演奏するなど。

気分が良くなる活動を考えるためのワークシートがある（若者 p.190）。強い不快な感情を覚えた時に，気持ちを切り替えるためにできることに気づかせてくれる。

身体を動かす，感情を手放す，感情の比喩，感情のイメージ

身体を動かす

身体を動かして自然に筋肉に力を入れたり抜いたりできる人もいる。日々の生活に，身体を動かすことを取り入れよう。

- ▶ サイクリングが好きならリラックスする時に使える。学校から帰ってきても力が入ったままなら，帰ってきてから短いサイクリングをしてみて，力を緩めることができるか試してみる。
- ▶ 犬の散歩に行くとリラックスできるなら，身体に力が入っていると気づいた時に，犬を短い散歩に連れていく。

身体を動かすといっても，運動しなくてはならないわけではなく，軽く体を動かす程度でもよい。例えばダンスをしたり，散歩に行ったり，部屋を片づける，洗車する，お店まで歩くなどできることをする（子ども p.206；若者 p.187）。リラックスできる自分なりの身体を動かすものを見つけられるとよい。

感情を手放す

幼い子どもは，強い感情が怖いかもしれない。不快な感情を流すためには，その感情を外在化し，自分と切り離して巻き込まれないようにして，「強い部屋」のようなどこか安全な場所にしまっておく方法がある（子ども p.202）。「安全な箱」あるいは「強い部屋」と名づけた箱に飾り付けをし，強い感情の時に，その感情を絵で描いてもらったり，名前をつけたりして，外在化し（自分と切り離し），気持ちを描いた紙を安全に入れておける「強い部屋」に入れておく。その強い部屋を時に開けて，子どもが信頼している人とその不快な気持ちについて話せるようにする。

感情の比喩

比喩を使って，感情がどのように強まっていくかを知る。怒りに関しては，「怒りの火山」（子ども p.203）が怒りの爆発について話し合う時にわかりやすく，使いやすい。怒りが爆発する前にどのように強まっていくかを理解でき，怒りの強さによって，考え，感情，行動がどのようにレベルアップしていくのかがわかる。

- 落ち着いていてリラックスしている：普通の声の大きさで話す，落ち着いている気分。
- イライラ：人が自分を怒らせているのがわかる，身体が熱くなる。
- 怒りはじめる：歯を食いしばる，握り拳に力が入る，相手を脅しはじめる，「叩くぞ」と思う。
- すごく怒っているがまだコントロールできる：きつい言葉を使いはじめる，顔が赤くなる，聞こえない，「最後の一言を言ってさっさと終わらせる」と思う。
- コントロールができなくなる：何が起こっているかわからなくなる，スローモーションで起きているように感じる。
- 爆発：殴りかかる，叩く，蹴る，物を投げる。

このように怒りが強まっていく様子を特定できたら，低いレベルの段階で感情をコントロールする方法をして，爆発させないようにする。

感情のイメージで逆抑止

「感情のイメージで逆抑止」は，不安や怒りが起こるイメージを，よりニュートラルにする方法である。感情のイメージで逆抑止は，Lazarus, and Abramovitz（1962）により「アサーション，プライド，愛情，喜び，それらと同じように不安を抑制する感情を湧き上がらせると思われるイメージ」と説明されている。イメージするうえで問題となる状況の内容を変えて，不快な気持ちを乗り越えて，若者が自分の問題に立ち向かい，乗り越えるための適応的なイメージを持つようにする。例えば，感情のイメージを不安から笑いに変えてみる。J.K. Rowlingが書いた『ハリー・ポッター』ではおなじみの方法である。3巻目で，ハリーは，笑いで，最大の恐怖であるボガートを乗り越える方法を教えられる。感情のイメージでは，例えば蜘蛛に対する怖いイメージを，蜘蛛にバレエの衣装であるチュチュを着せ，大きなブーツを履かせて，おかしな帽子を被せることで変える。

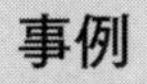

事例 アユムのユーモアのあるイメージ

アユム（15歳）は，学校でよく問題を起こし，退学になる可能性が出ている。アユムは，態度が悪く，教師とよく揉め事を起こし，間違いを指摘されると怒って，カバンや本など教室にあるものを投げ，机を蹴り，教室を飛び出してしまう。こういった出来事はどれも，ある一人の教師がきっかけになっていた。アユムは，この教師に目をつけられていると思い，嫌っている。この教師の授業では，必ず揉め事になるだろうと考え，最初と最後に言う言葉を揉め事になる前から考えていた。アユムは，そのように考えておくことが助けにならず，どうしたらいいかと思っていたところ，イメージを使うことが気持ちを落ち着かせるのに役立つかもしれないと思い，やってみることにした。

アセスメント時に，アユムは，学芸発表会で教師が小人の役を演じ，衣装を着ていたことを話した。この格好をとてもおかしいと思っていた。また，衣装を着た教師の姿を詳細に覚えていて，イメージできていたため，怒りを落ち着かせるためにこのイメージを使えないかと考えた。つまり，怒りをユーモアで上書きするのである。アユムは，気持ちを落ち着かせるために，思い出す練習をした。その後，アユムはその教師の授業の時や，怒りを感じた時にそのイメージを思い出すことにした。イメージすることで落ち着くことができた。その教師が小人の衣装を着ているところを想像すると，批判的な話を真に受けることがなくなり，怒りでどうしようもなくなることもなくなった。

自分を落ち着かせる，マインドゲーム，マインドフルネス

自分を落ち着かせる

気持ちを変えたり軽くしたりする別の方法に，気持ちを抱えるというものがある。自分を落ち着かせる方法を身につけ，自分を大切にして優しく接してゆく。自分を落ち着かせる方法を身につけることで，若者に自分を大切にする，優しくすることを促す。心が穏やかになる体験に，五感をそれぞれ集中させるようにする。これらのものは，「心を鎮める道具箱」（若者p.190）に集めて，必要な時にすぐに取り出せるようにしておく。

- 匂い：好きな香水，石鹸，挽きたてのコーヒー，アロマキャンドルなど。

- 触感：滑らかな石，柔らかいおもちゃ，滑らかな布，暖かいお風呂など。
- 味：強いミント，シャキシャキのりんご，ふわっとしたマシュマロなど。
- 視覚情報：心に響く言葉，落ち着く気分になれる思い出の写真，水槽を眺める。
- 音：元気が出る曲，鳥の鳴き声，波の音など。

マインドゲーム

「マインドゲーム」は気持ちを妨害する方法で，うまくいかない考えや不快な気持ちから意図的に注意を逸らす。不快な考えや気持ちは悪化する傾向があるので，例えば，不快な考えや身体からのサインなど内面に注意を向けるのではなくて，何が起きているか外側に注意を向けるようにする。うまくいかない行動を取って自傷欲求が湧いた時や，強い感情に圧倒されそうになった時は，さしあたりこの方法が役立つ。マインドゲームを使えば，感情と距離を起き，外で起こっていることに注意を向けられる。注意を逸らすために以下のようなことができる。

- 175から7ずつ引き算をしていく。
- 友達や知り合いの名前を逆から読んでみる。
- あいうえお順に動物の種類を考える。

マインドフルネス

不快な感情をコントロールしたり，変えたりするには，マインドフルネスも役に立つ。「今ここ」に好奇心を寄せ，一切判断をせず注意を向ける方法である。感情に呑み込まれそうになったら，強い感情に気づいて一歩距離を置き，そのまま抱えることを学ぶ（ただし気持ちを変えることはしない）。

マインドフルネスの方法を，FOCUSという手順のキーワードの頭文字を取って紹介する。注意を集中させる（**F**ocus）ことを学び，今ここで起きていることを観察し（**O**bserve），好奇心を持つ（**C**uriosity）。五感を使って（**U**se），判断を保留にし（**S**uspended），開かれた心で感じ取る。このプロセスでは感情を，ポジティブ（例えば，幸せ，落ち着いている，勇気がある）／ネガティブ（例えば，怒り，悲しみ，恐れ），良い／悪いなどと判断しない。ただその感情に気づき，あるがままに受け入れ，好奇心を寄せる。このように感情を積極的に変えようとするのではなく，ありのままに受け入れるようにする。

「気持ちをそのまま受け流す」（子ども p.81）というエクササイズでは，感情に意図的に注意を向けるために，カメラで拡大するイメージを持つ。

- **自分の気持ちをじっくり観察する**——若者は，自分の感情に注意を向け，何を感じているのか気づく。身体からのサインをじっくり観察し，それぞれ色々な感情が身体のどの部分に出ているか感じ取る。
- **感情に名前をつける**——感情に名前をつけ，距離を取る。そのため，名前の付け方としては，「私は悲しい」や「私は怒っている」ではなくて，「これが悲しみ」，「これが怒り」とする。
- **自分の感情をありのままに受け入れる**——感情を抑え込んだり，見て見ぬふりをしたりするのではなくて，一歩離れて，外から感情を捉えて受け入れる。どんな気持ちを感じているか気づき，自分の気持ちを思いやりと理解をもって包み込むことを身につける。
- **好奇心を持つ**——正直に気持ちを感じたままに，何が原因で今の感情を感じているのか好奇心を持ち，探る。感情をコントロールするのではなく，感情を流れるものとして受け入れ，包み込む。

誰かに話す

自分の気持ちを誰かに話すとよい場合もある（若者 p.191）。うまくいかない考えや不快な強い気持ちは，頭をぐるぐると駆け巡り，それが身体でも感じられる。この時，誰かに気持ちを話すと，注意の行き先が強い感情から変わり，気持ちが軽くなることもある。

- 誰と話すと気持ちが軽くなるか？：「気持ちが軽くなる人リスト」を作る。
- 何を伝えたいか？：今，どんな気持ちなのかということを話したいかもしれないし，他のことかもしれない。
- 話した人に何かしてもらいたいことはあるか？：話すことで，気持ちを変えてもらいたいのか，問題を解決してもらいたいのか，気持ちを聞いてそうなることもあると認めてもらいたいのか？
- どのように連絡を取るか？：SNS，メッセージを送る，eメール，電話など。
- いつするか？：先延ばしにするよりも，なるべく早く時間を設定するとよい。

第8章 フォーミュレーション

日本のセラピストのみなさんへ

フォーミュレーションは，認知行動療法の要である。アセスメントの結果を認知モデルに基づいて整理し，若者と共有する。それは現状を視覚化し，図に表わしたものであるが，さらには，今後どうありたいか，回復するための過程，回復する姿までをも示唆してくれる。若者にとっては自己理解が深まり，認知行動療法に取り組むことで，快方に向かう具体的な将来像を思い描くことができる。

出来事，考え，感情，身体の反応，行動のつながりをわかりやすく，筋道立てて説明する。

フォーミュレーションは，問題の発現と維持を認知行動療法の枠で説明し，セラピストと若者が共に理解することを目的とする。また，一人ひとりの治療の前提となるものである。話し合い，検証，ふりかえりを通して合意しながら，協働作業でフォーミュレーションを組み立てていく。そのためフォーミュレーションは柔軟に修正する必要があり，具体的な介入内容を示し，共有された明確な作業仮説を提供する。

筋の通った説明を提供する

フォーミュレーションは，統計的診断基準の代わりとなるもので，若者の困難の発現やそれを維持している要因をひとまとめにし，機能的で，筋が通った，検証可能な方法を提供してくれる。また，個別的で効果的な臨床を行うためのコアとなる重要な役割をもつ。

若者にとってフォーミュレーションは，自分の困難を理解するためのツールとなる。症状，考え，行動，経験は，通常つながっているという自覚はないものだが，フォーミュレーションによる整理を通じて，つながりが理解される。介入の初期段階でこのような共通理解をすることは，介入全体を通じて継続する積極的でオープンな協働プロセスのモデルである。フォーミュレーションの構築段階では，若者とケアする人から得られた情報に基づいてフォーミュレーションが作られるため，それらの情報は重要であり，その重要性を認識することが若者の自己発見や自己効力感を高める一歩となる。

フォーミュレーションは，臨床的には，認知行動療法の理論と実践の橋渡しをし，若者の問題の発現をアセスメントするために役立つ（Butler, 1998; Tarrier, and Calam, 2002）。さらに，介入方針を伝え，介入は効果的で主訴に沿っているかを確認し，また軌道修正の必要性を示唆する。アセスメントは認知行動療法のコアであり，「共通の目標に向かって，正しい地点・正しいルートで介入が進むように，セラピストをガイドする」（Kuyken, and Beck, 2007）。

細かい内容に関しては，目的に応じて異なる。セラピストにとっては，理論的モデルと比べるために，それぞれのレベルにおける認知の内容が重要かもしれない。ただし，そこまでの分析は若者や家族には不要だろうから，情報は盛り込みすぎず，適度な情報量にすることも大切だろう。

フォーミュレーションは，パートナーシップに基づいて作られる。若者が内容と細かい情報を与え，セラピストは，情報を理論に基づいて整理する。若者はある出来事についてどのように捉えたか，その時の感情を自分の言葉で伝え，説明する。何が起きたのか，その時に何を考え，どのように感じ，どのような行動を取ったのかといった情報が，認知行動療法モデルに当てはめて整理される（子ども p.96）。したがって，フォーミュレーションによって，若者や家族に認知モデルと介入の根拠が説明される。

- ▶ フォーミュレーションは，“どうせうまくいかないから何もしない”という考えと行動に陥っていることを明らかにするかもしれない。何もしないという行動を取っていることを明らかにするかもしれない。「うまくいかないだろう」という考えを見直して，よりバランスの取れた，柔軟な考えを育てる介入ができるかもしれない。
- ▶ フォーミュレーションは，強い不安を感じるためにある状況を避けていることを明らかにするかもしれない。その状況に立ち向かうことによって，不安な感情とうまく付き合い，耐性を持てるようになることに焦点を当てた介入が見つかるかもしれない。
- ▶ フォーミュレーションは，自宅で一人で過ごし，考えこんでいる時間が長いことを明らかにするかもしれない。若者が何か別のことをすることによって，自分を嫌な気持ちにさせる考えを聞かずに済むようになるための介入が見つかるかもしれない。

フォーミュレーションは，図によって表わされ（Kuyken et al., 2008），毎セッション，その図を持ち出し，ふりかえることができる。若者や家族は，コピーを持ち帰り，家でフォーミュレーションの正確さを確かめたり，ほかの人に見せて話し合ったりすることができる。また，フォーミュレーションは自己効力感を高める。なぜなら，現状と筋の通った説明を与えるため，家族や若者が，現在の悪循環を変えられる可能性が実感できるからである。

フォミュレーションは，理論モデルに基づいて，問題の起源，発展，維持に関する情報を思い出させることによって作られる（Tarrier, and Calam, 2002）。したがって，鍵となる情報を見極めることが重要となる。アセスメントでは膨大で複雑な情報が手に入るが，すべてを盛り込むと，かえってわかりにくくなる。フォーミュレーションはわかりやすく方向性を示すものだから，すっきりわかりやすくし，若者の認知処理キャパシティを超えないようにする。問題を要約するのに役立ち，介入方針を示す，必要最低限の情報だけを入れ込む（Charlesworth, and Reichelt, 2004）。

考え，感情，行動のつながりを理解するための問題の維持に関するフォーミュレーション

ミニフォーミュレーション（2～3要素のシステムモデル）

認知行動療法モデルの中核をなす最も単純なフォーミュレーションは，2つの要素（例えば，出来事と感情のつながり）か，3つの要素（例えば，出来事と考えと感情について）の関係性を見るものであり，それぞれの関係性に焦点を当てることで（例えば，考えと感情，感情と行動のつながり）モデルに徐々に慣れていける。認知行動療法が始まったばかりの段階で認知行動療法に馴染むためにも役に立つ。また，認知能力が限られている子どもにも，シンプルでわかりやすい。いくつかのミニフォーミュレーションを組み合わせて，より包括的なフォーミュレーションを作ることもできる。

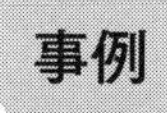

事例　リオコはもやもやして怯えている

学校の他の子どもたちについてのリオコ（8歳）の心配が，彼女の恐怖感やひとり遊びにつながったことを，ミニフォーミュレーションを使って理解できるようにした。最初のステップとして，リオコは遊び時間に校庭で何をしているのか聞かれた（図8.1）。次に校庭にいる時とその時の感情を聞かれた（図8.2）。校庭で悲しく，怖いと感じている時に，どのようなことが頭に思い浮かんでいるのかも聞かれた（図8.3）。これら3つのフォーミュレーションをひとまとめにして，校庭にいる時の考え，感情，行動のつながりを示した（図8.4）。

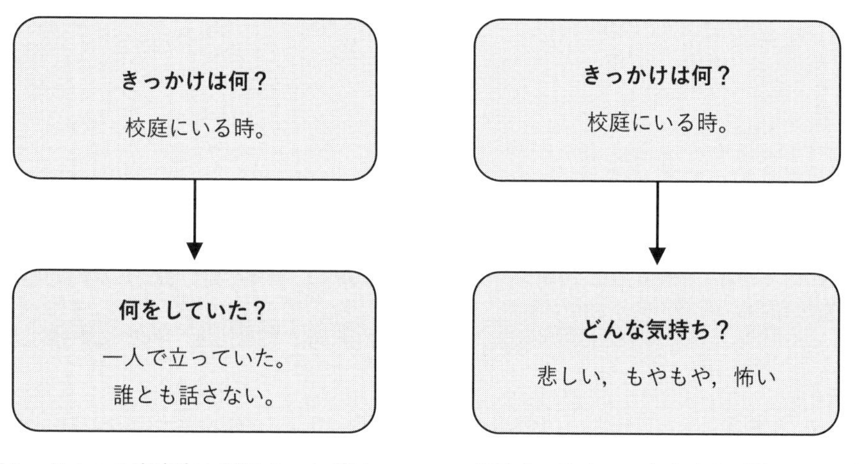

図8.1　リオコの出来事と行動のつながり

図8.2　リオコの出来事と感情のつながり

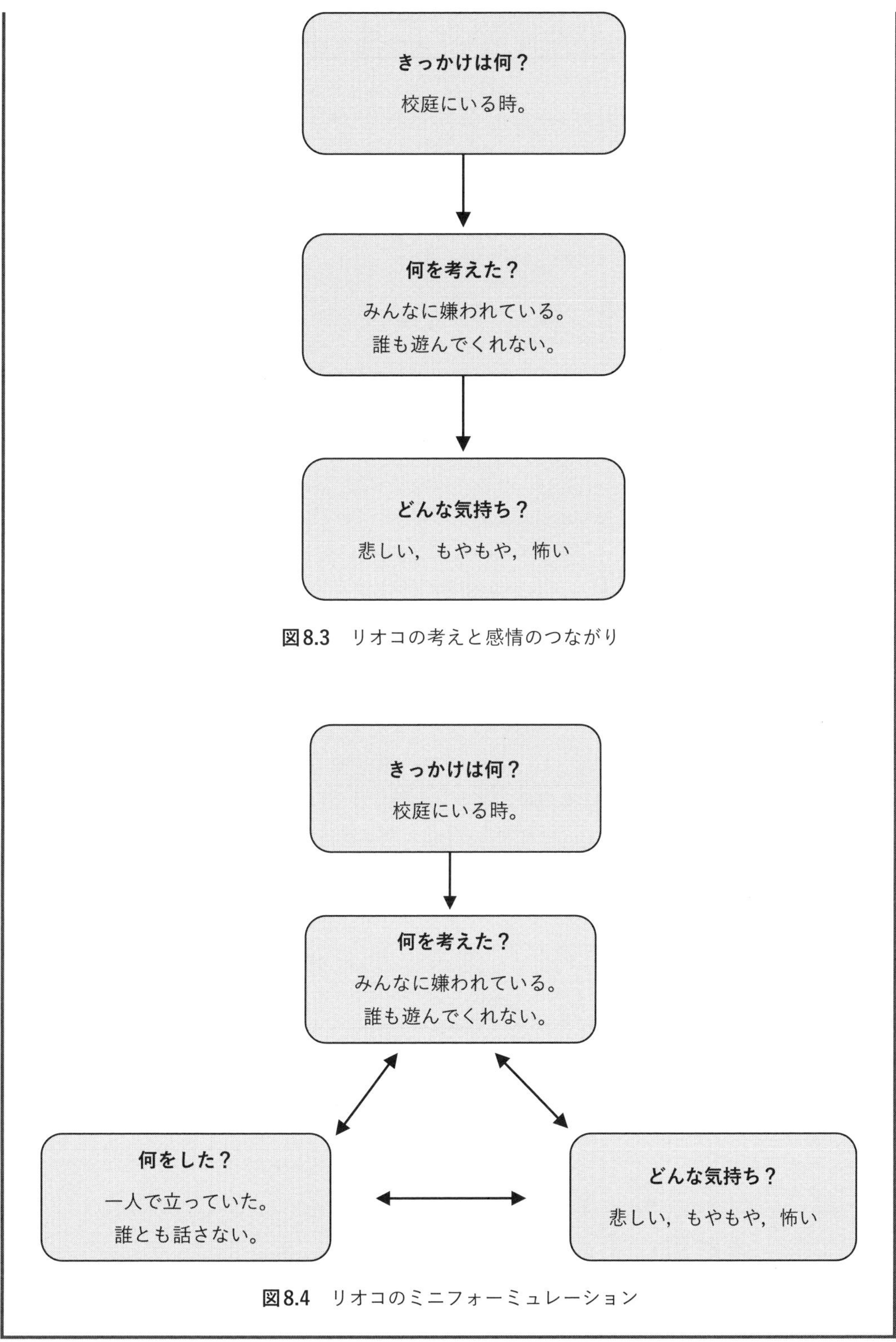

図8.3　リオコの考えと感情のつながり

図8.4　リオコのミニフォーミュレーション

問題の維持に関するフォーミュレーション

問題の維持に関するフォーミュレーションでは，認知行動療法モデルの中核的要素——きっかけとなる出来事／状況，考え，感情，行動——を整理する（子ども p.96）。

事例　ナオミの自傷行為

ナオミ（14歳）は，うつと自傷行為の問題で紹介されてきた。剃刀で，手首と太ももを切る自傷行為で，アセスメント時には，この2週間で2回切ったと話していた。「マイナスのわな」と書かれた埋め込み式のワークシートを使って，それぞれの出来事について問題の維持に関するフォーミュレーションを作った。

最初の図によって，ナオミはネガティブな考えの重要性に気づけた。家族みんなが出かけて一人で留守番していると，ナオミは，「親に嫌われている」と考え，自分とは絶対に一緒に出かけてくれないと思っていた。その考えによって，悲しくなり，泣き，切る行為につながっていることがわかった（図8.5）。

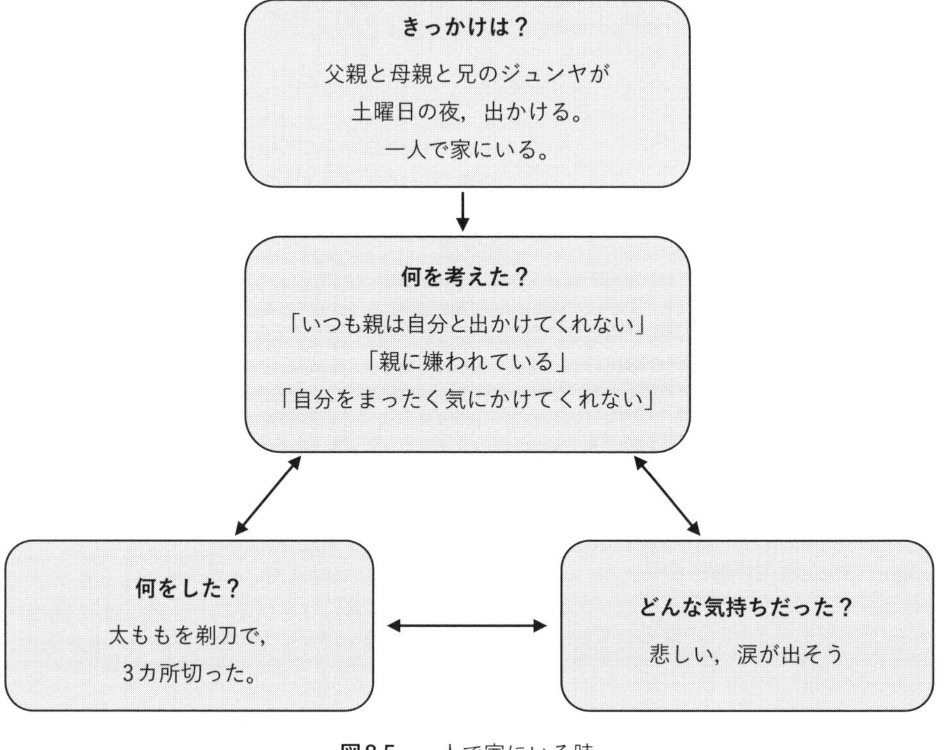

図8.5　一人で家にいる時

次の図は，最初の図と少し違った。ナオミは，兄のジュンヤが冷蔵庫に取っておいた食べ物を知らずに食べてしまい，怒られてしまった。ナオミはわざと食べたわけではなかったが，「嫌われた」と思った。この喧嘩とそれに対する捉え方がナオミを怒らせ，結果的に足を切ってしまった（図8.6）。

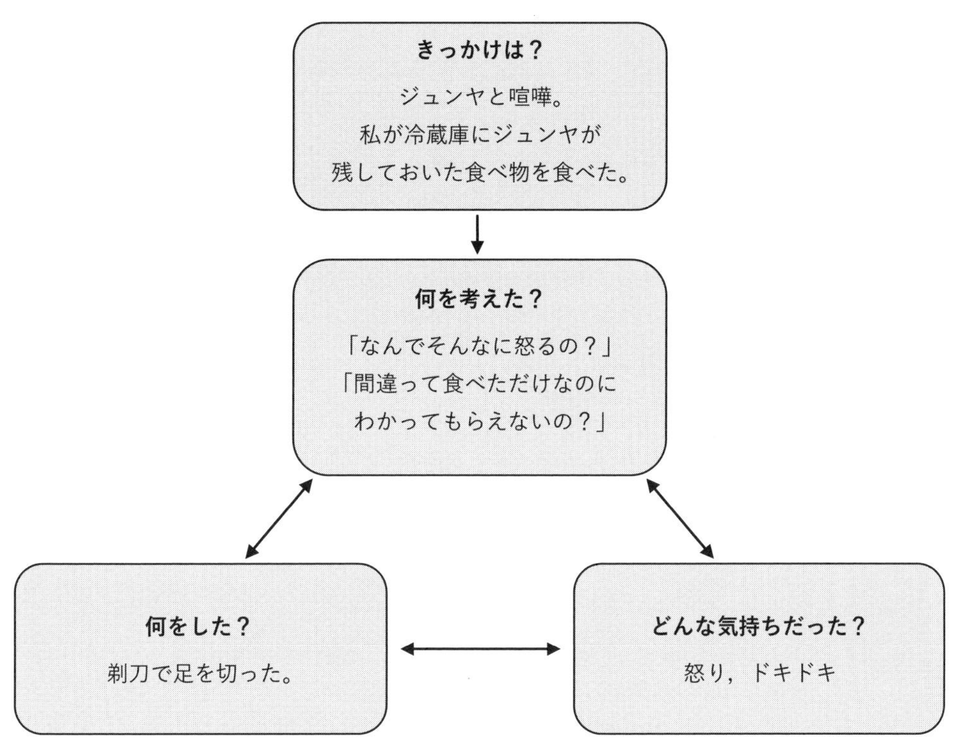

図8.6　兄と喧嘩した時

両方の状況で，ナオミの「人（両親と兄）は，自分を嫌っている」という考えが関係していた。これらの思考が生み出した感情は，非常に強いものだったが，異なっていた（悲しみか怒り）。このことは，強い不快な感情に耐え，対処することがいかに難しいかを理解するのに役立った。自分の体を切ることが彼女の対処法で，肉体的な苦痛で感情的な苦痛を拭い去っていた。

十字印のパン型(4つのシステム)フォーミュレーション

感情と身体の反応をまとめるほうがわかりやすい場合もあるが，感情（気分）と身体の症状（身体の変化）を分けたほうが役立つ場合がある。その場合，フォーミュレーションは，きっかけから始まり，先の3つの要素（考え，感情，行動）身体の反応を含めた4つの要素となる。すべての要素はお互いに影響し合う。このフォーミュレーションは，「十字印のパン〔訳注：英国でよく見かけるふわふわの丸いパンで，表面に砂糖でできた白い十字印がついている〕」と呼ばれる（Greenberger, and Padesky, 1995)。特に，身体の症状が身体の病気だと捉えている若者に役立つ。

事例　マモルの不安

毎朝登校前，マモルは気分が悪いと訴えた。マモルの顔は赤くなり，暑いと訴え，汗をかき，風邪っぽく，お腹の調子も悪かった。気分が悪そうなので，学校を休んでいた。親はマモルの体調を心配して，何度か病院に連れていったが，検査の結果，毎回問題はなかったので，医者は，精神的なものではないかと伝えた。マモルは学校を休めるとわかったり，学校が休みだったりすると体調が良くなることを両親は不思議に思っていた。マモルは，学校が好きで一生懸命勉強したが，学校の勉強についていくのが難しくなっていた。アセスメントの時に，マモルの症状を身体の病気に代わって説明をするために，十字印のパン型（4つのシステム）フォーミュレーションを作った（図8.7)。マモルの身体の症状は，学校の勉強を心配していることがきっかけになった，よくある不安反応であった。この図は，なぜ症状が学校の日にしか起こらないのかということと，学校を休んでいることが勉強に対する彼の心配を悪化させていることを理解するのに役立った。学校を休めば休むほど，勉強が遅れてしまい，心配が強くなり，うまく対処できなくなっていた。

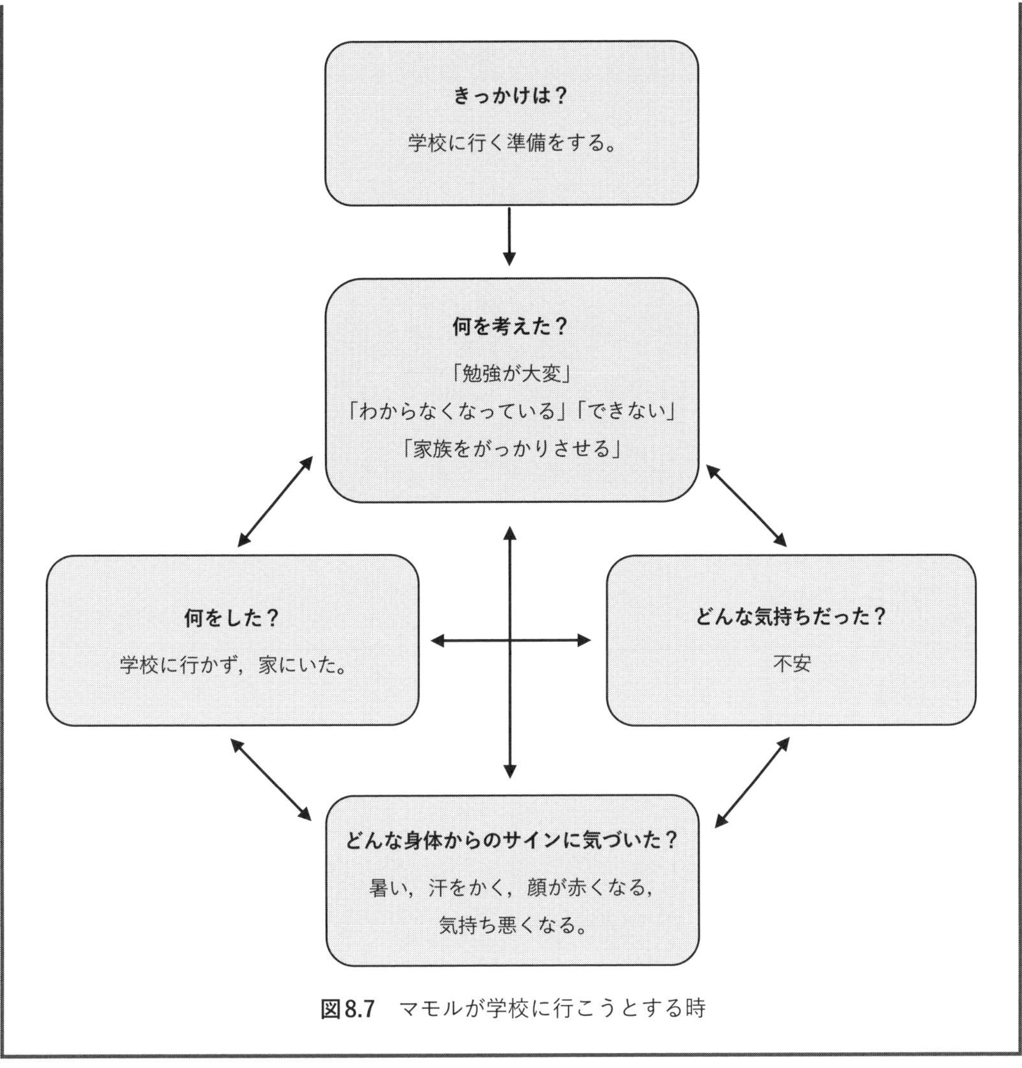

図8.7　マモルが学校に行こうとする時

子どもの強みを思い出す

問題のフォーミュレーションは，難しい現状をわかりやすく説明してくれる。ただし，問題に焦点を当てると，困難を克服して将来のレジリエンスを高める力やスキルを無視することになりかねない（Padesky, and Mooney, 2012)。これらのスキルや強みは若者の問題とは無関係かもしれないが，それらに焦点を当てることで，どのようにうまく用いられてきたかという具体例を得ることができる。

「自分の強みを見つける」（若者 p.67）は，若者の生活上の様々な側面から自分の強みを見つける方法である。

- 自分がしていること：例えば，音楽，アート，演技，ゲーム，動物の世話など。

- 好きな活動：例えば，散歩，ジョギング，ダンス，筋トレ，水泳など。
- 学校でのこと：例えば，好きな科目がある，好きな活動がある，整理整頓が上手など。
- やり遂げたこと：例えば，新しいことを習ったこと，係や委員会活動，部屋の模様替えなど。
- 自分の魅力：例えば，優しい，がんばり屋，賢い，聞き上手，面白いなど。
- 人との付き合い：友達が多い，信頼される，優しい，誠実など。

これらの強みがわかったら，それらを身につけた過程が，生活の他の部分にどのように応用できるかを考えるよう促される。

- 若者は，演劇で重要な役を演じるかもしれない。では，演じるときや台詞を覚えるときにどうやって，自分の神経とうまく付き合っているのか？　このスキルは，他の不安を起こさせる状況や何かを学ぶ際に活かせないか？（例えば，試験勉強など）
- 若者は，ランニング好きかもしれない。気分が落ち込んでいる時，気持ちを持ち上げるために使えるのではないか？
- 若者は，数学が苦手かもしれないが，解けるまでがんばるかもしれない。人と関わる場面が苦手な場合でも，このがんばりを活かせるのではないか？
- 若者は，ゲームが得意かもしれない。どうやってゲームがうまくなったのか？　うまくなるために練習し続けたことは，新しいスキルを学ぶ他の状況にも活かせるのではないか？
- ユーモアのセンスを，些細なことで自分にダメ出しをしてしまう時に活かせるのではないか？　自分に優しく，視野を広く持つことに活かせるのではないか？
- 人との付き合いにおいて，若者は，困っている友達をサポートするのが上手なら，自分自身に優しく語りかけ，自己否定やネガティブな考え方に向き合うことに活かせるのではないか？

フォーミュレーションに自分の強みを書き込める枠もあると，若者が自分の強みにも注意が向き，問題をどのように乗り越えるか考える時に役に立つかもしれない。先の事例でどのように役立てられるか見てみる。

- リオコは，ドッジボールが上手なので，ボールを学校に持っていくことで，ほかの人たちと遊ぶことができた。

- ナオミは，絵のセンスがあったので，絵を描くことで，自傷行為をするのではなく気持ちを表現した。
- マモルは，勉強ができることに気づいたので，身体の症状に関係なく，まずは学校に行ってみることにした。

若者は，自分の強みやスキルを見つけるのも，どのように活用できるか考えるのも苦手かもしれないので，積極的な語りかけと，励ましが必要である（Padesky, and Mooney, 2012）。背中を押し，ポジティブに，繰り返し，強みを見つけるように伝え，活用することをすすめる。

問題の発現に関するフォーミュレーション

若者と家族は，「マイナスのわな」にはまってしまった理由を知りたいと思っている。発現に関するフォーミュレーションは，過去の体験が，どのように考えや行動に影響し，今の状態までシェイピング（形成）してきたのか説明する（図8.8）。発現に関するフォーミュレーションは，重要な出来事や経験がどのように，若者が自分自身や自分のパフォーマンスや将来を捉えているかを示す信念／スキーマ／先入観を形成したかを説明する。フォーミュレーションの作成に際しては，家族要因，トラウマ体験，学校での体験，友達関係など，若者に影響すると思われる要因を考えることが重要である。Beckがレベル分けした認知プロセスを含む認知モデルを参照すると作りやすいだろう（子ども p.95；若者 p.119）。重要な出来事や経験が影響力の強い，凝り固まった考え（不適切な信念，うまくいかないスキーマと呼ぶ）を形成する。過去のマイナスの経験は以下のようなものを含む。

- 家族要因：死別，病気，両親の不仲や暴力や暴言がある関係，離婚，親の精神疾患や身体疾患。
- 対人関係要因：親との別れ，アンビバレントな愛着関係あるいは愛着の欠如，拒否されている，関係構築ができていない，複数の育ての保護者がいる。
- 医療要因：慢性的な病気，身体障害，治らない健康問題，頻回あるいは長期の入院。
- 友達関係：友達からの無視，孤立，非行，犯罪行為。
- トラウマ体験：虐待，1回あるいは複雑性トラウマ体験，差別。

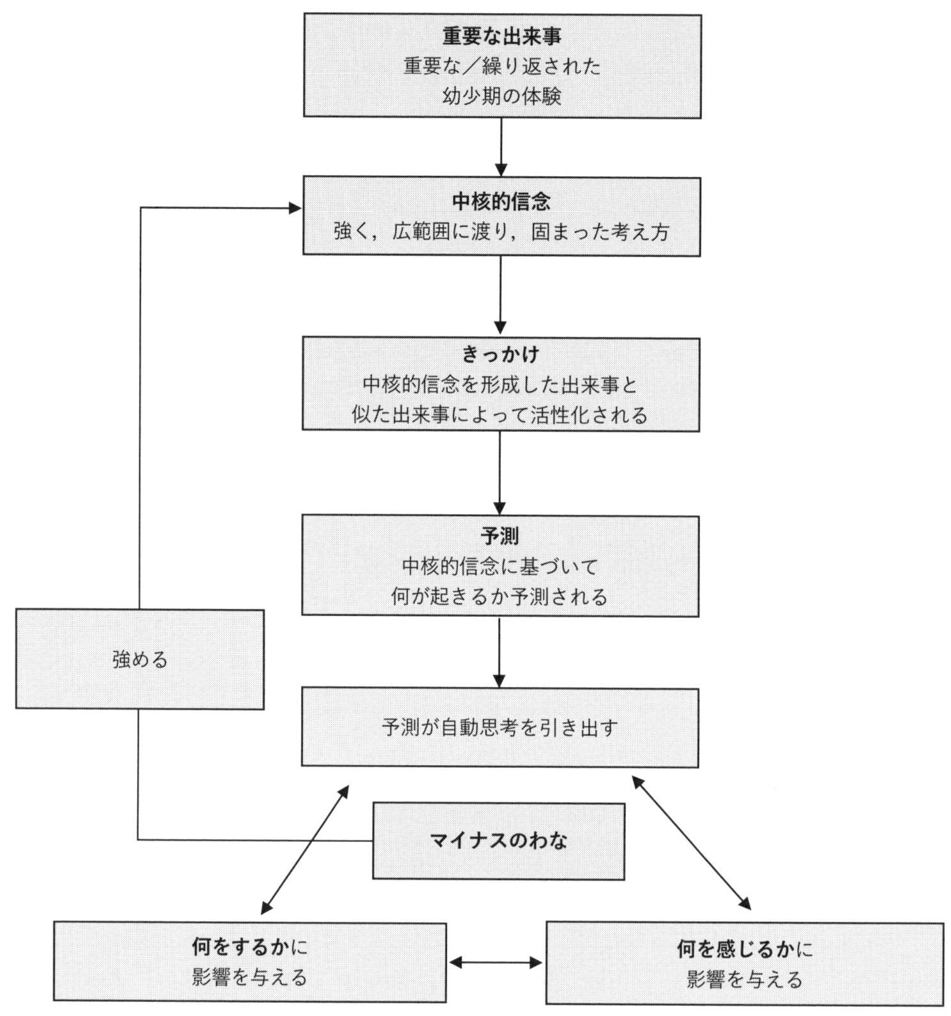

図8.8 問題の発現に関するフォーミュレーション

なかには，客観的に見て，現在の悪循環にさほど関係していない経験もある。そのため，どの経験が現在に影響しているのかを見極める必要がある。例えば，ある16歳の少女が長年の菌や健康に関する強迫性障害（OCD）に関してリファーされた。アセスメントにおいて，いくつか現在の状況に影響しているだろうと思われる出来事が認められたが，一つひとつはさほど強く影響していないようだった。さらに質問を続けると，夏休みに膝を切った経験がとても強く影響していることがわかった。記憶の鮮明さとその時の考え――「血が止まらない」，「誰も怪我したことに気づいてくれない」，「死ぬかもしれない」――が関係していた。

Beckのモデルでは，最も深いスキーマ／中核的信念と共に異なる認知のレベルを特定する。スキーマ／中核的信念は，強くて広く，固定した持続的な考え方であり，自分自身，出来事，そして将来の解釈と意味を規定している。この認知フィルターによって，自分を取り巻く世界の意味が即座に解明され，関心のある情報やその解釈が選択されていく。自分の認知フィルターに一致する情報だけが注目され，そうでない情報は例外として軽視されることもよく起こる。中核的信念とスキーマは，役に立ってうまくいく場合もあるが，時には，過度に頑固で，ネガティブで，うまくいかなくさせる。例えば，親の要求水準が高く，勉強するのが苦手だったり，自己否定したりする若者は，自分のことをいつもうまくいかない「ダメな人間だ」と思うスキーマを形成しているかもしれない。

私たちは，スキーマを形成した出来事を回想することによってさらにスキーマを強めている。自分はダメな人間だと思っている若者の信念が試験をきっかけに強まるかもしれない。注意，記憶，解釈の偏りと選択的注意がスキーマを正当化してしまう。注意の偏りは，スキーマを支持する情報に注意を向け（成績が悪い），スキーマに一致しない情報（良い点数を取ったことがある）や中立的な情報を見過ごす。記憶の偏りは，スキーマと一致する過去の体験からの情報を呼び起こす（例えば，過去にできなかった試験があった）。解釈の偏りは，スキーマと一致しない情報を軽視する（例えば，できた試験を除外する）。

さらには，次の試験の時に何が起こるかを予想し，自動思考やセルフトークを助長するかもしれない。自動思考は，最も意識しやすい認知のレベルで，出来事に関して，次々に捉えてコメントする考えである。自動思考の内容は，信念やスキーマと関係している。うまくいく信念は，自分を励まし，成功させるセルフトークとなり，うまくいかない信念は，ネガティブで，失敗をもたらす自動思考となる。うまくいかない信念は，おおむね偏っており，自己否定的で，不安，怒り，不満など不快な感情をもたらし，何もしない，または回避するといった不適応行動に至らしめる。不快な感情と適応的ではない行動は，うまくいかない考えと処理の偏りにつながり，さらに，自責的な悪循環のわなに陥らせてしまう。

事例　マリの不安

マリ（15歳）は，急性不安障害で緊急にリファーされた。マリは，田舎のぽつんと孤立した家に母親と住んでいた。マリが5歳の時に親は離婚していた。これまで母親は，いつも元パートナーたちから暴力を受ける関係になり，マリが暴力を受けることはなかったが，母親が暴力を受けるところは見ていた。7カ月前，元のパートナーが母親を探しに，学校帰りのマリの後をつけてきて，警察に通報された。

マリの今の問題は，3週間ほど前に始まり，ちょうど2晩停電になった時期と重なっていた。その際のマリを「ヒステリックになっていた」と母親は表現した。マリは，動悸と過呼吸，息苦しさを訴え，そして死んでしまうのではないかと言っていた。この時から，マリは強い不安を訴えはじめた。マリは，窓やドアの鍵を毎晩「安全か」確認しはじめ，ベッドの下やクローゼットなどに不審者がいないか確認した。3年前，泥棒に入られていたことがあり，その時，先に家に帰ってきていたマリは母親が帰ってくるまで気づかなかった。この出来事が起きてから，マリはとても不安になり，常に「もしまだ家に泥棒がいたらどうしよう」と言うようになった。

最初の予約日，マリは数日眠れていなかった。マリは，誰も家に入ってこられないように監視し，「何か聞こえる」，「誰かがいるかもしれない」と話した。何が起きるのかもしれないと思っているのか聞くと，「誰かに襲われるかもしれない」と答えた。

問題の発現に関するフォーミュレーション（図8.9）によって，母親の暴力を伴う関係や泥棒に入られた経験，母親の元パートナーがマリの知らない間につけてきた経験など，過去の経験がマリを弱気にさせ，危険な気持ちにさせていることをマリと母親は理解することができた。この経験が，マリの「人は自分を傷つける」という信念を形作っていた。この信念は，停電になり家が真っ暗になってしまったことによって活性化された。「傷つけられる」という信念が「戸締りをし，起きて見張っていれば，安全だ」という予測を作った。毎晩暗くなると，マリは起きて，「誰かいるの？　傷つけられるかもしれない。何か聞こえる」と思わせる様々な音に気づいていた。この考えによってマリはパニックになり，ドアや窓を確認したり，ベッドの下に不審者がいないか確認したりする行動につながっていた。そして，安全を保とうとするという先入観が，「人は傷つける」という信念を強めていた。

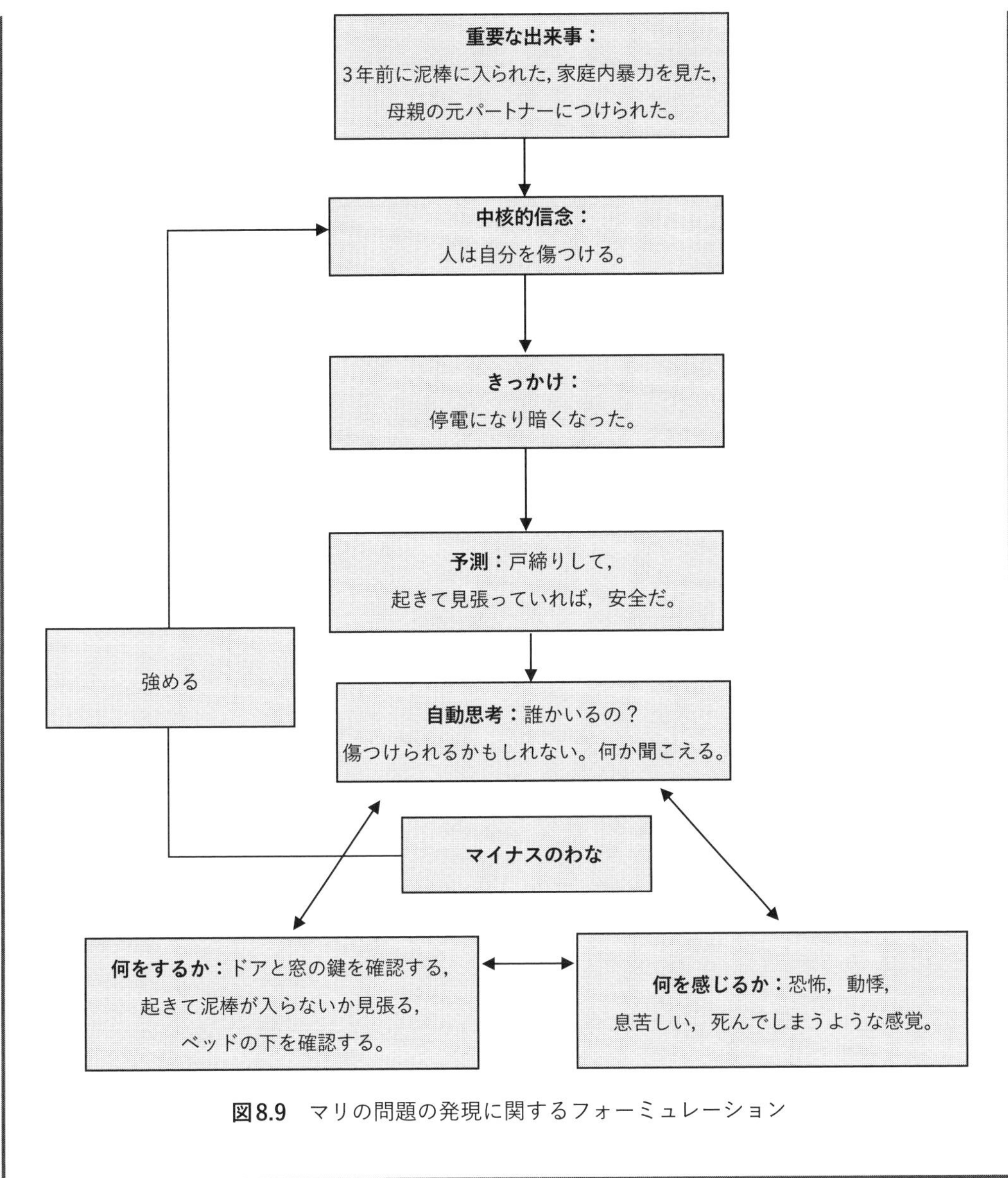

図8.9　マリの問題の発現に関するフォーミュレーション

家族をフォーミュレーションに含める

家族やほかの人たちが現在の問題に関与しているなら，問題の発現や維持のフォーミュレーションに含める。

事例 リサの不安

リサ（8歳）は，一人っ子で，両親と暮らしていた。父親は平日単身赴任で，週末しか家にはいない。家族はとても仲良く，友達や親戚との付き合いは少ないため，ほぼ家族だけで過ごしていた。リサと母親との関係は特に近く，母親は，リサの宿題を手伝ったり，心配事を聞いて学校に伝えたりするなど多くの時間を娘のことに費やしていた。

リサは，心配性で，学童クラブにおいても，母親と離れて別の子どもたちと遊んだり，スタッフと話をしたりすることをしなかった。学童クラブに入った最初の4カ月，リサは母親がいなくてはならず，学校に入学した時も，最初のうちは母親が近くにいてリサを見守っていたり，手伝ったりしていた。

学習面で，リサは優秀だった。しかし，リサの理想は高く，少しでも基準に達しないとイライラしていた。このことが新しい担任に替わり問題となった。リサは，この先生が間違ったり指示に従えていなかったりすると，すぐに大きな声で怒るため嫌いだと話した。担任の先生は，母親にリサが課題を学校で終わらせていないことを伝えた。リサは，課題を繰り返し直して，結局終えられず，提出していなかった。リサは，間違って怒られるのではないかと不安になっていたと話した。

この難しい状況は続き，リサは過度な心配と不安でリファーされることになった。母親は娘が動揺するところを見たくなかったので，「心配タイム」を作り，毎晩，心配事を聞く時間を作って，母親が大切にしていることを娘に見せた。また，リサは一人で宿題をせず必ず母親に手伝ってもらっていた。母親は，リサの宿題をする時間も作っていた。しかし，母親がどんなに手伝ってもリサの不安は強まるばかりで，パニックになり，泣きじゃくり，体調が悪いと訴え，家にいたい，母親と一緒に寝たいと訴えるようになっていた。ここ最近，そのため学校を休むこともあった。

このフォーミュレーション（図8.10）は，リサと母親が特別な関係を築くことになった重要な要因（いつも不安，一人っ子）と経験（家族が社会的に孤立している，友達がいない，母親とリサは多くの時間を一緒に過ごす）を浮き彫りにした。リサは不安を感じた時（学童クラブや学校の始まり），母親に頼るようになり，「お母さんなしではやっていけない」という信念を持つようになった。この信念は，すぐに大声で怒る新しい担任の先生によって引き起こされた。リサは，母親に心配事を全部話して，学校の勉強を手伝ってほしいと頼めば，怒られることは防げると思った。先生が課題を出すと，リサは「間違えたらどうしよう。できない。もし先生が怒って怒鳴ったらどうしよう」と考え心配になった。この考えは，リサを不安にさせ，涙が出てきて，気分が悪くなり，課題を何度も直しはじめて終えられなくなっていた。課題は母親に手伝ってもらっていた。母親は，リサが苦しんでいる様子を見たくなかったので，「心配タイム」を作ったが，それはリサが心配を話す時間をさらに伸ばし，不安にさせていた。心配について考えるとリサはさらに不安になっていた。

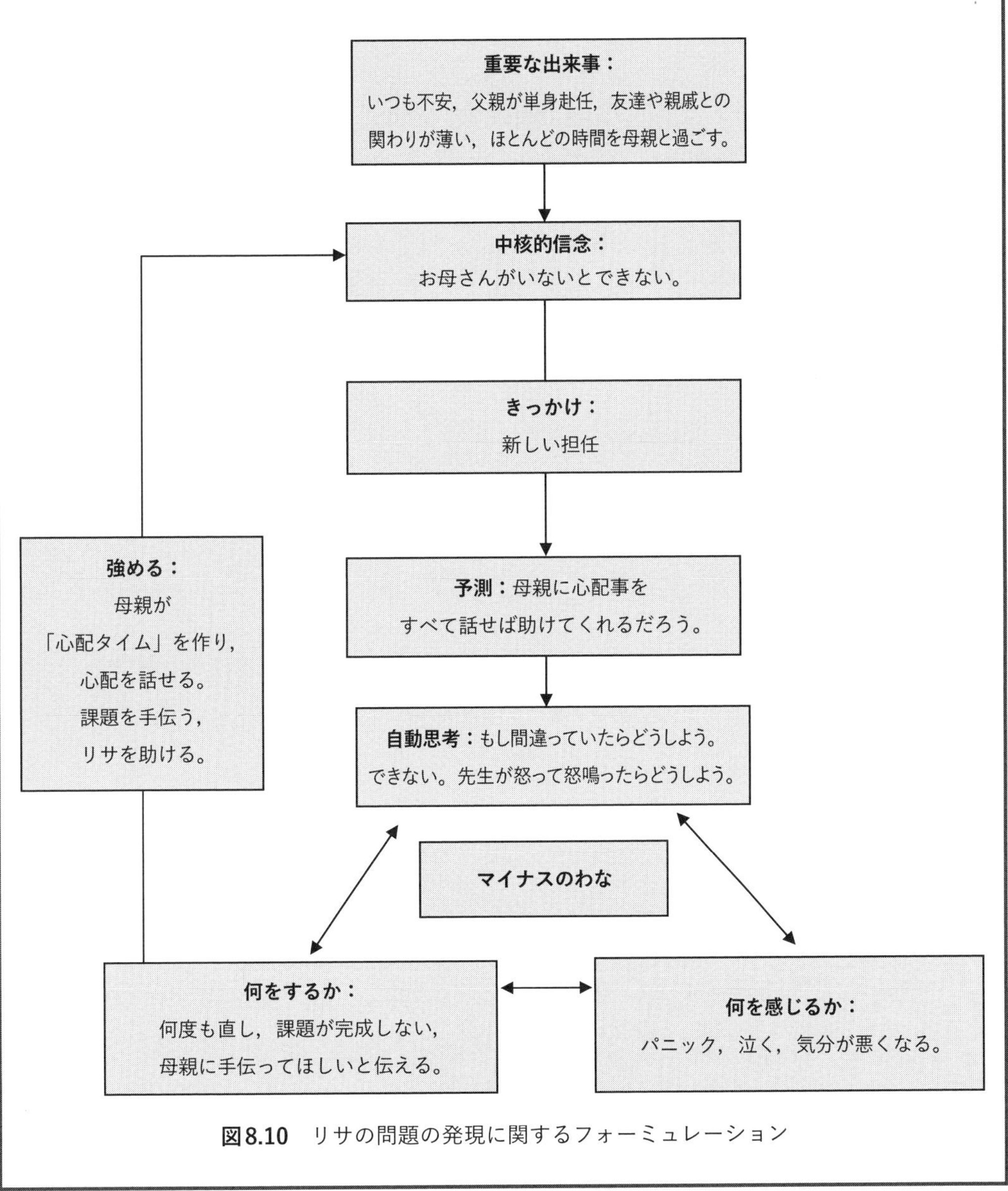

図8.10　リサの問題の発現に関するフォーミュレーション

実行することと目標はフォーミュレーションに基づく

個別のフォーミュレーションは，認知行動療法の枠組みに沿った介入方針を示す。若者と家族は，フォーミュレーションを見て，現在のうまくいかないサイクルをどのようにしたらいいか考えるようになる。リサの場合，フォーミュレーションが彼女の問題に対処できる多くの方法を示唆した。

▶ 担任の先生が問題なのか？

リサの不安と心配は，妥当かもしれない。もし，担任の先生が常に子どもたちに怒鳴り，否定しているなら，リサの反応は当然のことであり，介入としては，先生の行動にどう対処するのかということになる。リサの母親はすでにそう考え，先生と話をし，先生の行動を観察し，ほかの保護者と話をしたが，ほかの人はリサと同じような困難を感じていなかった。保護者たちは，厳しい先生だが，子どもたちは先生のことが好きで，子どもたちががんばったことなどにはご褒美シールをあげていることも話していた。リサも多くの良い行動によって，たくさんのシールをもらっていた。

▶「心配タイム」は助けになっているのか？

母親がリサに心配事やその解決法を話す時間を作った理由は理解できる。しかし，心配事を聞き，それを承認すればするほど，リサはさらに心配事を見つけ，不安が強まっていた。そのため，リサはどうやって対処するかよりも，心配で対処できない理由ばかり話していた。リサにとって，心配タイムは，心配に対処するためには役立っていなかった。むしろ逆効果で，母親がいないと対処できないという信念をより強めていた。

リサには，心配事について話し合う時間は持てるが，短い時間でする必要があると伝えた。リサは，心配事が出てきたら書き留めるようにすすめられた（子ども p.172）。そして，寝る前の15分間だけ母親と書いたことについてふりかえるようにした。いくつかの心配事は解決しようがないので，取り上げずそのままにしておくことにした（例えば，「誰と一緒に座ることになるだろう」，「先生の機嫌はいいかな」）。そして，いくつかの心配事はリサがどうにかできることであった（例えば，「体操着持ったかな」）。リサと母親は，リサがどうにかできる心配事を取り上げて，計画を立てた。体操着については，体育がある日と必要なものをカレンダーに書き込み，前日には，玄関に置いておくようにした。リサがどうにもできないことに関しては，今すぐに対応するというより，時間をかけて対処スキルを身につけるようにした（若者 p.154）。

▶ リサの信念「お母さんがいないとできない」を検証する必要があるか？

リサは常に母親に課題を手伝ってもらっていた。そうすることによって，自分ではできないという信念をさらに強めていた。この信念が本当かどうか，「対処する」ことによって検証した。母親は，毎晩，リサが対処できたことや，うまくいったことに焦点を当てて話をすることにした。リサは，1日の出来事について話す時に，うまくいったことや，うれしかったことや楽しかったことなどプラスの出来事について話すように促された。それらを書き込むと，書き込んだリストが長くなり，それはリサができないと思っていた信念に働きかけ，見直すことができた（子ども p.167）。

▶ リサの不安を治める手助けをしたほうがいいのか？

リサはどうやって不安をコントロールすればいいのかわからず，不快な不安発作で疲弊するまで不安を高めていた。感情とうまく付き合うためのスキルを育てることは，不安が高めることを予防し，また不安をコントロールできることは，リサが自分自身で感情を対処できる方法があると気づくことを助けるかもしれない。リサと母親は，呼吸法（子ども p.197）や，落ち着くイメージ（子ども p.205；若者 p.188）など様々なリラクセーションスキルの練習に時間を費やした。

▶ リサの行動が助けになっているか検証する必要があるのか？

リサは繰り返し課題を直すので，学校で終わらせることができなかった。リサと母親は，今と違うことをしたらどうなるか，1週間試すことを先生に話そうと決めた。リサはこれを調べるための実験を設定した（子ども p.165；若者 p.212）。リサは，授業の終わりに課題を先生に提出することにした。先生は，リサがとても心配していることを理解していたので，リサをサポートしたいと思っているし，できていないことは重要ではないと伝えた。週の終わりに，リサと母親は先生と会い，家に持ち帰っていた時と，授業の終わりに提出していた時を比べてみた。結果，点数に違いはなく，何度も直していない分，丁寧にきれいにできていると思うと伝えた。母親も家で手伝うとリサの機嫌が悪くなるので，授業の終わりに出したほうがよいと思った。そうしたほうが家で機嫌が悪くなることがなくなった。

▶ リサの親についても考えたほうがいいのか？

家族は社会から孤立していた。そのため，母親は常にリサと一緒に時間を過ごしていた。父親は平日単身赴任だったが，リサにもっと関われる方法がないか話し合った。スカイプを使って，リサがどのように対処できていたかを一緒にふりかえることとした。週末には，リサの進み具合をふりかえり，日曜日の午後は家族で過ごせるようにした。

母親は自分自身のことについても考えた。母親は近くの保育園の手伝いをしていた時のことを思い出し，平日の朝2回ボランティアをすることにした。外に出かけることで，母親は新しい視点を得ることができ，ほかの大人とも交流する機会を得られるようになった。

よくある問題

考えと感情を区別するのは難しい

若者は，事実に即して客観的かつ説明的に淡々と話すことが多く，認知と感情を区別することが難しい。自分のことを進んでよく話す子どもなら，直接質問すれば特定できる。しかし，特定の出来事や状況に対して質問したほうが具体的に答えやすい。例えば「人に会うとき，どんなことを考えるの？」と聞くより，「校庭でマコトに近づいていくとき，どんなことが頭をよぎったの？」と聞いたほうが答えやすいだろう。若者の話すことを注意深く聞くと，多くの考えや先入観が明らかになる。また，間接的または非言語的アプローチの活用が役立つこともある。なぜなら，直接的に聞くよりもリラックスして，自然に自分の考えを話せるからである。子どもが取り組みやすいコミュニケーションの方法が見つかると，自分の考えや気持ちを伝えやすくなる。

- 吹き出しを使う。
- 親友などの第三者なら同じ状況でどう思うか尋ねる。
- 人形やぬいぐるみを使って，状況を再現する。
- 難しい状況に関する絵を描く。
- お話を作る。

認知のレベルを区別することは重要か？

Greenberger, and Padesky（1995）は，認知のレベルを重視し，レベルごとに考えを特定するために様々なアセスメント法や介入方法が必要だと言っている。自動思考は，最もアクセスしやすく，わかりやすいため，日記に記録したり，困難な状況を話したりする中でわかることがある。難しい状況で，うまくいかない自動思考は，自分をほめる言葉（子ども p.168）に置き換えることができる。つまり，難しい状況で活用できる，もっとうまくいく別の考え方を練習できる。

予測は言葉では語りにくいものだが，行動実験――何が起きそうか予測し実際に試すこと――で明らかになる場合がある。行動実験は，予測を検証し，見直すために役立ち，認知再構成につながる。一方で，行動実験は，信念を見直し，新たな情報を提供するために役立つが，これだけでは信念を変えるには不十分である。信念は，最も深いところにある考えであるため，新しい情報や信念と違う情報を受け入れるのは難しい。中核的信念に働きかける時は，それを変えようとするのではなく，新たな信念を作ることを目指す。その際にはスケーリングを使うと，既存の信念の微妙な変化が強調され，この作業プロセスがずっと容易になる。

フォーミュレーションに組み込めない

大切なことは，若者が自分の問題を理解できるように，重要な情報を認知モデルの枠組みに組み込み，整理することである。アセスメントで得た情報が多く，それらをわかりやすい，筋の通ったフォーミュレーションにするのが難しい場合がある。それには2つの理由がある。

1つ目は，フォーミュレーションを作るために必要な情報が特定されていないからである。セラピストの経験が浅いために，若者に聞くことが具体的で詳細でなかったり，現在の問題とは直接的には関係のない多くの情報を集めてしまうことが原因である。したがって，問題の発現に関するフォーミュレーションに必要な情報が得られるような，構造的面接を考えるべきだろう。情報が十分に具体的で詳細でないなら，質問の形や内容を注意して，より明確で具体的な情報を得られるようにする。このような難しさが続くようなら，スーパービジョンを受けることが重要である。

2つ目は，情報を選択し，整理するための明確なフォーミュレーションの枠組みが利用されていないからである。ミニフォーミュレーションは，最もシンプルなつながりを示す。それは，きっかけとなる出来事を特定し，認知行動療法サイクルに付随する，考え，感情，行動といった各主要素がつながっていることに焦点を当てている。もし必要なら，感情は，気持ちと身体の変化に分ける。ミニフォーミュレーションを合体させることで，問題の維持のフォーミュレーションを作れる。

フォーミュレーションは正しいか？

フォーミュレーションが正しく認知モデルに当てはまっていることが大切である。しかし，「正しい」という前提が仇となり，せっかくのフォーミュレーションが共有されず，認知モデルを説明する機会を逸することもある。「正しさ」にこだわっていると，閉鎖的で一部だけの共有になってしまうかもしれないし，率直に共有しなくなってしまえば，「セラピスト主導のモデル」になってしまう。フォーミュレーションは，統計的なものではないので，完全に「正しい」とは限らない。それは，介入の最初の時期に作られ，共有され，新たな情報がわかったり，行動実験によってモデルが検証され，証明されたりされなかったりすることに意味がある。また，流動的で，常にアップデートされるもので，作業仮説とすることが重要である。

フォーミュレーションが完成しない

フォーミュレーション作成時，該当する特定情報が手に入っていない場合がある。中核的信念は最も深いレベルの認知であるため，なかなか表面化しない。先入観は，アクセスするのが難しく，若者は感情を表わす言葉を十分に持ち合わせていないかもしれない。このような場合，得られた情報は認知行動療法の枠組みで整理され，欠けた情報は目立って見える。それは，視覚化したしたほうがわかりやすいので，空欄の書き込み枠を作っておき，「この空欄の枠に何を入れればいいかまだわからないね」と「？」マークを入れて強調しておくことができる。そうすれば，次回以降のセッションで，空欄を埋めるための情報を得ていくことができる。

◀第9章▶ ケースマネジメント

日本のセラピストのみなさんへ

本章には，しっかり準備された授業のような内容が書かれている。若者にとっては，席に着いた時点で，何が始まるのか予想がつき，自分がどのように振る舞えばいいのかよくわかるようになっている。面接には構造があり，その構造が若者たちを守り，その中で，若者の思いや意見，意思などが尊重され，なおかつ自由度も高い。ただ，授業ではなくセッションなので，若者の状態に応じて，柔軟に対応する。構造化されている中での自由とは，理想的である一方で，実践するのは難しい。構造化と柔軟性，この両方を実践できるようになるためのコツがふんだんに紹介されている。

セッションが落ち着いた雰囲気になる準備をしてから，面接を始める。

認知行動療法に焦点を絞り，効率よく提供するために，面接は整理され，適切にマネジメントされている必要がある。セッションの計画を立て，ワークシートやフォーミュレーション，結果を測る尺度やデジタル素材などを準備しておく。セッション中の若者の逸脱行動は積極的に管理し，介入の流れを阻害させないようにする。セッションは，明確な目標を持ち，構造化されていて，結果や達成具合を測る尺度も準備されている。セッションの流れは次のようなものである――課題と学習のふりかえり，セッションのテーマの紹介，スキルの練習，合意を得られた課題の提出。時間内に終えるために，テーマごとに必要な時間を確保し，若者の発達レベルと学習能力にペースを合わせる。若者に臨機応変に対応し，あらゆる問題に対応するために，適宜柔軟に調整される必要もある。最後に，進行状況は定期的にふりかえり，セッションの終結は十分時間をかけて，再発予防のための計画を練る。

面接に必要な素材と道具の準備

セッションに必要なものはすべて準備する。認知行動療法へのモチベーションを上げるには，若者の好きなことや興味を持っていることに沿った素材を用意すると効果的である。そうすれば，自分が尊重され，大切にされていると感じるかもしれない。

- ▶ 紙，筆記用具，ワークシート，タブレット（デジタル素材を見せたり，ネットにつなげたりするため）が必需品である。
- ▶ 若者が進歩を感じ取るために，習慣化されたアセスメントや目標達成度を図るスケーリングの道具があるとよい。
- ▶ フォーミュレーションは常に用意しておく。セッション中に新しい情報が得られたら組み込み，介入方法が検討される。
- ▶ 今までの宿題や，書き込んだものなどは，いつでも見直せるようにしておき，今行っていることと関連づけられるようにする。
- ▶ 予定されているセッションの焦点をわかりやすく説明されている資料を用意する。例えば，違う種類の考え方を示す資料（子ども pp.110-111），日記（子ども p.108；若者 p.128），マインドフルネス（子ども p.79；若者 p.97），「自分に優しく」（若者 pp.82, 84）などがある。
- ▶ エクスポージャーなどを実際に行うとしたら，恐怖を感じる刺激を準備し，エクスポージャーが成功し，不安がしっかり軽減するまでの十分な時間を確保しなければいけない。

セッションにふさわしい若者の行動

介入を妨げるような行動はしないように約束しておき，適切に対応する。基本的な約束事は次のようなものである――時間通りに始める，携帯電話の電源を切る，スキルを身につける練習に参加する，課題（宿題）をする。これらの約束の重要性を示すために，お互いに署名をし，それをコピーし，各セッションで確認できるようにしてもよいかもしれない。

妨害行動は，自閉スペクトラム症（ASD）の子どもたちの不安反応かもしれない。不安にさせないためにも，セッションを構造化し，何が起きるかホワイトボードに書いておいて，わかるようにする。

幼い子どもで，集中力がもたない場合は，セッションを短くしたり，集中力を維持するために，様々な素材を使ったりする。例えば，ホワイトボードに絵を描いたり，ワークシートやクイズに答えたり，ロールプレイをしたり，ビデオを見たりする。座っているのが難しい場合は，受け身的な活動より，散歩しに行くなど，自分から積極的にできる活動にする。例えば，社交不安障害の子どもには，クリニックの建物の周りを歩いて，スタッフに挨拶する練習をするのも一案だろう。

もし妨害行動が常態化してしまったら，随伴性に基づいて，明確なご褒美やチェック表を作り活用する。ご褒美は，あえて子どもの問題に必要なスキルと関連するものにしてもいい。例えば，集団療法の中で不安になる若者には，ご褒美としてカフェで飲み物をもらえるなど，不安で外食ができない子どもに，ご褒美としてカフェまで行き，ケーキを食べられるようにするなどの工夫ができる。随伴性に基づいたご褒美は，セッション内でも行える。例えば，「することが終わったら，YouTubeを見られるようにするから，あなたが好きな動画を教えて」と伝える。

もうひとつ，「先延ばし」への対応も必要になる。若者の不安を理解しながらも計画を立て，できれば「今やってみよう」，「どうなるか試してみよう」と声をかける。さらに言葉だけで終わらせるのではなく，セッションのあいだに実際の行動に移せるようにする。

最後に，若者が話しすぎて計画がこなせない場合は，話してもいい時間を作り，それ以外の時間には計画を進める。あるいは，話しすぎてしまうことを問題解決スキルの練習をする機会として，どのように解決できるか話し合う。「ここ数回のセッションでは，おしゃべりする時間が長くなっていて，予定通り進んでいないね。予定をこなすことはとても大切だから，どうしたらいいと思う？」と聞いてみる。

明確な目標設定と構造化

セッションでは，明確なアジェンダを掲げ，構造的にする。「セッションの最初に，今日すること（アジェンダ）を示すから，お互いにこれでいいか確認しよう。何をしたらいいかわかるし，何を目指せばいいかわかるよね。目標達成に向けて助かるはずだからそうしてみようと思います」ということを若者に伝える。ただし，アジェンダ設定には，いくつか重要なポイントがある。ひとつは，優先順位をつけて，最も必要とされている問題の改善を取り上げ，若者の合意のもと，協働して決める。次に，課題中心の活動をバランス良く取り入れる。目標に向かっているという実感が伴い，治療者との関係性が維持され，深まるからである。また，課題は若者の興味に合わせる。したがって，「今日のアジェンダは何を取り入れようか？」，「この1週間で，何かここで取り上げたい重要なことはあったかな？」などと質問し，若者のニーズに合わせる。そして，アジェンダは書き留められ，優先順位を決めて，時間の長さを決める。例えば，「今日することで一番大事なことは何かな？」，「この中で，どれが一番助けになりそう？」，「45分あるから，時間配分をどうしようか？」などと質問する。

このプロセスは協働作業であるが，セラピストが時間の見通しを持ってマネジメントする必要がある。また，アジェンダは，若者の状態，そしてフォーミュレーションに合ったものにする。アジェンダは通常，次のようなものである――最近の様子，アウトカムを測る，課題のふりかえり，今回のセッションで取り上げる内容の実施，課題を出す，セッションのふりかえりとフィードバック。

最近の様子

「前回から今回までのあいだに，私が知っておくと役立つようなことは何かあったかな？」などと問いかけて，問題に影響があった出来事や，悪化した理由などを聞き，現在の状況を理解する。そうすると，例えば，「両親がしょっちゅう喧嘩していたよ。今もまだ喧嘩中で二人ともすごく怒っている」などと答えるかもしれない。「僕が家にいるのが好きって知っているでしょう？　でも，月曜日に，友達が誘ってくれたからその子の家に遊びに行ったんだ」と，逆に，何かポジティブな出来事や予想外のことが起きて，それを教えてくれる可能性もある。

現在の状況を客観的に知る

毎回のセッションの始まりに，今の症状の有無や強さ，目標に沿ってどれくらいできているかなどを図るスケーリングがあるとよい。これは時間をかけて行うものではなく，短時間で簡単にできるものである。また，若者にとっては自分の状態を知ることは興味があるので，客観的に数値で知ることができ，良くなっていることが具体的にわかれば，モチベーションも高まる。逆に変化が見られない場合は，理由を考え，新たな計画を話し合う。

課題のふりかえり

もし課題ができていたなら，それを認め，何か気づいたことや身につけたことがあったか聞いてみる。例えば，「サヤカは，3つも『ホットな状況』を見つけられたんだね。よくがんばったね。同じパターンになっているとか，同じテーマがあるとか，そのほか，何か気づいたことはあるかな？」と質問してみる。もし課題ができていなければ，「忘れることはあるから気にしないでね。どうしたら覚えていられるかな？　何かいい方法はある？」

と尋ね，課題ができない理由を探ったり，もし何か理由があるならどうしたらいいかを考えたりする。

セッションで取り上げること

フォーミュレーションに基づき，目標に向けて必要なスキルを身につけていけるようにする。セッションは，心理教育，スキルの育成，考え・感情・行動のスキル練習――この3つが中心となる。マインドフルネスや，リラクセーション，思いやりを持つなども練習するとよい。

課題

介入の段階に応じて次のような課題がある――状態を把握するための記録，スキルの練習，行動実験や行動活性化などの検証。課題は，臨床場面と日常生活の橋渡しになる。また，課題を出し，次のセッションでふりかえりをするので，セッション間の流れをスムーズにする。そして，課題は，若者の日常生活をセラピー場面に取り入れられ，セラピーで話し合われたことやスキルを日常場面に返していくこともできる。

セッションのふりかえり

若者にセッションをふりかえってもらう。例えば，「満足：聴いてもらえた気がしたか」，「話せた：言いたかったことをすべて話せたか」，「理解：何について話されたかわかったか」，「参加：課題は自分の思いも組んでもらえたか」を0（全くそうではなかった）～10（とてもそうだった）で表わしてもらう。ただし若者には，セラピストへの遠慮や，間違った発言をすることへの恐れがあるので，いかにふりかえりが大切かを説明する必要がある。例えば，「今日のセッションがどうだったか確認してもいいかな。このセッションが本当にあなたにとって役立っているかが大事だから，あなたが，言いたいことを言えたり，聞いてもらえたと思ったり，参加した感じがしたかどうかを正直に教えてほしい」と聞く。

若者は，高く評価しがちなので，数値そのものよりも，数値の変化に注目することが大事である。例えば，前回は聞いてもらえたことに対して7だったが，今回が6の場合，「前回みたいに聞いてもらえたと思えるように，私ができることはあるかな？」と聞いてみる。もし，数値が上がったら，「前回よりもあなたの思いを汲めたのかな。何が良かった？」と尋ねてみる。

時間管理

アジェンダ設定の一部として，優先順位を決め，大まかな時間を示す。時間を把握し，すべてのアジェンダに必要かつ十分な時間を費やせるようにする。時間管理はセラピストの仕事だが，アジェンダや時間を変える場合など，必要に応じて話し合って決める。効率的にセッションを進めるには，カウンセリング技法の要約や繰り返しが役立つ。例えば，「マリを不安にさせているものはたくさんあるようだね。人が大勢いたり，新しい場所や慣れていない場所，人と交流する場所が不安になるんだね。マリの説明のおかげでとてもよくわかったから，不安にさせる状況ではどんなことが頭の中を駆け巡るか教えてくれる？」と聞いていく。

もし，やろうと決めていたことをする時間が足りなくなったら，急いでやるよりも，「今日はたくさん話したいことがあるみたいだね。それは，最近の様子を知るのにとても助かったよ。今日しようと思っていたことについても時間が必要だけど，少し足りなくなってしまったね。どうしようか？」と尋ねてみる。若者がどうするか決めることに参加し，終わらなかったことを次回にしてもよい。

若者に合わせた適切なペースと柔軟性

アジェンダ設定では，セッションのペースを決めるために，時間設定や優先順位も決める。ペースを毎回確認し，発達レベルや情報処理能力，学習能力，若者の反応に合わせる。

- ▶ 集中力が続かない若者のために，セッションの時間を短くする。
- ▶ 若者が興味を示さなければ，興味を高めるために素材を工夫する。
- ▶ 若者の気力がなえてしまったら，与える情報を少なくしたり，細かく区切ったりする。
- ▶ 退屈そうなら，ペースを確認する。遅すぎると退屈し，早すぎると理解できずに興味を失う。

セッションのペースは，若者の理解度や吸収力によって変わる。

- ▶ 若者はすでにどれくらい知っているか？：もし若者が認知行動療法モデルをある程度理解しているなら，その分野については短くする。
- ▶ 十分理解できる情報が与えられているか？：ある若者は理解できたと

しても，別の若者にはワークシートなどを使って，何回か説明する必要があるかもしれない。

- ▶ 十分深い情報を与えられているか？：幼い子どもは，様々な考えのわながあることを理解するが，思春期の子どもたちは，それらがどうして形成されるのかということまで知りたいかもしれない。

若者が自分の状況に応じて，新しい情報を理解し，適応し，取り入れられるように，適切かつ十分な時間をかけ，ペース配分をする。若者に，「私たちが話してきたことをまとめられるかな？」，「自分の問題に対処するためにどのように役立つかな？」などと聞いて要約させたり，自分の問題に当てはめられるか聞いたりして，ちょうどいいペースかどうかを把握する。

話が止まらない場合は，アジェンダから外れないように気をつける。アジェンダの目的がはっきりしているべきだが，一方で，自傷行為や希死念慮などがわかったら，どのくらい危険なのかを把握する必要がある。また，もし，アジェンダから離れる場合は，「お母さんの行動をとても心配しているんだね。このことについて話す予定ではなかったのだけど，とても動揺しているだろうから，今日しようと思っていたことはおいて，どうやったらお母さんを助けられるかということ，自分の気持ちを落ち着かせることをもう少し話し合おうと思うけど，どうする？」と離れる理由を伝える。

若者に応じる

若者の感情的反応，セッション外で起こった重要な出来事，偶然起こったセッション内での機会に臨機応変に対応する。最初から情緒不安定だったり，セッションの途中で動揺したりするかもしれない。若者の動揺が強い場合は，計画していた通りにセッションが進まない可能性が高い。その時は，このような感情の変化を丁寧に受け止め，話題にする必要がある。

- ▶ 家族の問題：例えば，親や兄弟との衝突
- ▶ 友人関係：例えば，別れやいじめ
- ▶ 勉強の問題：例えば，試験や勉強の圧力
- ▶ コミュニティの問題：例えば，暴力や薬物のプレッシャー
- ▶ 健康の問題：例えば，家族や自分の健康

事例 ゲンタの菌の心配

ゲンタ（16歳）には，菌に関する心配が多くある。来談時にとても不安そうで，その原因は道に落ちていた使用済みのコンドームを踏み，HIVに感染してしまったと思っていたからであった。その日は，認知行動療法モデルに関する心理教育を行うセッションであった。しかし，この機会を使って，予定していたことではなくて，ゲンタが強く心配していることについてさらに深めていこうと話し合った。部屋の中で座って話すのではなくて，何がゲンタを不安にさせたのか見せてもらうことにした。二人が外に出かけると，ゲンタは地面にある白いものを指さした。この「ホットな状況」を使って，ゲンタの破局的思考を詳しく調べるために，白いものを見ながらどんな考えが頭の中を駆け巡っているか説明してもらった。この状況は，ゲンタが細菌に敏感であり，彼が汚染されているだろうと思う状況を積極的に探していることに気づくために使われた。コンドームだと思った地面の白いものは，実際にはウェットティッシュだった。

終結と再発予防の準備

認知行動療法は，短期間の介入であるため，最初のセッションで期間が示され，改善している過程でも示される。そのため，若者はこの介入がずっと続くものではないことがわかる。介入の終了を見据えて，セッションの中で，進捗状況が定期的に数値化される。しかし，症状の消失や目標達成よりも，若者自身や親自身が自分でケアしたり対処できたりすることが重要である。そのため，自己効力感を得られている必要がある。終結に必要なことを以下に示す。

- 最初の問題が解決している。
- 症状が自分でコントロールできるものになっている。
- 効果的な対処スキルを将来の問題のために身につけている。
- よく陥りがちなわなや落とし穴に気づいている。
- 自己効力感がある。

終結が見えてきた段階は，若者が獲得したスキルを統合する時期でもある。セッションの間隔が延び，若者が日常生活で自分なりに使ってみる時間を取る。多くの若者にとって終結は喜ばしいことであるが，一部の若者は，十分自信がなく，見捨てられ感や孤立感を持つ。そうならないためには，その気持ちを汲み，若者を気遣い，エンパワーする。若者の恐怖心を認め，ノーマライズする。若者の強みや，獲得したスキルを具体的にし，再発予防にも役立てる。また，困った時にはいつでも相談に来られることを約束する。

再発予防

最後のセッションでは，再発予防を取り上げる。今までのセッションを通してどのようなことが役に立ったかをふりかえり，今後，事態が後退するかもしれない時の準備をし，再度問題が出現した時の危機管理計画を立てる。次に挙げる10点について，すべてまたは一部を準備する。

何が役立ったか？

何が一番役立ったかを若者に聞く（若者 p.245）――「何もしない時間が長くなると，より長く考えてしまうというメッセージが重要だと思った」，「落ち込んでいる時こそ，自分に優しく，世話をするという考えやスキルが役に立った」，「落ち着かせるための道具箱や，うまくいかない考えへの対処箱は気分を良くするのに役立った」，「友達にするように自分にもするという技法で気分が良くなった」。

役立つスキルを日常生活で生かす

役立つスキルを日常生活の一部にするために，どうしたらいいか若者と考える――「朝，歯磨きをしている時に，鏡を見ながら自分に優しく話しかけられないか」，「夕食時に，3口だけはマインドフルに食べられないか」，「寝る前に，リラクセーションスキルを練習できないか」。

練習を忘れないようにする

当然，練習をすればするほど効果的なので，練習することを強化し，スキルを使わない理由があれば探り，どのスキルが次の問題となる状況で役立つか計画を練る。

うまくいかなくなった時に備える

うまくいかなかったり，また不調になったりすることは当然あるとノーマライズし，そういうことが起こる可能性を伝えておく。ただし，それは長く続くものではなく，一時的なもので，身につけたスキルができていないわけでもないし，元に戻ってしまったわけでもないことを伝え，リフレーミングする。

自分の危険信号を知る

自分の危険信号を知っておくことで早めに問題に気づき，予防できるようにする（若者 p.246）。自分のうまくいかない考えや，身体からのサイン，うまくいかない時の行動の変化を知っておくようにする。

問題が発現しやすい状況に気を付ける

問題が発現しやすい状況や時期に気をつけられるようにする（若者 p247）。例えば，引越し，試験，新しい友達関係，友達とのトラブルなどのいつもとは違う状況では，うまくいかないパターンに陥りやすい（若者 p.247）。事前にそのような時期を予想し，スキルを準備し，練習しておく。

自分に優しくする

アクセプタンス，コンパッション，感謝——この3つは役に立つ。間違いがあることも，優しくない人がいることも，あるがままに受け入れる。「全員敵だ」，「自分のせいだ」と自分や他人を責めずに，自分や他人に優しくする。何か良いことを少しでも探し，それに感謝する。多くは日常の些細なことだが，見過ごしている情報に目を向ける。

ポジティブでいる

うまくいかない時もあるし，元に戻ってしまうこともある。そうなった時に絶望するのではなく，自分の強みや持ち味，これまでやってきたこと，できたことを思い出すように促す。

いつ助けを求めるか知る

時には，以前の悪循環に陥ってしまうことがある。そういう時のために，誰に話すといいか計画しておく。助けを求めることは，それ自体，強みであり，早めにできると，それだけ早く回復する。

うまくいかない考えに気をつける

再発予防段階では，若者がどれだけできるようになったか，そしてそれはすべて自分が成し遂げたことであることを強調する。

▶ うつの若者は，うまくいったのは自分の力ではなく，外の力が働いたからだと考える。

- 不安の若者は，自分が成し遂げたことを見過ごして，一般化している。そして，この先も対処できないのではないかと心配している。
- 怒りの問題がある若者は，怒りっぽい特性があり，それは変えられないと思っている。

このような癖は，再発予防段階で取り上げる。

- 自分の内的な力によって成し遂げていることをはっきりさせる。若者が身につけたスキルをふりかえり，どれだけそれが症状軽減に役立ったかを見ていく。
- 「対処できるはずがない」と一般化しているものには，例えば，「誰かと関わる状況をまだ心配しているけど，何ができるようになっているか見直してみよう。友達と食事に行けたね。誘われて遊びに行けたし，運動のチームに入っているし，そのチームメイトと遠征に行けたし，学校ではお昼の時，友達3人と一緒に食べられたよね」とできている部分を具体的に取り上げる。できていることを見つけて，「すべてできていない」と一般化している部分を制限する。
- 落ち着いていられることを，攻撃行動がなかった時を強調して証明する。例えば，ちょっかいを出されたのに，怒らなかった時のことを思い出す。

◀第10章▶ 課題の活用

日本のセラピストのみなさんへ

課題は，認知行動療法において日常との橋渡しとなる重要なものである。しかし，そう理解できていても取り組まない若者が多く，セラピストは課題を出すのに躊躇するのではないだろうか。そこで，この章では，課題をする必要性の伝え方，セッションの段階に応じて出す課題の種類や内容，課題をしない理由とその克服法などが具体的なセリフを含めて丁寧に説明されている。課題を出す勇気を与えてくれる章である。

課題は，面接で得た知識やスキルを日常生活で活用できるために行う。

課題の目的は，介入の段階――心理教育，モニタリング，練習，スキルの定着，新しい行動や捉え方の実験――に対応している。課題は，若者も納得したもので，発達に応じて，若者のニーズや興味に合わせたものとする。また，明確な目的があり，フォーミュレーションに基づき，セッションで取り上げたことの延長線上にあるようにする。課題は，セラピストが管理でき，わかりやすく説明され，安全で，学習したことをふりかえれるものにする。

課題に関する話し合い

課題は，日常場面で，新たな情報を集めたり，新しいスキルを試したりする機会を与える。若者は認知行動療法を支える好奇心旺盛な科学者－実践家のように，自分に何が起こり，何がうまくいくかを発見する。

課題は，若者の経験や状況に準じて個別に用意される。そのため，最初のセッションで，課題は重要なものであると紹介される。例えば，「セッションの中で話し合ったアイディアを試して，本当に役立つのか，役立たないか見つけてみよう。そのためには，セッションの外で取り組んでみてね。『おうちでやろう』は，日記みたいに記録をつけてもらうものもあるし，新しいスキルを練習することもあるし，新しい方法を試してどうなるか見てきてもらうこともあるよ」と伝える。

幼い子どもたちには，「宿題」と呼ばないほうがいいかもしれない。宿題は，させられるもの，やりたくないもの，評価・点数化されるもので，あまり良い印象はない場合が多いからだ。そのため，呼び方は，「できるところを見せる（show that I can STIC)」(Kendall, 1990),「練習課題（practice tasks)」,「セッション間課題（between-session tasks)」(Fuggle et al., 2012),「活動計画（action plan)」(Beck et al., 2016),「おうちでやろう」(Stallard, 2019a, 2019b）となっている。

課題の目的は，発見である。介入の初期段階では，心理教育であり，心理的問題に関する理解を深める。例えば，自尊心が低い若者には，有名人で自尊心が高い人，低い人を調べてきてもらい，彼らがどのような振る舞いをするか調べてきてもらう（若者 p.69)。また，うつの若者には，うつのよくある症状について調べてきてもらう。認知行動療法モデルに関する心理教育もある。例えば，「今，少しだけ説明したけど，認知行動療法という助けになる方法があります。もしよかったら，もう少し詳しくインターネットを使って認知行動療法のことを調べてきて，どう役立ちそうかとか，どうすれば一緒にやっていけそうか考えてきてくれないかな」と伝える。

モニタリングの課題は，アセスメントやフォーミュレーションを作るのに役立つ。例えば，「あなたがどういうことで不安になるか，24時間，週7日，ずっと張り付いて見ているわけにはいかないでしょう。だから，もしできそうだったら，次のセッションまでの間，簡単な記録を書いてきてもらってもいいかな」と伝える。モニタリングの課題は，次のようにニーズに合わせる——不快な気持ちとそのきっかけの記録（若者 p.174)，気持ちに影響を与えるよくある考え（子ども p.108)，気持ちや強さを記録する（若者 p.175)。

介入が進むと，課題は，新しいスキルの練習と獲得になる。フォーミュレーションに基づいて必要なスキルが決定されるが，リラクセーションスキルの練習となる場合もある——「リラックス日記」(若者 p.186),「優しさを見つける」(子ども p.62；若者 p.84)，マインドフルネス（子ども p.79)。「今日のマインドフルネス，とてもよくがんばったね。ほかの新しいスキルもそうだけど，マインドフルネスも練習すればするほど普通にできるようになって助けになると思う。マインドフルネスを家でもする時間を決めてもいいかな」と伝える。

介入段階では，新しいスキルを日常生活に適用し，取り入れることが目的となる。そのため，「セッションの中で練習してきたこれらのスキルを，学校で必要になった時にうまくいくか試してみない？　いつするか決めてもいいかな？」と聞いてみる。

課題には，活動的なものもある――自分の好きな活動を計画して実行する「楽しみを増やす計画を立てる」（若者 p.235），誰かにアドバイスをもらいに行って様々な解決法を見つける（子ども p.250），予想したことを確かめる（若者 p.212）。

再発予防段階で課題をすることも役立つ。なぜなら，課題を設定し，実践し，ふりかえるプロセスは，再発予防段階のプロセス――情報収集，予測や信念を調べる，新しい捉え方を見つけてうまくいくか見直す――と似ているからである。したがって，若者は，課題を行ったり，再発予防段階を経て，セルフケアができるようになり，セラピーが終結した後も続けられるようになる。

若者が課題に納得しているか確認するために，「何をするかはっきりしたかな？　わからないところはあるかな？」，「課題をして何が発見できるといいかもう一回私に教えてくれる？」，「課題をするためのサポートや助けはある？」などと聞く。

課題は達成できるものにする。なぜなら，失敗に関係する考えを強めないようにすべきで，自分自身をエンパワーするものになるとよいからである。率直に話し合って，達成できる課題を決めよう。課題に意欲が持てないなら，やらない理由を理解する必要がある。例えば，失敗を恐れているのかもしれないし，モチベーションが欠けているのかもしれないし，整理ができていないのかもしれない。もし，どうしてもモチベーションがないなら，これも受け止める必要がある。言ってしまえば，有用な情報はセッションの中で聞けなくても手に入るので，アセスメント段階での課題は必ずしも必要ではない。セッションが進むと，新しいスキルを日常生活で活用できるためにも，課題がいっそう重要になってくる。もしこの段階で達成できなければ，何が壁になっているのか検討してみるべきだろう。その結果，課題の意義がわかり，意欲が高まるとよい。課題に関する話が十分にできるよう，セッションの最後にゆとりを持たせることも大事である。

フォーミュレーションとセッションに関連する意義ある課題にする

課題は，介入を促進するため，セッションの延長であり，セッションの内容，フォーミュレーション，目標と関連していなければいけない。また，前回のセッションの最後と，次のセッションの始まりをつなげるためのものでもある。フォーミュレーションに基づき，テストして，調べて，つながり――考え，感情，行動の認知モデル――を見つける。例えば，「悲しい時，誰かと過ごすよりも，部屋で一人こもっていたいかもしれないね。一人でいると，悲しい気持ちは強くなって，うまくいかない考えが問題を起こすかもしれない。だから，悲しい気持ちになった時に，何か別のことをするとどうなるかやってみない？」と聞いてみる。

フォーミュレーションは，育てるスキル，練習するスキルを示す。例えば，「うまくいかない考えが頭から離れないで，自分自身を痛めつけているね。その考えを聞かないで，思い浮かんでも流すことができるかやってみる？」と聞く。明確に問題との関連性，意義，やり方を説明し，やって発見してみようと思えるようにする。

発達レベル，興味，能力に応じた課題にする

課題は，若者の発達のレベルに合わせなければいけない。幼い子どもの場合は，「探偵になって，謎解きの鍵を集めよう」と伝えて，モチベーションを高める工夫をする。例えば，『子どものための認知行動療法ワークブック』（Stallard, 2019a）では，考え太くんが考え，気分ちゃんが感情，やるよくんが行動に関する課題を手伝ってくれる。若者の認知能力，読み書き能力を考慮する。もし，文章で書くのが苦手なら，自分の変化を記録する課題には，書く以外の方法を考えなければいけない。図10.1のように，自分にとってその時に一番強い気持ちを示す表情イラストを使うとよいだろう。

曜日／時間帯	朝	昼	夜
月			
火			
水			

図10.1　気持ちを表情で表わそう

テクノロジーを使う手もある。タブレットやコンピューター上に自分の日記を作るようすすめてみる（若者 pp.127-128）。考えを調べるためのワーク「頭の中身をダウンロードする」では，スマートフォンに出来事や自分の考えを詳しく書き込める（若者 p.129）。紙に書くよりも，スマートフォンに書いたり，メールで送ったりするほうが，思ったことをそのまま書けるかもしれない。スマートフォンで検索して情報を集めたり，マインドフルネスやリラクセーションスキルは，アプリをダウンロードして家で練習したりできる。カメラ機能は，困る状況の写真を撮り，発見のための課題に使える。例えば，自分の好きなこと，できたこと（子ども p.167；若者 p.68），自分の強み（若者 p.67）を見つけたら写真に撮っておく。短い動画を撮る方法もある。スキルを試しているところを撮ってきて，自分で見て，改良点を考える。さらに，「今までより優しい心のなかの声」（若者 p.83）では，優しく語りかける言葉を書いた写真を待ち受け画面にしたり，自分に厳しい声をかけはじめたら思い出せるヒントになる写真にしておくことができる。

課題は，楽しく取り組めるようにする。分離不安がある子どもに対しては，親が宝物を隠して，探すように子どもに伝える。そうすると子どもは，宝物を探しているあいだは親と離れられるかもしれない。マインドフルネスの課題としては，きらきら光る瓶を作るのはどうだろう（子ども p.79）。小瓶の中に水とキラキラ光るものを入れて，振って中のものがキラキラ光っているのを楽しむ。キラキラ光っているものを考えと重ねて，キラキラが落ち着くまでじっと見つめていると，考えも落ち着くかもしれない。

幼い子どもには，親が課題に参加するとよい。子どもが取り組んでいることの把握から，スキルの練習や新しい発見のサポートまで，どのくらい関与するのかは異なる。後者の場合は，成功するように，計画する段階から関与してもらい話し合いに参加する。親が主導するのではなく，親は子どもをサポートし，励ます。子どもには，課題をするのは自分だが，必要な時にはサポートや助けを親から得ることを伝えておく。親がリードして仕切りすぎないように，主役は子どもであること，それによってモチベーションや主体性が高まり，課題に積極的に取り組めることを，セラピストからはっきり伝える。もし，若者が課題をしてこなかった理由に親が関わっていそうで，親子の批判的な関与が強まったり，課題が負担になってしまったりしているようなら，親の参加は必ずしも必要ではない。一方で，親が意識していたり，褒めたりすることは，若者の達成感を高める可能性が高い。親がどれほど参加するとよいのかも，計画をする中で若者と話し合っていけるとよい。

現実的で，達成可能で，安全な課題にする

若者と共に課題をどうするか決めていくと，主体的に取り組む可能性が高くなる。内容や量などをオープンに話し合い，合意のもと，課題を出す。話し合いの機会をもうけておけば，課題の内容や手順など，心配や懸念を伝えられる。また課題の頻度や所要時間，実行できる見込みについても話し合っておく。

- 1週間，毎日，すべての出来事について記録をつけるのか，2つくらい取り上げて記録をつけるのか？
- 毎日練習するのか，1週間に2回くらいするのか？
- 毎朝学校に行く途中で新しいスキルを実験するのか，困った時にやってみるのか？

課題ができない現実的な問題があるなら，それを解決する方法を考える。

- 学校でマイナスの考えが出てきたら，内容まで書けなくても，ひとまずマークをメモ書きしておくことができるか？
- 兄弟に自分の記録を見られない場所があるか？
- 習い事などを把握して，ない日に練習できるようにしているか？

不安が強い場合には回避傾向が見られるだろう。そして，うつで元気がないと課題にやる気が起こらないかもしれない。その可能性は，課題の意義がわからないとさらに高まる。「リラクセーションスキルを何回かやってみよう」と伝えるよりも，「月曜日と火曜日，寝る前にリラクセーションを練習してみよう」と具体的に伝えたほうが取り組む可能性は高くなる。何をすればいいかはっきりさせることも大事である。発見のための課題は，丁寧に計画し，取り組めない理由を検討する。

- 土曜日の朝なら，親が子どものエクスポージャーをサポートできるのか，それとも土曜日の朝は，買い物や親戚の家に行くなどの用事があるから他の日にしたほうがいいのか。
- 若者が友達に電話して，映画に誘うという課題をしようとしているなら，もし電話に出なかった場合はどうするか。
- 週末，家にいないなら，どうやってマインドフルネスやリラクセーションスキルを練習するか。

課題は，若者がうまくできるように工夫しなければいけない。例えば，スモールステップでワンステップずつ取り組む例としては，「恐怖のはしご」がある（若者 p.222）。自分の不安にスモールステップで立ち向かっていく方法である。課題は，安全でなければいけない。例えば，いじめている子たちに自分の思いをはっきりと伝えるとどうなるか，発見のための課題をする場合は，マイナス面とプラス面を慎重に考えなければいけない（子ども p.248）。もし，若者がはっきりと伝えることがいじめをさらに悪化させるなら，この課題は適切ではない。

最後に，簡単そうで難しい課題もある。例えば，うつの若者の場合，マイナスで批判的な考えが普通になっているので，プラスの出来事を見つけることはとても難しいかもしれない。そのような場合，まずはセッションの中で，セラピストと一緒にいくつか考えて，コツを摑んでから始められるとよい。「今日一日の中で，何かいいことはあったかな。もし何か見つけられたら，それをひとつ目に書いておこう」と伝えることで，見本となる。また，若者が自分のためにどうにかしようと面接に来ること自体がプラスの出来事となる。そして，例えば学校に毎日時間通りに行っているのはできていることだが，遅れたら叱られるのだから，遅刻しないで行くのは当たり前と思って，見過ごしている可能性がある。最初に面接で課題を一回すると，見本になったり，課題ができない理由に気づけたりする機会となり，できる可能性を高める。

目標に沿った課題計画と進歩を測るための尺度

目標が決まったら，それを課題とする。

事例　身体を引き締めたいハルオ

ハルオ（14歳）は，気分が落ち込むため，今まで楽しんでいたことをしなくなっていた。ここ数カ月，ほとんど外出せず，自室に引きこもり，元々好きだった運動も全くしていなかった。そのため，体重が増え，筋力がなくなり，気分はモヤモヤしていた。アセスメントの中で，ハルオは，「身体を引き締めたい」と話した。目標を設定するために，この思いをSMARTに当てはめて，目標を考えた。SMARTは，次の頭文字を取って，目標の大切なポイントを表わしている――具体的（Specific），測定可能（Measurable），達成可能（Achievable），意味を持つ（Relevant），適切な時間（Timely）。

- ▶ 具体的（Specific）：「もし身体が引き締まっていたら，何をする？」【また走りたい。好きだったから】
- ▶ 測定可能（Measurable）：「達成したってどうやってわかるの？」【どれくらいの長さ走れるかアプリで測ってみるよ】
- ▶ 達成可能（Achievable）：「できそうかな？」【前はいつも5キロ走っていたから，1キロなら走れると思う】
- ▶ 意味を持つ（Relevant）：「できたら何が変わる？」【もしまた走れたら，家の外に出るし，身体が引き締まるし，モヤモヤも取れると思う】
- ▶ 適切な時間（Timely）：「2週間以内にできそう？」【うん。週末何もすることないから，土曜日に1キロ走ってみる】

目標が決まったら，ハルオができる課題にする。

- ▶ ハルオは，話している最中はやる気が出るが，この気分は長く続かず，一人になるとモチベーションが下がることに気づいた。どうやってハルオのモチベーションを維持するか。
  - 親にリマインドをしてもらって，親も一緒に走ると助けになるか？
  - やる気が出るメッセージをスマートフォンのカメラで撮って見ればやる気が出るか？
- ▶ 走りに行きたいとは思うが，太ってしまったので人からどう思われるか気になってしまう。
  - 人にあまり会わない場所や時間帯を選べるか？
  - 走りに行く前に，気分をスッキリさせる方法（若者 p.189）をするといいか？
  - もっと自分に優しくできるか？「今までより優しい心のなかの声」（若者 p.83）を自分にかけられるか？――「不安だけど，しばらくやっていなかったのだから，そういう気持ちになるのは当然だ。自分の気持ちが良くなるためにやっていることを思い出そう」
- ▶ ハルオの気持ちが落ち込んで，プラス面を見つけられない。
  - 走れたら自分にご褒美を用意するか？（子ども p.231）
  - うまく行ったことを記録しておくか？
- ▶ ハルオの気分を毎週測った。1週間に2回5キロ走るという目標達成に近づくとともに，ハルオの気分も良くなっていった。

事例 フミカの助けにならない考え

フミカには，様々なうまくいかない考えがあり，悲しい気持ちになっていた。その考えは次の通りである――自己否定的（例えば，「間違えてばっかり」），自分の価値を下げる（例えば，「私なんか大切にされるわけがないから，どうせ私の問題を気にしてくれる人はいないわ」），自分に厳しい（例えば，「私はバカだ」），気遣いがない（例えば，「自分がいなくても，誰も気にしない」）。もう少し気分が良くなりたいと思いつつ，どうしたらいいか全くわからなかった。解決に向けていくつか選択肢があるとわかると，どのような目標を設定すればいいかはっきりしてきた。そして，そのためにすることも見えてきた。

- ▶ 1つ目のアプローチとして，フミカの考えを直接的に取り上げる方法がある。フミカの考えが，偏っていて，選択的（部分的）なので，プラス面を見落としているという前提に基づく。まずは，うまくいかない考えを見つける（子ども p.110；若者 p.127）。そして，フミカの考えのわなも見つけ（子ども p.124；若者 p.138），自分の考えを調べたり（子ども p.138；若者 p.152），自分の考えを実験してどうなるか調べたりする（若者 p.212）。
- ▶ 2つ目のアプローチとして，自分の考えと関係性を変える方法がある。うまくいかない考えがあるから悲しい気持ちになるのではなくて，この考えが正しいと思っているから悲しい気持ちになるという前提に基づく。そのため次の3つのことができる――1つ目は，考えとの関係性を変えて，自分自身と考えを切り離すようにする。マインドフルネス（若者 p.95）を身につける。2つ目は，考えを止めたり，変えたりするのではなくて，考えに自分が巻き込まれないようにして，俯瞰して見られるようにする（子ども p.80；若者 p.96）。3つ目は，「私はバカだ」と考えるよりも，「『私はバカだ』という考えがある」と気づく。
- ▶ 3つ目のアプローチとして，自分に対して思いやりを持つ方法である。今の考えはとても自己否定的で厳しく，配慮がなく，気分に影響している。次の取り組みができる――自分に対して思いやりや優しさを育てるために友達にするように自分にする（子ども p.58；若者 pp.81, 83），自分を受け入れる（子ども p.59），自分を大切にする（子ども p.60；若者 p.82），自分の強みを知る（若者 p.67）。

このようなアプローチがあることを理解することで，目標を設定しやすくなった。目標は，介入方法と課題をどうするか決めるのに役立つ。そして，フミカの進歩をセッションごとにふりかえった。

課題のふりかえり

お互い納得し，課題が決まったら，次のセッション内で必ずふりかえりをする。しなければ，課題があまり大事なものではなくて，やらなくていいものと受け止められてしまうかもしれない。ふりかえりは，課題の重要性を伝え，若者ができるようになったことがわかり，自己効力感を高め，自分自身を見つめたり，発見したりすることを強化する。

- 「前回の面接で話していた，ネット検索をしてきたよね。どんな発見があったかな？」
- 「がんばったね。この記録，とてもよくできている。何かパターンがあることに気づいたかな？」
- 「よく練習してきたね。どれが一番助けになると思う？」
- 「よく終わらせたね。すばらしい。違う方法をやってみて，何かわかったことはあった？」

面接が終わった後も自分でふりかえりをし，発見できるようになることが重要である。

課題が終わらなかったり，決めた通りにできなかったりする場合もある（例えば，問題の発現時に記録せず，面接直前にまとめて書いたなど）。そのような時は，決めた通りできなかった理由について，決めつけずに，良い／悪いという判断を抜きに，オープンに知りたいという思いでふりかえる必要がある。なぜ決めた通りに課題ができなかったのかを追求するより，何が実行の壁になったのかを知るほうが，改善のヒントになると伝える。以下に課題をする壁となる理由を挙げる。

- **不快感が強すぎた**——不安感や恐怖感，落ち込みが強すぎて，モチベーションがなくなっていたり，怒りや失望感が強すぎて，課題ができなかったのかもしれない。不快感が強すぎる場合は，より細かく課題を分けて取り組みやすくする。
- **課題が複雑すぎた**——課題に納得しているように見えていても，実際は難しすぎたり，若者の認知能力を超えていたりしたのかもしれない。この場合は，よりわかりやすくし，若者の発達レベルに応じたものに設定し直す。
- **課題が明確ではない**——課題に関してよく理解できていなかったり，やり方がはっきりわかっていない場合は，より具体的で，やり方を説明したものを作ったり，セッションの中で一つ見本としてやってみたりするとよい。

- **忘れた**——もしかしたら，整理ができず，バラバラになっていたためできなかったのかもしれない。カレンダーに書いておいたり，スマホのアラームで知らせたりして気づかせるとよいかもしれない。
- **失敗に対する恐れがあった**——完璧主義な場合，正しくできていない恐怖があったのかもしれない。その場合は，より具体的に，課題の意味を説明し，良い／悪い，正解／不正解はないことを伝える。
- **やらない**——若者のモチベーションと意思の問題である。やらない理由をアセスメントする必要があり，必要なら介入を続ける前に動機付け面接をする必要がある。

課題をしなかった理由が判明したら，面接で課題を行う。

- 観察するための記録の課題：その時の出来事をセッション内で話してもらう。
- スキルの練習のための課題：セッションの中で練習する。
- 新しいスキルを日常に取り入れるための課題：ロールプレイの中でやってみる。

セッション内で始めれば，課題の重要性が増し，課題を忘れないこともさらに意識される。発見のための課題は，心を開いて，「何が起こるのだろう」という好奇心をもって行うようにしたい。その結果，課題の中で調べることにした，うまくいかない中核的信念または推測を裏づけてしまうかもしれない。得られた情報がどのような結果であっても役に立つようにし，逆に裏づけてしまう可能性があることは計画段階で考慮する必要がある。

◀第11章▶ 問題の種類に即した活用

日本のセラピストのみなさんへ

子どもの心理的問題に応じた認知行動療法のエッセンスが，ぎゅっと詰まった章である。それぞれの心理的問題に即した認知行動療法ベースの介入技法がテンポ良く説明されているだけでなく，後半では，若者にありがちな抵抗，アンビバレントな思いを明らかにし，その対応方法が示されている。最後に，セラピスト自身が認知行動療法の実践家として資質向上に努めるためのポイントが示されている。

子どもの認知行動療法の哲学である「CORE」，その基本的態度である「PRECISE」，実践の中心的技法をまとめた「ABCs」は，ニーズに応じて包括的かつ柔軟に活用し，個に応じた介入とすることの重要性を伝えている。ここでいう個別性は，フォーミュレーションに基づき，どの認知行動療法技法をいつ・どのようなペースで計画的に用いるか，ということを意味する。

認知行動療法は多くの先行研究により，不安障害，うつ，強迫性障害（OCD），心的外傷後ストレス障害（PTSD）への効果が実証されているので，研究で明らかになった中核的要素を含む認知行動療法プログラムを示す。

不安障害

有効性

不安障害の子ども向けの認知行動療法は主に，Phillip Kendall（1990）によって開発されたCoping Catプログラムに基づく，マニュアル化された認知行動療法の介入である。Coping Catプログラムは，16セッションからなり，前半の8回は心理教育とスキルの獲得を目指し，後半の8回がエクスポージャーの練習である。プログラムには，心理教育，感情への気づき，感情のマネジメント，認知再構成，不安階層表の作成，エクスポージャーが含まれる。不安障害の子どもを対象とした大規模な効果研究のレビューにおいて，介入要素を調べたところ，88%がエクスポージャー，62%が認知技法，54%がリラクセーションの練習をしていた（Higa-McMillian et al., 2016)。不安対処プログラムの多くはさまざまな不安障害に適用されているが，社交不安障害など特定の不安障害に対しては，「広範な不安障害に適用されるプログラムの効果は限定的である」とする研究と，「幅広く適用できる」と結論づける研究がある（Ewing et al., 2015)。

新しい特定の不安障害のためのプログラムも開発され，良好な結果を示している。例えば，特定の恐怖症に対する単一のエクスポージャー（Öst, and Ollendick, 2017)，社交不安障害（Leigh, and Clark, 2018)，アクセプタンス＆コミットメントセラピー（Borquist et al., 2019）では効果があった。

介入の根拠

不安に焦点化した認知行動療法は，不安は条件反射であるという前提に基づいている（Compton et al., 2004)。不安を高める状況に直面すると，不快な感情（例えば，動悸，息苦しさ，発汗）と考え（例えば，「耐えられない」，「対処できない」）が強まる。この不快な感情・考えは，恐怖をもたらす状況を除去ないし回避することで弱まり鎮まるため，不安になる状況を避けることを学習していく。その反面，不安になる状況に立ち向かわなくなり，回避する行動がさらに強化される。

さらには，親の関わりによって，若者の捉え方，回避行動がさらに促進され，強化されている可能性もある（Barrett, Rapee et al., 1996)。親の過保護や過干渉が子どもの適切な不安対処を制限し，不安を強めているのかもしれない。

不安障害のための認知行動療法の介入要素

心理教育

他のプログラム同様に，心理教育から始まる。認知モデルを示し，認知行動療法の理論をわかりやすく伝え（若者 p.108)，不安反応と回避のつながりを説明する（第12章「不安とうまく付き合う」を参照（pp.209-213))

感情への気づきと不安のマネジメント

感情領域を扱う。不安になる際の身体の反応に気づく（子ども p.188；若者 p.171)。不快な反応に拮抗するリラクセーションスキルを学ぶ（子ども pp.204-206；若者 pp.186-191)。そして，不安に気づいた時にこのスキルを実行する練習をする。

考えに気づき，改善する

不安と関係する考えに気づく（子ども pp.108, 181；若者 pp.120, 127-128)。これらの信念，先入観，自動思考は，「セルフトーク」と呼ばれる。

不安にさせる考えや考えのわなを見つけて（子ども p.124；若者 pp.138-139），不安を弱める考えや前向きなセルフトークに置き換える（子ども p.168；若者 p.153）。マインドフルネス（子ども pp.77-80；若者 pp.95-98）は，考えとの否定的な関係を弱め，より思いやりのある関係を強め，不安にさせる状況を受け入れられるようにする。

自己強化，エクスポージャーと練習

感情領域と認知領域の介入を通して，自己強化が育ち（子ども p.231），試してみようとする自分を励ます言葉（子ども p.169）とリラクセーションスキルを身につける。このような対処スキルを身につけた上で，エクスポージャーに向かう。恐怖の状況や出来事を特定し，不安階層表を作る（子ども p.226；若者 pp.221-222）。不安をもたらす力が弱いものから順に，段階的な形で不安に立ち向かっていく（エクスポージャー）。新たに身につけたリラクセーションスキルや，認知的スキルを活用して，恐怖に立ち向かい，不安を克服できることを学習する（子ども pp.228-229；若者 p.223）。

再発予防

最後に，若者は自分が身につけた新しいスキルを統合することを目指す（若者 p.245）。不安の前兆を知って（若者 p.246），転校などの不安になりやすい状況に向けて，どのように対処できるか計画しておく（若者 p.247）。

不安の介入計画

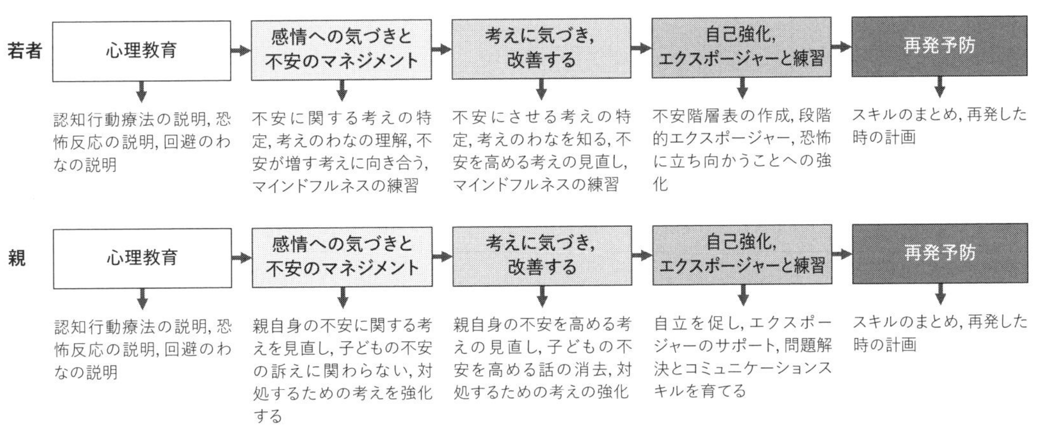

››› 親

プログラムでは，若者の不安を維持しているかもしれない親の要因に対処するように設計された親セッションがある（Barrett, Dadds et al., 1996）。典型的なプログラムでは，随伴性図式による強化の仕方が教えられる（子どもが勇気ある行動をしたら褒めて，不安を口にしたら消去する）。また，親自身の不安への対処法と問題解決スキルやコミュニケーションスキルも育てる。

より幼い子どもの場合は，親がトレーニングを受けて，親を通して介入が行われる（Creswell et al., 2017; Kennedy et al., 2009）。回避型対処をする子どもへの対応，親の過保護，子どもの自立の促進をサポートする。ここには，子どもの不安に関する心理教育，不安をもたらす考えの特定と再考，段階的エクスポージャー，問題解決スキルといった中心的介入法が含まれる。数は少ないが，強化の仕方，認知再構成，特にエクスポージャーは効果的であることが研究で示されている（Manassis et al., 2014; Peris et al., 2015）。

不安と関連する重要な認知

不安障害を持つ子どもは，最悪のことが起こると思いやすく，自分のパフォーマンスを過小評価し，恐怖に関連するものに敏感であり，恐ろしい出来事に自分は対処できないと考えている。

全般性不安障害の子どもの場合，将来や過去の出来事に関する不安が強い。それは例えば，「『本当にムカつく』と言ったとき，ユイナが自分のことを言われていると思ったかもしれない」という自分の発言に関連する考え，「シュートをミスったから，みんなは私をダメな人間だと思ったはず」という自分の行動に関連する考え，あるいは「明日きっと先生に怒られる」という未来に関連する考えなどである。分離不安障害によくある考えは，「お母さんなしでお店に行けない」と母親から離れられないと考えたり，「私が一緒にいないとお母さんに何か悪いことが起きるかもしれない」と母親の安全を心配する考えだったりする。恐怖症は，恐怖対象に対して「(犬に) 噛みつかれるかもしれない」と考える。社交不安障害では，「この服はどこか変だと思われるのではないか」，「嫌われるかもしれない」と，人からネガティブに思われるのではないと考える。

パニック障害は，「ドキドキしてきているから，心臓発作かもしれない。死んだらどうしよう」と，身体の変化に対して，破局的に捉える。

うつ

有効性

多くの研究を系統的に展望すると，認知行動療法は軽度から中等度のうつに効果的であることが実証されている（Pennant et al., 2015; Zhou et al., 2015）。英国と米国では，最も推奨する介入法にもなっている（Birmaher et al., 2007; NICE, 2019)。残念ながら，12歳以下の子どもの研究は少ないため，幼い子どもにどれほど効果があるのかはそれほど明らかになっていない（Forti-Buratti et al., 2016)。

Lewinsohn et al.（1990）が開発したCoping with Depressionは，最も定評のあるうつの標準プログラムであり，うつに対処するための道具箱づくりを教える心理教育的アプローチとして，次のような方法を身につけていく——マイナスの考えを良い気持ちになる考えに置き換える認知再構成法，良い気分になる出来事（活動スケジュール）を増やす行動活性化，問題解決法，葛藤解決スキル。Beck（1976）によって開発された，認知に関する理解が深まり，次の要素を含む12～16セッションのプログラムもある——感情認識，セルフモニタリング，自己強化，活動スケジュール，マイナスの考え方を見直す，認知再構成法，対人関係問題解決スキル，コミュニケーションスキル（Goodyer et al., 2007)。介入の要素を個別に見ると，行動活性化（忙しくする)，考えを見直す，問題解決スキルやソーシャルスキルが効果的であることが実証されている。

最後に，マインドフルネス（Dunning et al., 1998）とコンパッションがベースとなったセラピー（Marsh et al., 1998)，アクセプタンス＆コミットメントセラピー（Twohig, and Levin, 2017）も，うつに効果的であることが実証されている。

介入の根拠

うつの子どもたちへの認知行動療法は，2つのモデルを根拠としている。1つ目の社会的学習理論によれば，認知の歪み，対人関係スキルと問題解決スキルの欠如により，正の強化が減ってうつになる。さらに，これらの問題によって，度重なる失敗，不快な感情の影響の増加，回避の否定的認識，強化をもたらしうる活動の減少につながり，抑うつ症状に至ると考える（Seligman et al., 2004)。

2つ目が，Beck（1976）によって発展した認知モデルに基づく，認知の偏りモデルである。重要な認知プロセスがネガティヴに偏ってしまうがゆえに悪影響が生じ，低い自尊心，自責感，無力感，絶望をもたらす自分の行動，そして将来へのネガティブな偏った認知の枠組みが生まれていく。さらにこの枠組みで出来事が捉えられ，感情や回避行動に影響し，モチベーションを下げるため，若者の認知はますますネガティブになっていく。

さらに，家族が影響していることもあり，例えば，若者と両親の間の日々の衝突は，自分の失敗と至らなさについての否定的な認知と信念を強化する。若者の社会的引きこもりと孤立が親にとっては問題の争点になることもあり，親は何が起こっているのか，どうすれば彼らが手助けできるのかを理解するのに苦労している。

うつのための認知行動療法の介入要素

うつの認知行動療法プログラムでは，繰り返し失敗した経験につながる，ある重要な感情的および行動的スキルの欠如，および出来事に対する偏った認識につながる認知過程に対処する。

心理教育

認知モデルを示し，認知行動療法の理論をわかりやすく伝える（若者 p.108）。多くのうつの若者は，社会的に孤立し，引きこもり，自分のマイナスの考えを反芻している。そのため，介入は，マイナスの考えに没頭するのではなくて，できたという感覚とアクセプタンスを重視する（第12章「うつに乗っ取られない」を参照（pp.214-219））。

活動記録と行動活性化

活動記録（子ども p.222；若者 p.233）をつけて，行動計画と行動活性化（子ども p.225；若者 p.234）を取り入れる。記録は子どもの日常生活の過ごし方，習慣が明らかになり，自分の感情のモニタリングへとつながる（子ども p.186；若者 p.175）。若者は，一日の中でどのような感情の変化があるか書き留めて，調子が悪い気分になる時間帯を認識する。そして，若者の，元々好きだった活動を取り入れることで，日中の活動レベルを上げる（若者 p.235）。活動を増やすことで，気分が良くなり，自分の認知に取り組めるようになる。

考えに気づき，強化する

マイナスの考え，信念，先入観と考えのわなに気づくところから始める（子ども pp.112-114, 125-126；若者 pp.127-141）。これらの考えは，主体的に調べて，見直され（子ども pp.137-138；若者 pp.152-153），若者がバランスの取れた，うまくいく考え方を発展させていく。この方法の代わりとして，マインドフルネス（子ども pp.76-81；若者 pp.95-98）や自分を大切にする方法（子ども pp.58-62；若者 pp.67-71）を好むかもしれない。

スキルを身につける

社会的スキルや問題解決スキル（子ども pp.248-251）を身につけたり，うつの症状のひとつである睡眠について取り扱ったりする（若者 p.70）。

再発予防

最後に，若者は自分が身につけた新しいスキルを統合することを目指す（若者 p.245）。役立つスキルを日常生活に取り入れ，うつの前兆を知り（若者 p.246），どのような対処ができるか計画しておく（若者 p.247）。

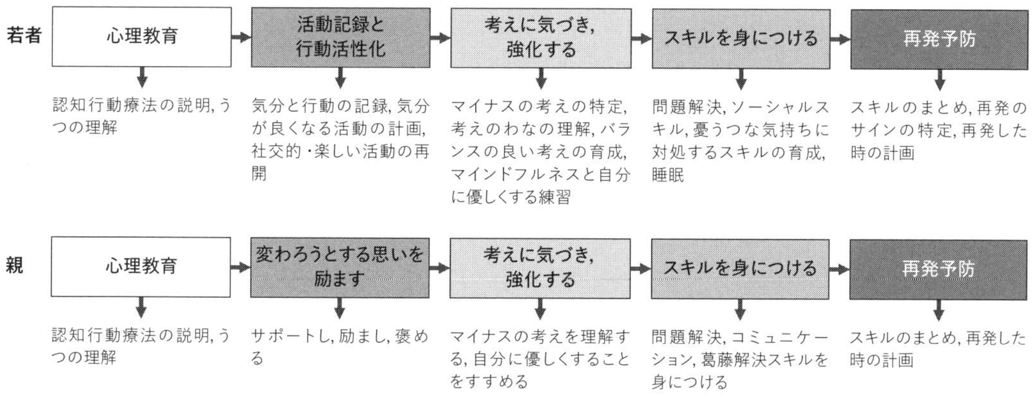

親

うつの介入と予防への親の参加は様々である（Dardas et al., 2018）。若者だけにフォーカスを当てたプログラムもあるが，親の参加が効果を上げていることを示す研究もある（Oud et al., 2019）。親の参加の仕方は次の通りである――うつと認知行動療法のモデルに関する心理教育，問題解決スキル，葛藤解決スキル，コミュニケーションスキル，若者の努力に対するサポートと強化の仕方に関するアドバイス。また，親のメンタルヘルス問題を特定して適切なサポートを提供する必要があると述べる研究もあり，Dardas et al.（2018）は，若者と親の個別の並行面接ではなく，同席の同時面接をすすめている。

うつと関連する重要な認知

うつの若者の注意はマイナスの側面，特に悲しみに関連した側面に向かう（Platt et al., 2017）。自分自身や自分のすること，自分の将来を悲観的に捉え，プラスの出来事は外的要因によるもので自分自身によるものではないと捉える（Curry, and Craighead, 1990）。出来事に対してマイナスに受け止め，自責感や無価値感，できないところばかりを見つける（Kaslow et al., 1998; Seligman et al., 2004; Shirk et al., 2003）。

うつの若者の考え方には，一般化，内的，固定的，という特徴が見られる（Seligman et al., 1979）。一般化では，ある特定のマイナスの出来事を他の範囲にまで広げる。例えば，一回試験で悪い点数を取っただけで，「卒業できないかもしれない」と思う。内的という特徴に関しては，ネガティブな出来事は環境など外的なものに起因するのではなく自分のせいだと考え，「こんなこともわからないなんて私はバカなんだ」と思う。固定的という特徴に関しては，ネガティブな出来事に固執し，「私に友達ができるはずない。今もこれからも。みんなから嫌われているんだから」と決めつける。

このような認識を，限定，外的，変則的でバランスの良い考え方に替えることが，認知行動療法の目標である。一般化された考え「卒業できないかもしれない」に代えて，限定された考え「数学は苦手だけど，ほかの教科はまぁまぁOKかな」とする。内的な考え「私はバカなんだ」に代えて，外的な考え「みんな今日中に終えるのは大変だって言っていた」とする。変則的な考え方をするために，出来事が起こらなかった可能性を探して，「みんなに嫌われている」ではなく「付き合ってくれる人は何人もいる」とする。

最後に，マインドフルネスでは今ここに注意を向けることで，マイナスで否定的な考えと自分との関係性を変え，反芻思考を減らす。自分を大切にすることで，マイナスで，自己否定的な考えに対処する。つまり，うつに関連する認知の内容を変えるよりも，考えから距離を置いて，自分との関係性を変えることを目的とする。

強迫性障害（OCD）

有効性

OCDのレビューにおいて，認知行動療法は効果が実証されている。また，思春期OCDでは介入の第一選択肢となっている（Franklin et al., 2015; Freeman et al., 2018; Geller et al., 2012; NICE, 2005; Öst et al., 2016）5歳から8歳の子どもたちの，家族ベースの認知行動療法も効果が実証されている（Freeman et al., 2014）。

OCDの最初の認知行動療法プログラムは，「どうやってOCDを自分の居場所から追い出そうか」（March, and Mulle, 1998）で，プログラムはさらに発展している（Barrett et al., 2004; POTS, 2004）。12セッションあり，内容は次の通りである――認知行動療法とOCDの心理教育，強迫観念と強迫行動の関連性を知る，随伴性図式によるマネジメント，段階的エクスポージャーと反応妨害法。家族がほとんどのセッションに参加し，若者をサポートし，エクスポージャーを家でも練習できるように励ます。いくつかの介入では，より家族要因に焦点を当てる――自責感の軽減，問題解決スキル，家族のコミュニケーションスキルの育成，若者が納得して参加できるためのコンプライアンスの遵守と中断予防（Barrett et al., 2004；Piacentini et al., 2011）。

介入の根拠

OCDの認知行動療法には，エクスポージャーと反応妨害法，認知療法，またはその両方の併用がある。エクスポージャーでは，段階的に恐怖場面に向き合う。ある段階の恐怖場面に向き合い，不安が十分に下がるまでその状況にとどまる。恐怖場面にさらされているあいだ，不安を下げる儀式行動（強迫行動）を行わずにいると，強迫行動がなくても不安が下がることを経験・学習していく。家族が注目したり，付き合ったりすることで，さらに強迫行動を強めるため，家族が注目しないようにすることも強迫行動の消失には必要である。

行動的介入は効果的だが，大人の認知行動療法で開発された認知技法を使ったプログラムが子どもでも有効である（Salkovskis, 1985, 1989）。このモデルによれば，不快感や苦しみは，強迫観念による侵入的思考自体ではなく，それらをどう評価するのかによって生じる。自分自身または他者への危害に対する責任感の増大または批判を含む評価は，耐えがたい不快感をもたらすが，この不快感は，危害の発生を予防しようとする強迫行為，回避，および安全探索行動により軽減される。モデルは，危害を与えるのではないかという確率と重大性の両方を過大評価することが，OCDの拡大と維持の中心であることを示唆している。さらに，OCDの維持には，思考と行動の混同（考えると実際にそうなる），自己不信（優柔不断につながる），考えをコントロールできないと知覚する（強迫観念を強める）という認知プロセスが関連している（O'Kearney, 1998）。

家族の特徴としては，親や兄弟姉妹が，子どもの儀式に付き合ったり，日常の習慣を変えて回避行動を手伝ったり，過剰に保証したりすることで，症状を維持させている（McGrath, and Abbott, 2019）。

OCDのための認知行動療法の介入要素

認知行動療法のモデルとプロセスが説明される（若者 p.108）。侵入的思考のノーマライゼーション，儀式の機能の説明，OCDの外在化（第12章「心配や習慣をコントロールする」を参照（pp.220-223））が含まれる。親もOCDの理解を深め，OCDを克服するという共通の目標に向かって協力する親と子どものチームを形成する。

感情への気づきと不安のマネジメント

感情への気づき（子ども pp.185, 188）と不安のマネジメントをする。恐怖反応について知る。そして，不安な気持ちを対処する方法を身につける（子ども pp.202-206；若者 pp.186-190）。

考えに気づき，改善する

介入は，主にエクスポージャーと反応妨害法で，認知的要素は限定的である。うまくいかない考えを調べたり（子ども pp.137-138, 148；若者 pp.152, 163），肯定的な声かけを自分にすることで対処したり，（子ども pp.168-169），強迫観念を止めたりする（子ども p.174）。

認知モデルに基づいた介入では，OCDの原因となっている若者の考え方や推測に焦点を当てる。これらの考えに気づき，考えのわなに当てはめる。例えば，責任に関する認知や悪いことが起きるのではないかという考えに気づいたり（若者 p.214），考えないようにするといった抑制はうまくいかないことに気づく。

エクスポージャー，反応妨害法，報酬

強迫観念と強迫行動を特定し，不快度を測定し，不安階層表を作る（子ども p.227；若者 p.222）。一番不安が低い段階からはじめ，強迫行動をしないで，不安に向き合い，段階を上げていく（子ども p.230；若者 p.223）。うまくいったらご褒美を用意し，子どものモチベーションを維持する（子ども p.231）。

再発予防

今後，再発しそうな状況を予想し，予防計画を立てる（若者 pp.245-247）。

強迫性障害（OCD）の介入計画

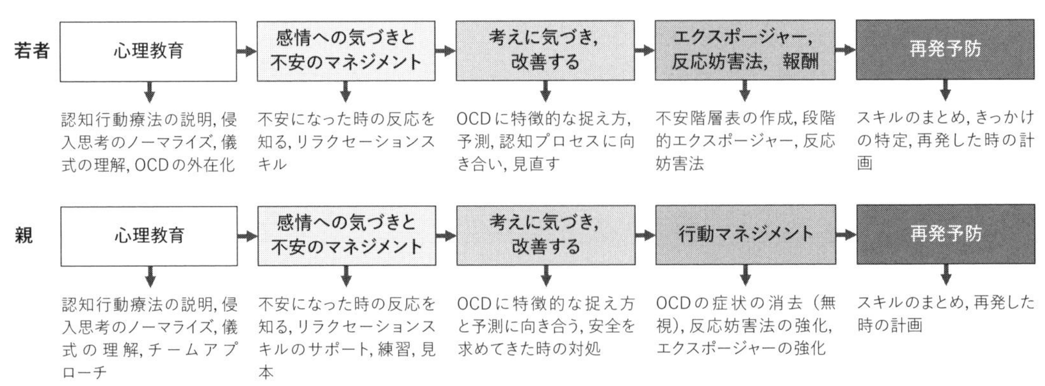

親

親の参加は，心理教育分野のみの限定的な場合もあれば（March, and Mulle, 1998），問題解決スキルを身につける，家族が付き合わないようにする，コミュニケーションスキルが含まれる場合もある（Freeman et al., 2008; Piacentini et al., 2011）。さらに，エクスポージャーと反応妨害法の際に親が効果的なコーチになることが含まれる介入もある（Barrett et al., 2004; Peris et al., 2017）。

OCDと関連する重要な認知

OCDの認知モデル（Salkovskis, 1985, 1989）は，重要な認知を捉えるのに役立つ。このモデルは，強迫観念が不適切な考え方であることを示唆している。特に，過大な責任感の評価（危害に関して），望ましくない出来事が起こるという誇張された推測（思考と行動の混同），そしてこれらの思考をコントロールする必要性（認知制御）などである（Barrett, and Healy, 2003）。

心的外傷後ストレス障害（PTSD）

有効性

トラウマフォーカスト認知行動療法（TF-CBT）は，若者にも効果が実証されている（Mavranezouli et al., 2020; Morina et al., 2016; Smith et al., 2019）。3歳から7歳までの子どもたちにとっても工夫次第で有効であることが実証されている（Dalgleish et al., 2015; Scheeringa et al., 2011）。これらのエビデンスのもと，TF-CBTは英国と米国で最も推奨されている（Cohen et al., 2010; NICE, 2018）。

最も有効とされているのが，Cohen et al.（2004）によって開発されたTF-CBTと，Smith et al.（2007）によって開発された認知療法である。どちらのプログラムも約12セッションで，内容は次の通りである――PTSDの心理教育，理論的根拠を理解する，行動活性化，リラクセーション訓練，トラウマ記憶に関する想像上のエクスポージャー，認知再構成と記憶のアップデート，トラウマのきっかけとリマインダーに対する段階的エクスポージャー。

親は同席する場合としない場合があるが，介入には親も参加する。その内容は次の通りである――心理教育，行動のコントロールと親としてのスキル，リラクセーション，感情表現の仕方とマネジメント，認知的対処と処理の仕方，トラウマに関する語り，将来の安全と安心感の育成（Cohen et al., 2006）。

介入の根拠

認知行動療法のモデルは，学習理論に基づいている。刺激がトラウマと関連して，その刺激が条件刺激となり，情動反応が起きる。回避によって，不快感は一時的に緩和されるが，かえって侵入思考を強化させてしまう。したがって，介入では，エクスポージャー（想像と現実）によって，トラウマ記憶の感情処理を促進する。

認知モデルでは，トラウマをどのように知覚・処理しているのかということに注目する。トラウマに対する非機能的でネガティブな認知を修正しながらPTSD症状に介入する。このモデルではトラウマ症状の原因について，トラウマ体験が認知的に処理されず，十分記憶に統合されないことにあると仮定する。その際，トラウマ体験は破局的あるいは圧倒的な体験として捉えられ，若者は自分の症状を誤解し（例えば，「私がおかしくなっている」），現在の恐怖が形成されている。そのため回避行動や反芻・抑圧などの認知的回避はトラウマ記憶を整理しないまま，今ある恐怖を強めていく。

PTSDのための認知行動療法の介入要素

TF-CBTは，PTSDで陥る，認知（再体験や侵入思考），感情（過覚醒），行動（回避）の悪循環に焦点を当てる。

心理教育

TF-CBTは，トラウマ反応の心理教育（第12章「トラウマに対処する」を参照（pp.224-227））と認知行動療法モデルの心理教育（若者 p.108）から始まる。トラウマ後に起こって当然の反応を知ることで，若者はおかしくなっているわけではないとノーマライズされる。日常を取り戻す可能性に向かって，中断していた日々の楽しみの再開をすすめられる（若者 pp.234-235）。

過覚醒のマネジメント

過覚醒のマネジメントスキルを身につける。感情の強さを測り（子ども p.191），これはエクスポージャーを取り入れる段階でも役に立つ。そして，リラクセーション技法（子ども pp.204-206；若者 pp.186-190），アンガーマネジメントスキル（子ども p.203），より良い睡眠を保つ方法を身につける。

考えに気づき，改善する

若者は，その出来事を最初から最後まで語り，再現することで，トラウマを処理する（子ども p.98）。重要な認知が明らかにされ（子ども p.109；若者 pp.128, 141, 214），話し合われ（例えば，責任や自責感，後悔について）（若者 p.214），トラウマの処理を妨げている認知プロセスの問題（思考抑制，回避）を知る。最も不快感を持つトラウマ体験の一部にイメージを使ったエクスポージャーで向き合い，不快感が下がるまで続ける。

エクスポージャー，生活を取り戻す

次に，トラウマに関連する状況や場所への段階的現実的エクスポージャー（子ども pp.173, 226, 228；若者 pp.222-223），および行動実験が行われる（子ども p.165；若者 pp.212-213）。これは，トラウマを思い出させる出来事やきっかけに立ち向かい，対処するのに役立つ。また，睡眠（若者 p.70）や活動をすること（若者 p.71）も取り上げる。

再発予防

今後，再発しそうな状況を予想し，予防計画を立てる（若者 pp.245-247）。最後に，将来の安全とどのような時にどのように助けを求めるか話し合われる。

心的外傷後ストレス障害（PTSD）の介入計画

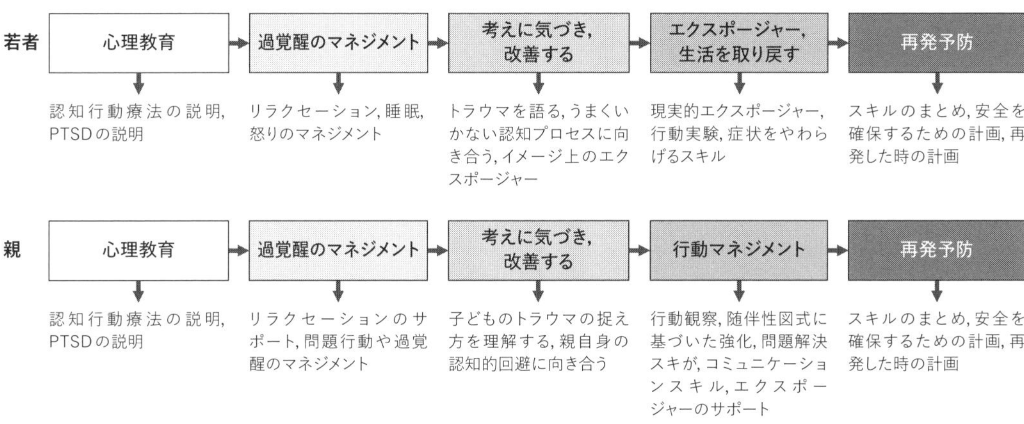

親

親が同席する場合と，親子別々で行われる場合がある。親は子どもの行動上の問題——イライラの高まり，怒りの爆発，就寝時の不適切な習慣——に対処するための効果的なスキルを教示される。随伴性図式に基づいた強化の方法，選択的注意，プラスの強化，コミュニケーションスキルや問題解決スキルなどの幅広い行動的スキルのサポートを受ける。親は，若者のトラウマ反応を理解し，若者のトラウマに関する語りを聞くことによって，若者がその出来事をどのように捉え，そして親がどのような影響を与えているかを理解する。このような取り組みから，親は，自分自身の出来事に対する不適切な認知を知り（例えば，「子どもの安全を確保し，守らなければいけない」という考え），改善する。若者がエクスポージャーをする時にサポートし，過保護や過干渉にならないようにすることを学ぶ。

PTSDと関連する重要な認知

PTSDの発現と維持に関する重要な認知——出来事に関する捉え方（例えば，「人生をめちゃくちゃにした」），症状に関する捉え方（例えば，「おかしくなってしまった」）——が特定されている。出来事の捉え方には次のようなものがあり，意識的に向き合う必要がある——トラウマの責任は自分にある（例えば，「私は責められて当然だ」），行動の後悔（例えば，「とめようとしなかった」），すべきこと／すべきではなかったことへの罪悪感（例えば，「助けないで逃げてしまった」）。思考抑制，反芻思考といった認知的回避は，うまくいかない認知的対処法であり，やめるようにする。

うまくいかないとき

これまで述べてきた介入計画は，有効性が実証されているプログラムから主な要素を取り出し，組み立てたものが，誰にでもうまくいくとは限らない。ここでは，うまくいかない理由を見ていく。Chorpita（2007）は，4つの考えるべき点を挙げた。①若者の変化に向けての準備，②介入の焦点，③ケースフォーミュレーション，④介入の運用の仕方である。以下に示すように，どうしてうまくいかなかったのかを探究し理解する必要がある。

- ▶ 若者が2回続けて，家での記録を忘れた。
  - 課題について，説明が不十分だったり，若者と合意が取れていなかったりしたのかもしれない。
  - 若者のモチベーションが低く，介入に十分乗り気ではないのかもしれない。
  - 若者は課題の必要性や介入に関連していることを十分に理解できていないのかもしれない。
- ▶ 行動活性化，忙しくするということについて話し合われたが，何もやることを思いつかなかったと言ってやってこなかった。
  - これはよくあることで，セラピストは見過ごしてもいいのか？
  - 説明の仕方を変えて，もう少し具体的にできそうな課題を伝えるのか？
  - うつの症状が強すぎて，やることに希望をまったく見出せなかったのか？
- ▶ 助けにならない考えに向き合わない。
  - 認知に焦点を当て続けるのか？　それとも，感情や行動の部分にシフトするのか？
  - 基本的態度であるPRECISEに則り，若者のペースに合わせてできているか？

- 若者は認知行動療法の理論的根拠を理解しているか？　マインドフルネスのような違ったアプローチを試したほうがいいか？

さらに，以下の項目は，よく見られる問題で，どうしたらいいか検討すべき点である。

▶ 認知行動療法についてさらにわかりやすく説明し，よりよく理解させた上で，家での課題の重要性を述べて，どうすれば実際にできそうか検討する。

▶ 基本的態度であるPRECISEを見直して，介入に関してわかりやすく説明し，若者のレベルに合っているか確かめる。

▶ フォーミュレーションを見直して，新しい情報を取り入れたり，焦点を当てる問題を見直したりする。

▶ 認知行動療法の導入を一旦保留し，若者が変化に向けてより希望が持てるように動機付け面接を実施する。

若者の変わろうとする意欲

問題が特定できても，若者に変わろうとする意欲が湧かない場合もある。意欲には，希望喪失，自己効力感の低下，変化への戸惑い，外的内的な意欲，タイミングも関係する。

▶ 希望喪失：何かできると思うか？

若者にとって問題が大きすぎたり，ずっと長く続きすぎていたりして，変わる姿を想像できない場合がある。「色々やってみたけど，うまくいかなかった」，「やる意味はない。このままでいい」といった言葉は，希望喪失を表わしている。このような状況の場合は，まずは希望をまったく持てていないことを言葉にできることが大事である。その上で，認知行動療法で取り上げる様々な具体的な支援法をひとつ例に挙げて伝える。これまで変えようとこだわっていた今の状況を，良い／悪いと判断せずに受け止める方法を紹介する。小さな変化を見過ごさないために数値化して変化を可視化する方法もある。すべてはソクラテス的対話で若者と対話し，全く希望を失っている若者が今までしてきたことと認知行動療法では違いがあることを見出し，変化に向けて希望を持ちはじめるように支援する。

- 自己効力感の低下：問題を克服できると思うか？

  自分の持ち味や強みを見出せないまま，「どうせうまくいかない」，「自分にそんな力はない」と考え，失敗を恐れている場合もある。ソクラテス的対話では，できないことばかりを見ていた状態から，若者ができたことやあるものに視点を変換する。そのような証拠から若者が現在の問題にそれらが使えることを理解するようにする。

- 変化への戸惑い：変わる準備はできているか？

  若者や親が戸惑っていたら，動機付け面接が必要だろう。動機付け面接では，変わりたいと思っているものの，どうせ変われないとも思っているアンビバレントな気持ちを若者自身が言葉で表現できるようにし，現在の状況と若者が理想とする姿のギャップをはっきりさせる。例えば，以下の問いかけをし，アンビバレントな気持ちを受け止める。

  「来年，高校に行きたいと言っていたけど，今は欠席が続いているね。高校に行くためには何が必要かな？」

  「友達ともっと関わりたい，遊びたい，友達がほしいと言っているよね。その思い，とてもよく伝わってきているよ。家にいて，外に出ないけど，その『したい』という思いのために，何か今できそうなことはある？」

動機付け面接では，介入の障害となっている若者の戸惑い（アンビバレンス）を明らかにする5つのポイントがある。

- 第1に，説得させられるものではなく，納得するものである。脅し，説得ではなく，若者が望む変化を見つけるサポートをする。
- 第2に，若者が心配していることについて思い巡らし，変えたくない理由と変えたい理由の両方を表現できるようにサポートする。何かをするのか，このまましないでいるのか若者が選択できるように，天秤をたとえに使ったスケーリング技法（第12章「変化に向かうための天秤」を参照（p.204））を使って対話する方法もある。
- 第3に，説得は抵抗を強める。問題意識が全くなく，変わりたいと思っていないかもしれない。特に思春期の若者は，説得されればされるほど，心を閉ざすことを理解する必要がある。
- 第4に，若者の意欲は変動する。介入で取り上げることやペースを見直し，若者が主体的に取り組めているか，受け身になっているかなどを見ていく必要がある。
- 第5に，若者を主体的なパートナーとし，受け止め，サポートする。若者の意見が尊重され，来談したり，自分の問題について話したり，動揺する気持ちを話したりすることをすべて肯定する。

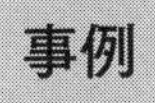

事例　サトルが思う変わることへのマイナス面

サトル（14歳）は，モモカと友達になりたかったが，話しかけることができない。天秤のたとえに使ったスケーリングを使って，サトルの戸惑いを明らかにした（図11.1）。サトルは，モモカと話す理由と話さない理由を挙げた。話す理由はほかにももっとあるように思えたが，話さない理由のほうがどうしても強く，話さない理由を選んでいることがわかった。

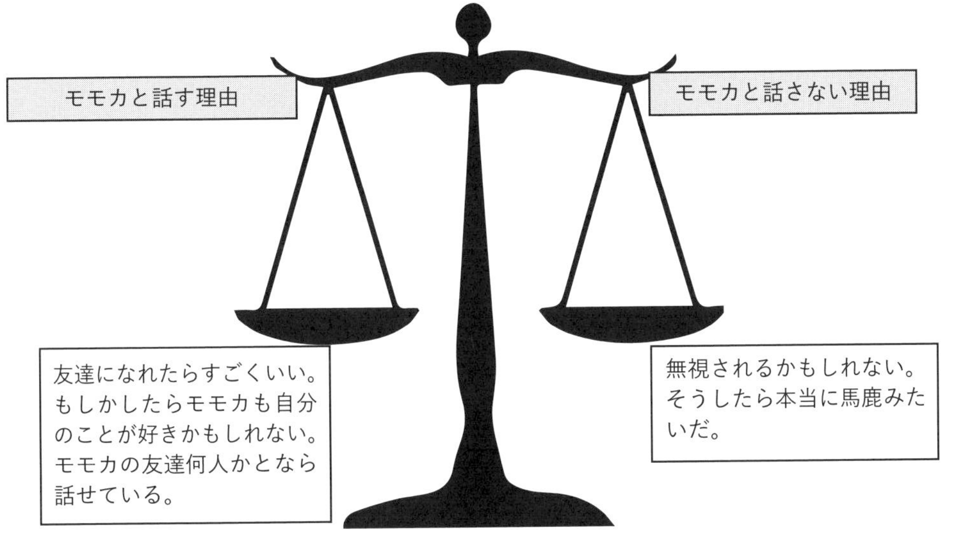

モモカと話す理由
モモカと話さない理由
友達になれたらすごくいい。もしかしたらモモカも自分のことが好きかもしれない。モモカの友達何人かとなら話せている。
無視されるかもしれない。そうしたら本当に馬鹿みたいだ。

図11.1　サトルの変化に向かうための秤

▶ 意欲：変えたいと思うほど重要なことか？

子どもが助けを求めるのではなく，親が困って子どもを連れてきた場合，親の問題が解決されると面接に来なくなる。また，子どもが困っているというよりも，親自身の不安（責められるのではないか，将来の不安，レッテルを貼られるのではないかなど）や世間体が動機付けになっている場合もあるため，親自身の面接に対するマイナスの考えやアンビバレントな思いを明らかにする必要がある。

若者自身の意欲は変動する。何かの状況やきっかけで疑い，心配，不確実性が高まり意欲が低下する。若者の意欲の状況を考慮する必要がある（若者 p.107）。

▶ タイミング：何かするのは今か？

若者のメンタルヘルスの問題は重要だが，別の重要な出来事があり，そちらを優先させる場合もある。家庭内での優先事項としては，親の転職，引越し，親の病気やメンタルヘルスの問題などがある。若者自身の優先事項としては，試験をまずは優先したほうがいい場合もある。

若者と家族が認知行動療法をする意欲を持っているのか？

認知行動療法をする若者と家族が意欲を持つには，次の4つのポイントの理解が重要である――①認知行動療法は助けになる，②問題に焦点が当たっている，③有意義な目標である，④セラピストを信頼できる。

▶ 介入――認知行動療法は助けになる

認知行動療法について説明を受けても，経験するまで実感が湧かないかもしれない。理解したかどうか質問できる機会が与えられたとしても，何が心配か，何がわかっていないのか自体がわからず，言葉にするのが難しいかもしれない。

認知行動療法はすべての人に適しているわけではない。ある人は，認知行動療法の基本的な考えに疑問を持つかもしれない。エクスポージャーのような，不安になる状況にわざわざ立ち向かい，不安と付き合う方法を学習することに，不安を感じるかもしれない。ある人は，家で課題や練習するなど主体的なやり方を面倒だと思うかもしれない。あるいは，問題はほかの人（先生）にあると思っているため，自分が変わる必要はないと思っているかもしれない。

認知行動療法の根拠，主体的で協働的な発見のプロセス，課題をもっと丁寧に説明するとよいかもしれない。すると若者も，一方的にさせられるものではなく，自分が納得して行うものだと理解するかもしれない。また，できないことではなく，できることから始めるものだと理解できるかもしれない。同様に，自分以外の他人に責任があると考えているなら，自分に悪影響が及ばないためにできることを考えられるかもしれない。

▶ 問題への焦点化――最も重要な問題に焦点が当たっている

アセスメントでは，若者の問題の範囲と性質を特定し，目標を明確にする。もし複数の問題があるならば，どれを最初に取り上げるのか決める必要がある。なぜなら，問題によって特定の認知行動療法技法が異なるからである。

- ▶ うつの介入——行動変容から始める。
- ▶ 不安の介入——感情の気づきとマネジメントから始める。
- ▶ リラクセーションスキル——不安には助けになるが，うつにはあまり助けにならない。
- ▶ エクスポージャー——不安とPTSDには主要な介入だが，うつの場合はそうではない。

フォーミュレーションは，認知行動療法の枠組みに沿って心理的問題を整理している。フォミューレーションは，協働作業のもとで作成し，お互いに納得しているものである。流動的であり，セッションごとに見直し，新しい情報を挿入し，介入方針を検討していく。複雑な情報を整理し，今後の介入方針を示す助けとなる。どの領域で何をするか，特定の介入技法の決定と順番を示す。

前述したフォーミュレーションの重要な役割を踏まえて，問題から逸れないようにする。一方で，若者の状況に応じて，他の問題を優先的に取り上げたり，目標を変えたりすることはある。

- ▶「気分が落ち込んだり，人がいる場所で不安になったり，親とうまくいかないことを話してくれたよね。この3つのうち，どれが少し良くなったら，君の生活が一番楽になりそう？」
- ▶「友達と出かけられるようになりたいって話してくれたね。そのためには，不安と落ち込み，どっちの気分のほうが壁になっている？」

問題は変わるかもしれないし，若者の心理社会的，そして環境のシステムの中で，問題を捉える必要があるので，介入の焦点は定期的に見返し，若者が納得するものにしていく。

事例　ジュリの不安とうつ

ジュリ（15歳）には，強い不安とうつの症状があった。改訂版子ども不安うつ尺度でも，不安とうつの症状が強いことが明らかになった。ジュリがしたいことは次の通りだった――友達と遊びに行きたい。

主な問題を特定するために，図11.2に示した問題維持のフォーミュレーションを作った（第12章「マイナスのわな」を参照（p.200））。

きっかけは，トモカが映画に誘ってくれたことだった。ジュリは最近，全く映画に行っていなかったので，久しぶりに行っても対応できないと考えた。出かけることに不安と恐怖を感じるとともに，家に一人でとどまることに悲しみも感じた。結局ジュリは，行かないことにし，部屋で一晩中泣いて過ごした。

フォーミュレーション作成のために色々と話し合っている中で，ジュリの主要な問題は不安に関することだとわかった。不安が出かけることを阻んでいて，家に一人でいた結果，悲しみを感じていた。

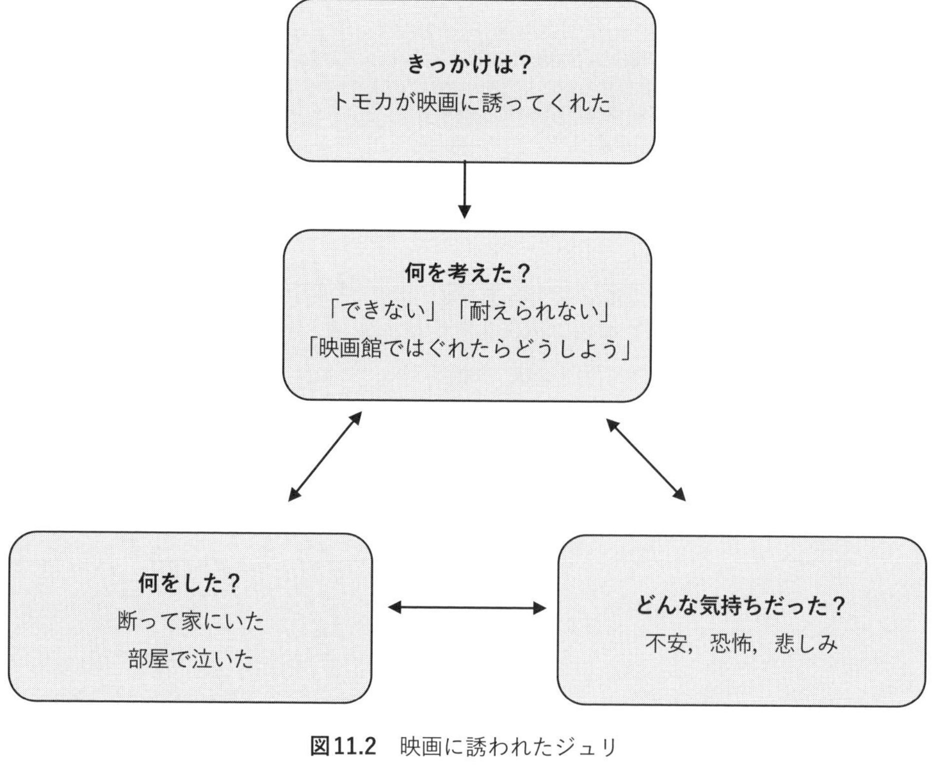

図11.2　映画に誘われたジュリ

▶ 有意義な目標——目標に意義があり，かつ重要である

若者の意欲は目標の存在に左右されるため，何を目標にするか，それは意味のあるものか，ということが若者の考えと一致しているべきだろう。なぜなら，自分以外の他人の指示に従っていたり，これからの自分に興味がなかったりもするからだ。例えば，親としては，もっと社交的になり，部活に参加して，友達を作ってほしいと願っていても，若者にしてみたら，今の交友関係がちょうどいいと思っているかもしれない。また，目標は自分にとって意義のあるものでないといけない。不安な若者に対してスーパーに行くという目標は，人が多くいる場所に向き合うちょうどいい場所かもしれないが，全く興味がなく行く意味がない場所かもしれない。それよりも，身体を鍛えることに関心があるなら，地域のスポーツセンターに行く，近所を走るなど，より若者の興味関心，価値観に即した目標にしたほうが有意義である。

有意義な目標が見つかったら，目標が具体的で達成可能かどうか確認する必要がある。「もっと楽な気分になりたい」は曖昧なので，そうなるために何ができるか，より具体的にしなければいけない。目標は，キーワードSMART（具体的，測定可能，達成可能，関係がある，タイムリー）に準じて設定すると，具体的に何を達成するべきかはっきりする。目標が高い場合は，達成可能なスモールステップに分ける。

▶ 家族の参加——家族のサポートを得られる

多くの認知行動療法プログラムは，多少なりとも親が参加することが多い。実践的なサポートから面接の予約，親自身の行動の変容など様々な側面がある。したがって，親が参加することが子どもの問題にとって効果的かどうかを確認する必要がある。

若者の意欲は親に影響する。親の認知行動療法モデルやプロセスへの信頼，若者の問題への理解，親も納得できるフォーミュレーション，問題の焦点が合っている，有意義な目標，これらすべてに対する親の思いが若者の意欲にも影響を及ぼす。親の認知行動療法の知識や経験も若者の意欲に影響する。親が子どもの問題をどうとらえているか，どのように子どもをサポートできると思っているかも明確にしなければならない。例えば，うつは思春期にありがちな反抗期とは違う，OCDの強迫行動は意志でどうにかできるものではないなどである。フォーミュレーションが若者の問題の個別性を明らかにし，介入方針を示し，親が問題の維持に影響を及ぼしていることを明らかにするかもしれない。子どもの問題に親が影響している場合，フォーミュレーションを使えば，親が責められていると感じずに，これから何ができるか，どうサポートできるか，という前向きな計画を立

てることができる。また，家族の願いが子どものそれと違っていても，聞き入れながら保留し，後から取り上げることができる。

親も目標に納得できたら，介入をどれだけサポートできるかアセスメントする。

- エクスポージャーをサポートする際，子どもの不安や不快感に耐えられるか。OCDに巻き込まれないようになれるか。
- うつの子どもが忙しくするためにサポートと強化ができるか。
- 子どもが話すトラウマを聴くことができるか。

上記が期待できない場合は，別の解決方法を見つける。

- ほかの家族でエクスポージャーをサポートできる人はいないか。
- 一度だけ儀式に巻き込まれないように試してみることで，より自信を持って同調しないほうがいいと理解することができるか。

家族のメンタルヘルスの問題にサポートが必要な場合もある。例えば，親も子どもと一緒にトラウマを経験しているかもしれない。その場合は，親自身が体験を整理するために別のメンタルヘルスサービスを受ける必要があるかもしれない。

最後に，認知行動療法が最も適切かつ現実的な介入なのかを吟味する必要がある。時に，家族機能不全の問題が若者の問題にすり替えられ，自分ではなく若者だけが変わるべきだと考えてしまう場合もある。このような状況では，認知行動療法に代わり，家族にフォーカスを当てた介入を提案する必要があるかもしれない。同様に，親が介入の参加を拒否する場合，子どもにはサポートが必要であることを具体的に示し，説明しなければいけない。

- セラピストとの相性――セラピストを信頼できる

  介入が，基本的態度であるPRECISEのプロセスに沿っている必要がある。また，セッション自体の満足度を聞く方法もある（第12章「セッション満足度スケール」を参照（p.203））。「話したいことを話せたか？」，「このやり方は助けになると思うか？」，「説明はわかったか？」，「満足したか？」，「どうしたらもっと話しやすくなるか？」など簡単な質問紙を作って，セッションの最後に若者が書けるようにする。最終的には，正直に話をして，担当セラピストを替える手もある。

セラピスト自身のふりかえりの重要性

認知行動療法の実践には，練習が必要であり，その練習を重ねて，実践が洗練されていく。そのため，毎セッションにおいてセラピスト自身が自分の実践をふりかえる必要がある。まず，効果が出ない場合は，以下のポイントをふりかえる。

- 情報が足りているか？
  心理教育はなされているものの，それは十分だろうか？　別の言い方や表現で詳しく伝えたほうが，理論的根拠を理解できるのではないだろうか？
- 子どもの発達のレベルやペースに合っているか？
  TF-CBTは，セラピストと子ども両方に不快感をもたらすかもしれない。介入についての説明はあったかもしれないが，トラウマ自体の話はできているのか？　それとも避けてしまっているか？
- すべての技法が十分に実行されているか？
  エクスポージャーは重要であるが，難しくもある。イメージ上のエクスポージャーはセッションで練習したが，現実場面のエクスポージャーまではできていないかもしれない。
- 技法が正確に実行されているか？
  考えを見直すプロセスが実行されているかもしれないが，若者のうまくいかない考えに反論するばかりで，バランスの取れた考えを見つけるところまで十分にできていないかもしれない。バランスの取れた考えを見つけるためにどのような助けが必要か？

COREの哲学，PRECISEの基本的態度，ABCsの技法がすべて反映されていなければならない。そのため，スーパーバイズを受けることは必須であるが，もし受けられないのなら，図11.3のふりかえり用紙に記入し，ふりかえることもできる（第12章「ふりかえりシート」を参照（p.208））。また，セラピスト自身の介入時の考え，感情，行動もふりかえる。例えば，TF-CBTにおいて，トラウマになった出来事について具体的に聞いていなかったために進行を遅らせているかもしれない。あるいは，エクスポージャーで若者が見せる不快感にセラピストが耐えられていないのかもしれない。

録画や録音でふりかえることもできる。少なくとも5～10分だけでも記録しておき，良かった点，改善すべき点を特定して，不足に対処するための行動計画を立てる（Sburlati, and Bennett-Levy, 2014）。このふりかえりは，子どもから得られた尺度の結果，セッションに関するスケーリングの

子どものイニシャル：GK

年齢：14

性別：男

主な問題：OCD

毎セッションの変化：この4回，変化なし

子どもが記入したセッションシート：すべて4で高いが，理解が3

セッションの焦点：
安全行動をしない（ドアノブを触って手を洗わない）

うまくいったこと：
出来事がどうつながっていくのか考えてもらい，GKが深刻な病気を移す可能性がいかに低いかを強調した。

改善点：
リスクが低いことがわかっても，GKは心配になってしまい，手を洗わずにドアノブを触れることができなかった。

次のための解決策：
OCDのための不安階層表を見直して，難易度が低いものをターゲットにする。

図11.3　ふりかえりシート

結果からも考える。ふりかえりでは以下のことを問い直してみる。

▶「セッションでうまくいった点は？」
▶「さらにうまくいくためにはどうしたらいい？」
▶「次には何か違うことができる？」

自分のふりかえりログとして残しておくと，その同じ子どもや他の子どもにも応用が効くかもしれない。セラピスト自身がふりかえり，工夫し，実験し，練習し，改善していくことで，より効果的な認知行動療法実践へと発展する。

◀第12章▶ 実践で役立つ活用素材

日本のセラピストのみなさんへ

　子どもと若者が認知行動療法を実践していくためには，わかりやすく認知行動療法を説明することが必要である。特に“ことば”だけでなく，視覚的な素材を積極的に活用することが役立つ。この章では，以下の“活用できる素材”が豊富にそろっている。

- **出来事の鎖：**強迫性障害（OCD）の子どものために，強迫観念がどのようにつながっているのかを明らかにする。
- **マイナスのわな：**きっかけ，考え，気持ち，行動のつながりの理解と自分の強みを知るためのフォーミュレーション。
- **4つのつながり：**きっかけ，考え，気持ち，身体の変化，行動のつながりを理解し，互いに影響し合っていることを知るためのフォーミュレーション。
- **問題の現われ方：**過去の出来事が現在の悪循環とどのようにつながっているかを理解するためのフォーミュレーション。
- **セッション満足度スケール：**セッションをどのように感じたかを測定する簡単なアンケート用紙。セッションの最後に書いてもらう。
- **変化に向かうための天秤：**変化に向かうアンビバレントな思いを明らかにし，若者がどうしたいかを考えることができる。
- **モチベーション：**モチベーションが低い若者の壁となっているものを探り，その壁を取り払うためのポイントが書かれている。
- **主体性：**主体的に認知行動療法に取り組むうえで課題となっているものを探り，その壁を取り払うためのポイントが書かれている。
- **介入の仕方：**セッションがうまく進んでいるかを見るポイントとその改善策が書いてある。
- **ふりかえりシート：**セラピスト自身が認知行動療法の実践を反省し，今後に活かすために使える。

- **不安とうまく付き合う：**不安に関する心理教育と介入方法がわかりやすく書いてある。
- **うつに乗っ取られない：**うつに関する心理教育と介入方法がわかりやすく書いてある。
- **心配や習慣をコントロールする：**OCDに関する心理教育と介入方法がわかりやすく書いてある。
- **トラウマに対処する：**心的外傷後ストレス障害（PTSD）に関する心理教育と介入方法がわかりやすく書いてある。

（＊最後の4つは，そのままコピーして若者の心理的問題に合わせて，心理教育として使える）

出来事の鎖

私たちは，何かしないと悪い出来事が起きるのではないかと心配になります。上から順に起きる可能性があると思っていることを書いてください。

鎖の輪が1つでも欠けたらどうなるでしょう。鎖がプッツリ切れて，次につながらないため，考えていることは実際起こらなくなりませんか？

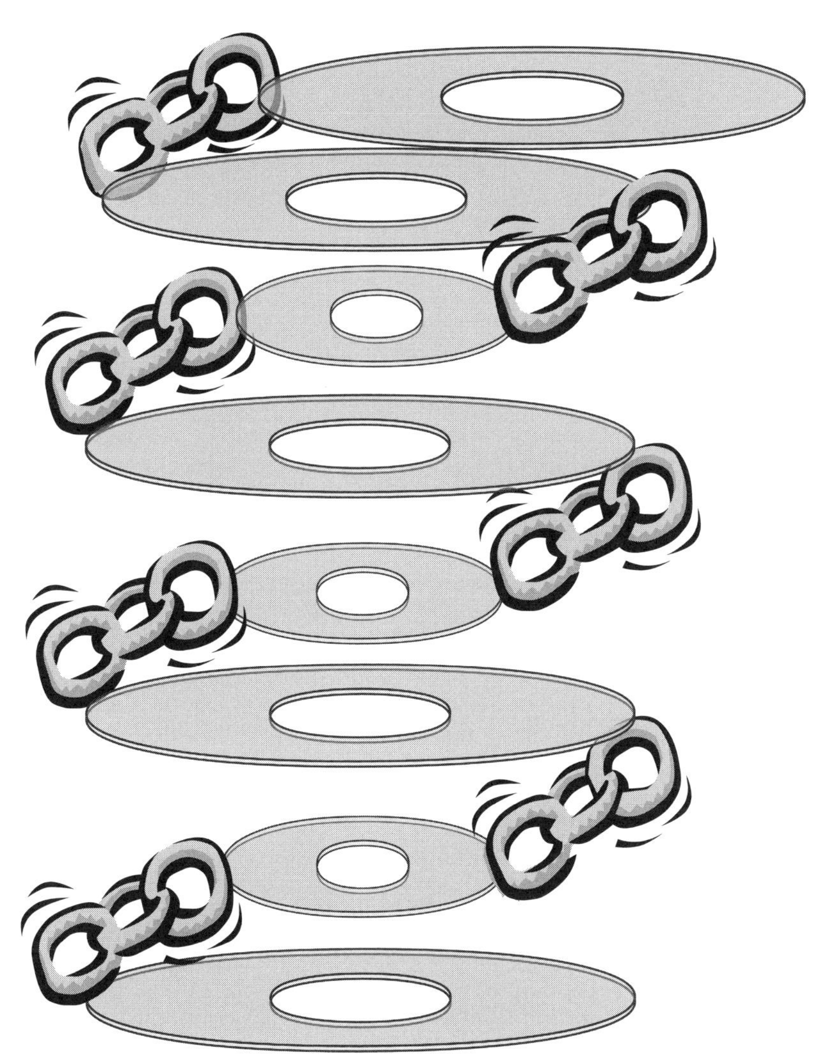

マイナスのわな

ある1つの出来事を取り上げて，つながりを見ましょう。

- ▶ **きっかけは何？**　いつ，どこで，誰と，何が起きましたか？
- ▶ **何を考えた？**　頭の中に思い浮かんだり，ぐるぐる回ったりした考えは？
- ▶ **どんな気持ちだった？**　その時の自分の気持ちや身体の変化は？
- ▶ **何をした？**　どんなことをした？

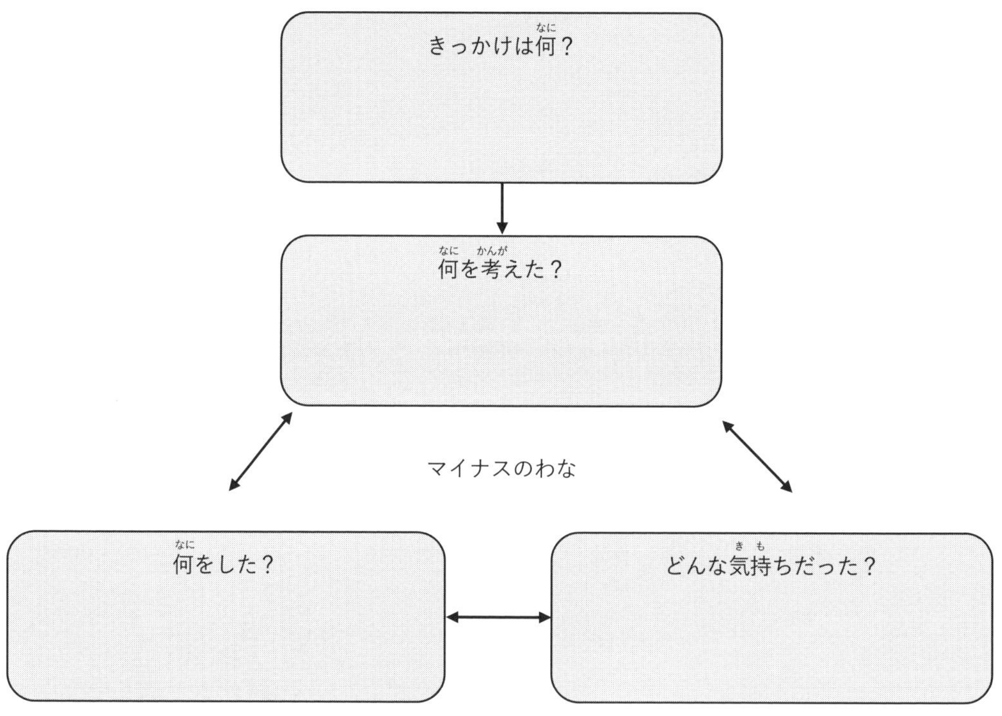

あなたのできること，強み，持ち味の中で，このわなから抜け出すのに役立ちそうなものを書いてください。

4つのつながり

最近の困った出来事や状況について思い出して書き出しましょう。最初に**きっかけ**を思い出して，四角の中に書いてください。

その時の自分について書いてください。

- ▶ **何を考えた？** 頭の中に思い浮かんだり，ぐるぐる回ったりした考えは？
- ▶ **どんな気持ちだった？** その時に感じた気持ちは？
- ▶ **身体からのサインは？** 身体の変化は？
- ▶ **何をした？** どんなことをした？

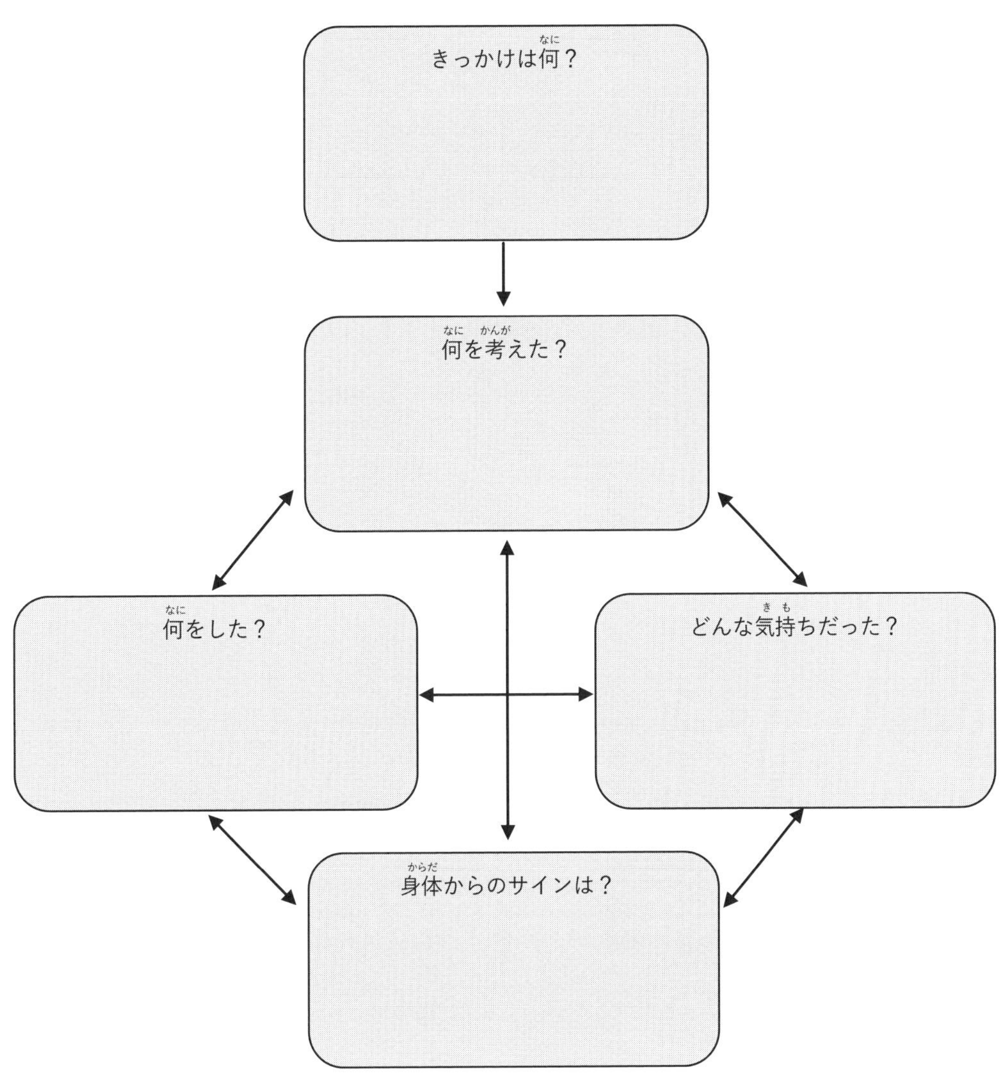

問題の現われ方

現在の「マイナスのわな」（自動思考，気持ち，行動）について書き出します。次にその現在のマイナスのわなに関連する，決定的な出来事（きっかけ）とその出来事から生じた「予測」，さらには，関連する「重要な出来事」とそれらの出来事から形成された「中核的な信念」を書き入れます。セラピストが書き入れ，子どもの問題を整理するのに役立てます。必要に応じて子どもや親と共有しましょう。

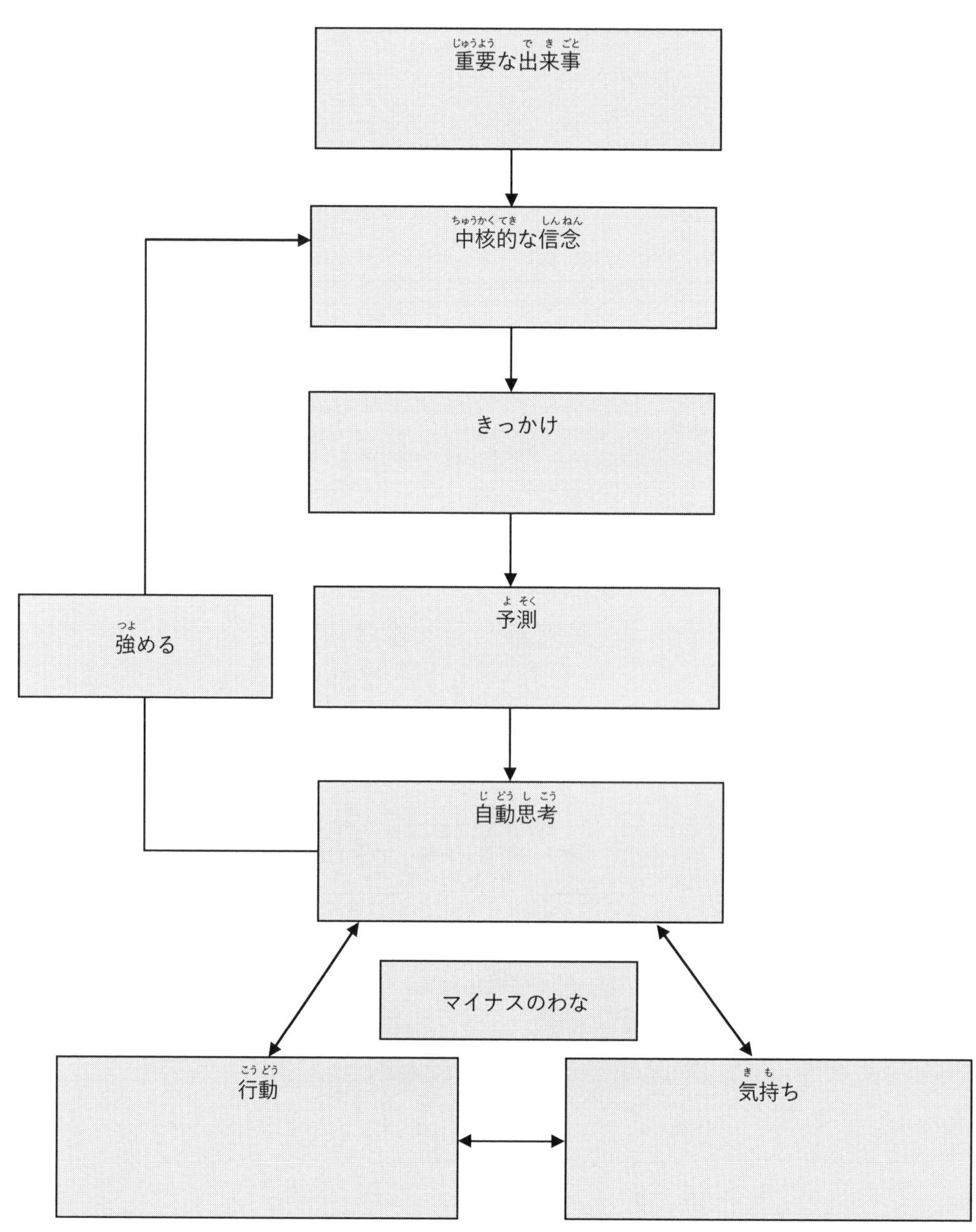

セッション満足度スケール

今日のお話タイムをどう思ったか，下の数字の一番当てはまるところに○を付けてください。直感で正直に答えてください。そうすると，これからのお話タイムのためにとても役立ちます。

聞いてもらえた感じはありましたか？

0	1	2	3	4	5
全くそう思わない					とてもそう思う

話したいことをすべて話せましたか？

0	1	2	3	4	5
全くそう思わない					とてもそう思う

説明はわかりやすかったですか？

0	1	2	3	4	5
全くそう思わない					とてもそう思う

話に集中できましたか？

0	1	2	3	4	5
全くそう思わない					とてもそう思う

お話タイムをより良くするために何かアイディアや望むことがあったら，書いてください。

変化に向かうための天秤

ある解決法について，それを**する理由**と**しない理由**を考えることで，自分の迷いがはっきりして，するかしないかを選ぶために役立ちます。最初に，「しようと思っていること」を書き出してください。そして，片方にはする理由，もう片方にはしない理由を書いてください。

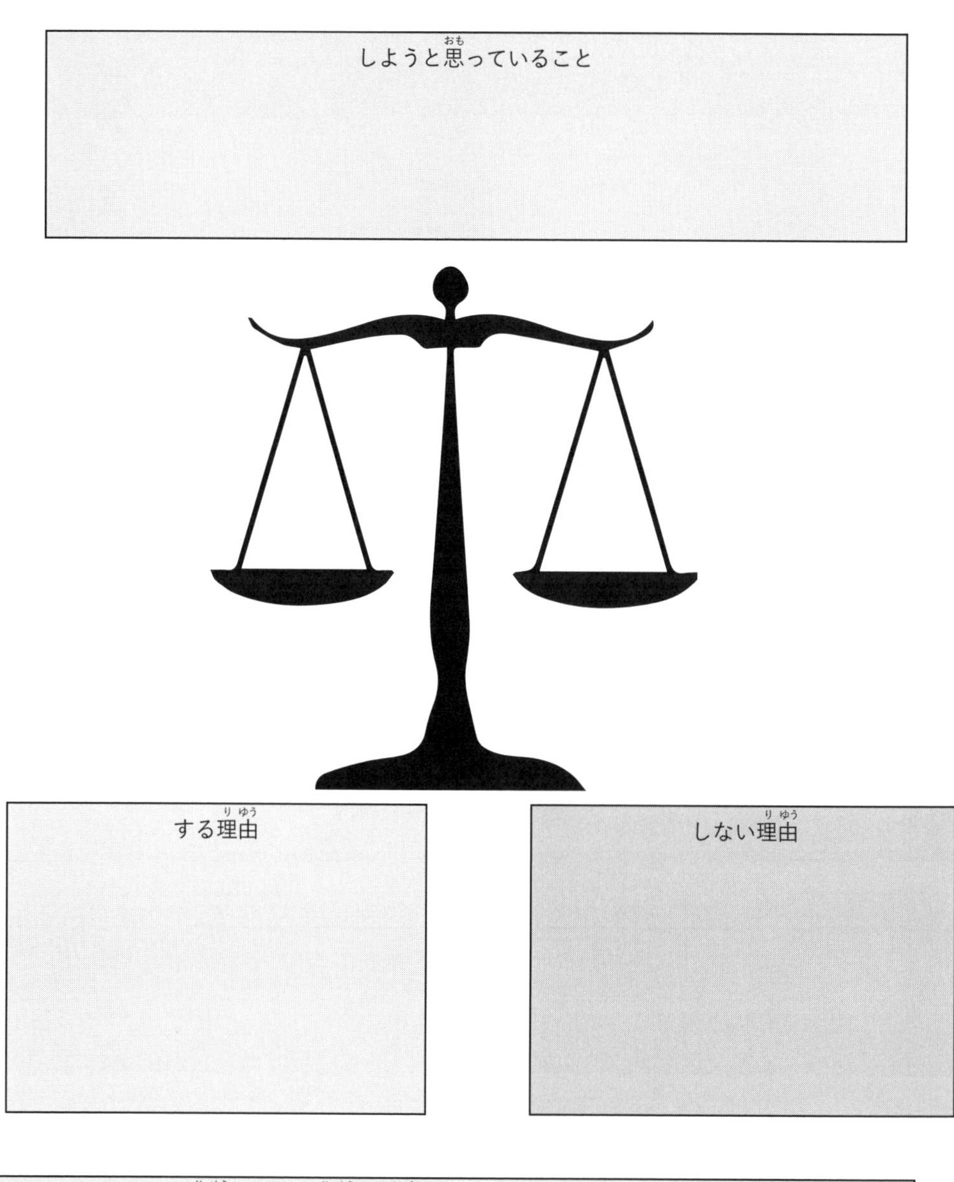

では，する理由としない理由を天秤にかけて，どうするか決めてください。

モチベーション

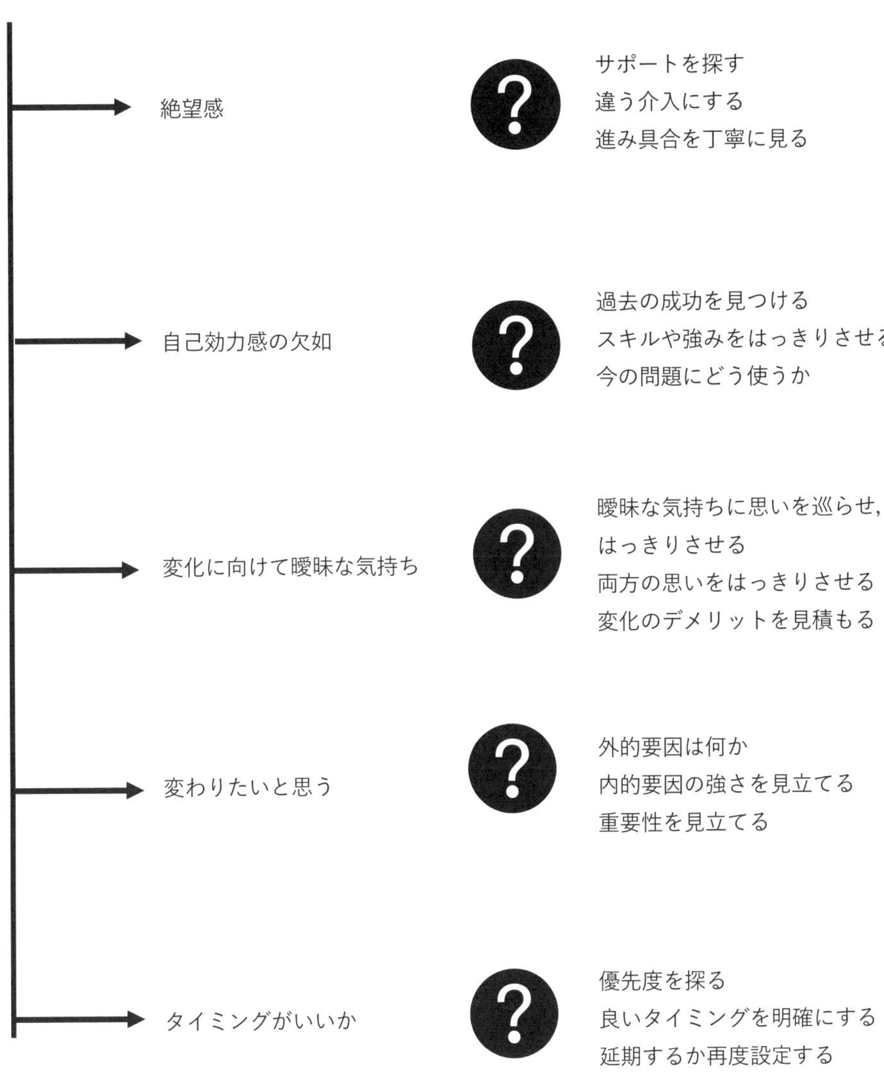

絶望感
サポートを探す
違う介入にする
進み具合を丁寧に見る
自己効力感の欠如
過去の成功を見つける
スキルや強みをはっきりさせる
今の問題にどう使うか
変化に向けて曖昧な気持ち
曖昧な気持ちに思いを巡らせ，
はっきりさせる
両方の思いをはっきりさせる
変化のデメリットを見積もる
変わりたいと思う
外的要因は何か
内的要因の強さを見立てる
重要性を見立てる
タイミングがいいか
優先度を探る
良いタイミングを明確にする
延期するか再度設定する

モチベーションと変わりたいと思う意思に影響を与えている壁と信念を探ることが目的です。❓の右側に書いてあるアプローチは，絶望感を抱え，自己効力感が低くなっていて，変わることにメリットを感じていない若者に，可能性を感じてもらうことを目的としています。

主体性

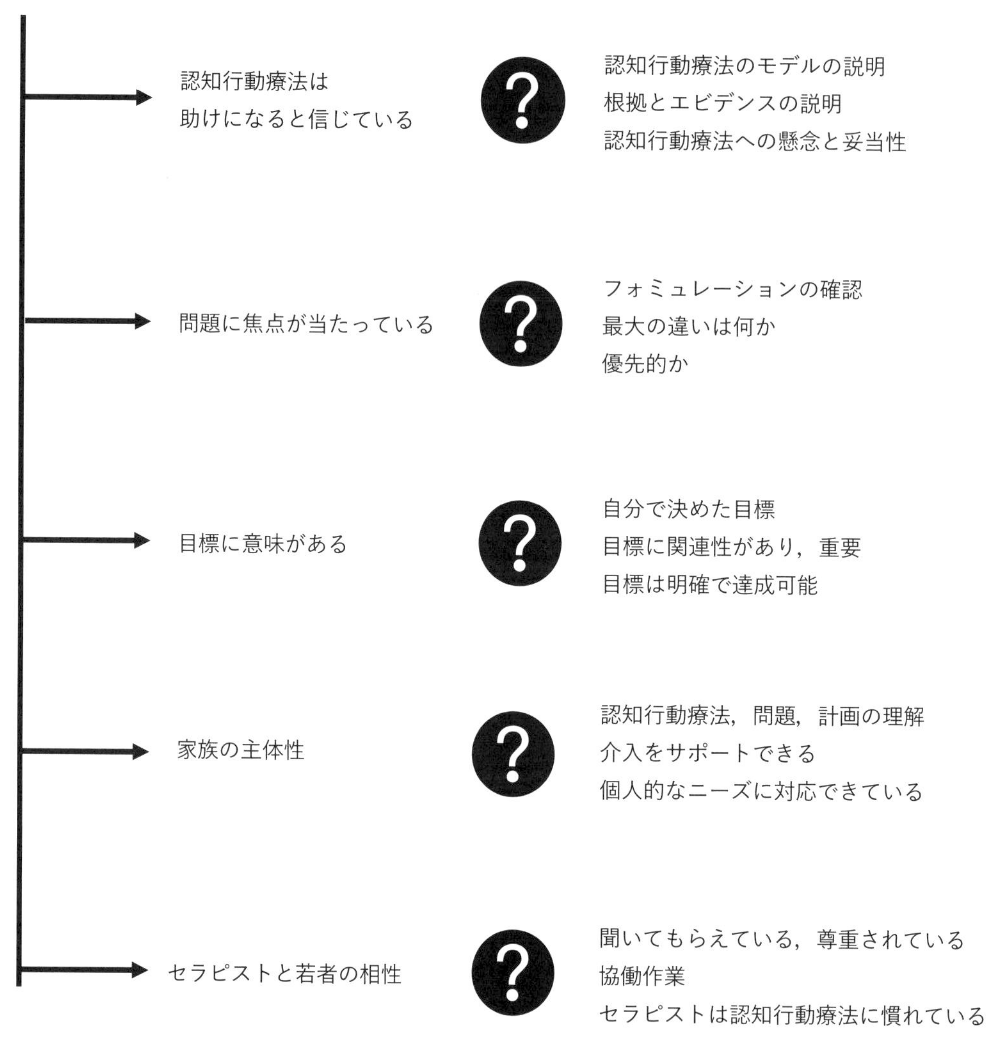

認知行動療法は
助けになると信じている
認知行動療法のモデルの説明
根拠とエビデンスの説明
認知行動療法への懸念と妥当性
問題に焦点が当たっている
フォミュレーションの確認
最大の違いは何か
優先的か
目標に意味がある
自分で決めた目標
目標に関連性があり，重要
目標は明確で達成可能
家族の主体性
認知行動療法，問題，計画の理解
介入をサポートできる
個人的なニーズに対応できている
セラピストと若者の相性
聞いてもらえている，尊重されている
協働作業
セラピストは認知行動療法に慣れている

認知行動療法の進み具合に影響を与える主体性について探ることが目的です。次のことをオープンに誠実に探ります――主要な問題を明確にする，合意のもとで目標を設定する，認知行動療法が役に立ちそうだという思いを持っている，親のサポートを得られる，セラピストとの相性。

介入の仕方

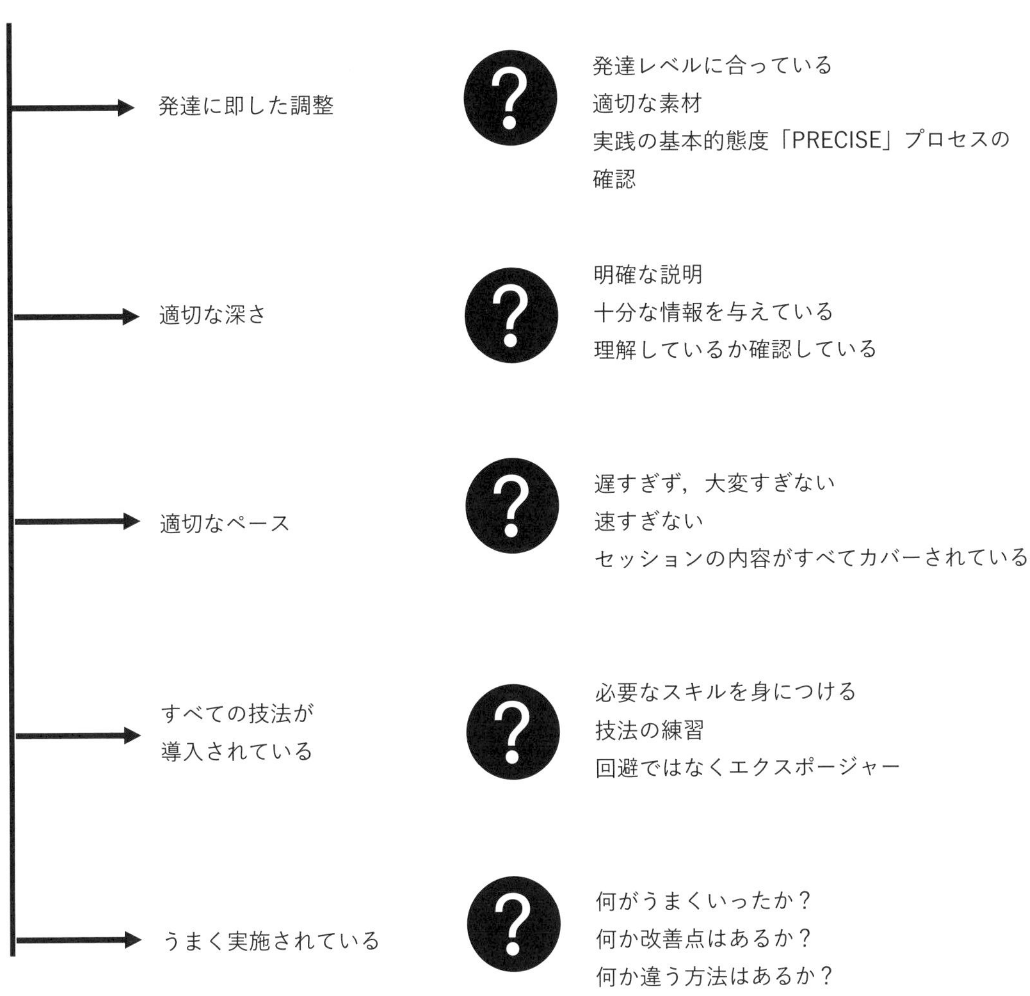

発達に即した調整
?
発達レベルに合っている
適切な素材
実践の基本的態度「PRECISE」プロセスの確認
適切な深さ
?
明確な説明
十分な情報を与えている
理解しているか確認している
適切なペース
?
遅すぎず，大変すぎない
速すぎない
セッションの内容がすべてカバーされている
すべての技法が導入されている
?
必要なスキルを身につける
技法の練習
回避ではなくエクスポージャー
うまく実施されている
?
何がうまくいったか？
何か改善点はあるか？
何か違う方法はあるか？

介入の際に，好奇心を持って，オープンで，自分をふりかえるアプローチができているかを見ることが目的です。次のことを考慮すべきでしょう——介入の調整，与える情報の量や深さ，介入のペース，セッションの内容，技法などの内容の実施方法。

ふりかえりシート

子どものイニシャル：	年齢：	性別：
主な問題：		

毎セッションの変化：
子どもが記入したセッション満足度シート：

セッションの焦点：

うまくいったこと：

改善点：

次のための解決策：

不安とうまく付き合う

心配したり，不安になったり，緊張したり，ストレスに感じたりすることはありますか。どういう時にそのような気持ちになるのでしょうか。例えば……

- ▶ 初めてのことや難しいことをする時。
  例）初めて参加する習い事，スポーツチームで上のチームに上がった時。
- ▶ 断ったり，お願いしたり，人に言いにくいことを言う時。
  例）「ノートは貸せない」と断ったり，「手伝ってくれる？」とお願いしたりする時。
- ▶ 何か重要なことのために準備する時や，その本番の時。
  例）試験やオーディションを受ける時や，みんなの前で発表をする時。

こういう時は，誰でも心配になったり，不安になったりしますが，時には不安がずっと続いたり強すぎたりして苦しくなり，どうして不安になっているかわからずモヤモヤしたりして，本当に嫌な気持ちになってしまうことがあります。でも，**不安とうまく付き合う方法**があります。

不安ってそもそも何？

不安を感じた時，あなたの身体はどうなりますか？　今まであまり気にしたことがなくて，わからないかもしれませんが，様々な変化があります。これを「**戦うか逃げるか反応**」と呼びます。動物が敵に襲われそうになった時，戦うか，それとも逃げるか……いずれにしろ，その瞬間，身

Khoon Lay Gan/123RF

体に様々な変化があるのは想像できると思います。よくある身体の変化を前ページの絵の周りに書きました。あなたに当てはまるものはありますか？　どの身体の変化が強く出ますか？　自分の身体の変化を知って，不安になっていることに気づくことが大切です。

避け続けるわな

不安になるとあまり良い気がしないものです。ですから不安を感じると，それを避けるかもしれません。

- もしあなたが人と話すのが不安なら，人と関わる状況を避けるかもしれません。
- もしあなたがいつもと違う状況に不安を感じるなら，新しい場所に行くのを避けるかもしれません。
- もしあなたが犬に不安を感じるなら，犬がいる場所を避けるかもしれません。

不安にさせる状況を避けるとほっとします。でも，それは一時的で，同じ状況でまた不安になったり，長続きしないですよね。今は，避け続けるサイクルにはまっていて，不安とうまく付き合うよりも，避けてなんとかしています。**自分がやりたいことが再びできる**ようになるために，避け続けるサイクルから抜け出せるといいですし，実際，抜け出すことができます。

リラクセーションを身につけよう

リラックス，できますか？　リラックスした気分を自分で作れるようになると不安とうまく付き合えます。それでは，これからリラックスするための色々な方法を紹介するのですが，その前に確認したいことがあります。

- 不安とうまく付き合う方法は，**魔法のような方法が１つあるわけではありません。**
- 色々な方法があるので，**その時に合った方法**を使ってください。
- どの方法が合うかは**人によって違います。**

運動

今日は一日モヤモヤした気分が続いていると感じたら，リラックスするためには運動がおすすめです。筋トレ，ストレッチ，散歩，サイクリング，ジョギング，スイミングなどは，不安な気持ちが吹き飛んでスッキリします。

気分転換をする

不安な気持ちになるとき，何か心配事はありませんか？　この心配事が頭から離れなかったり，ずっと考えてしまったりして，不安になっている時は，何かするとリラックスできます。ゲーム，読書，テレビやDVDを見る，楽器を演奏する，音楽を聞く，ゆっくり呼吸をする，絵を描く，爪のお手入れをするなどして気分転換しましょう。

▶ 寝転がって心配しているより，聴きたい音楽を見つけて聞こう。

▶ 友達からメッセージが来ないと気にし続けているなら，雑誌を読もう。

気分転換は，何度か試みているうちにできるようになります。最初はうまく切り替えられなくても，続けてみましょう。

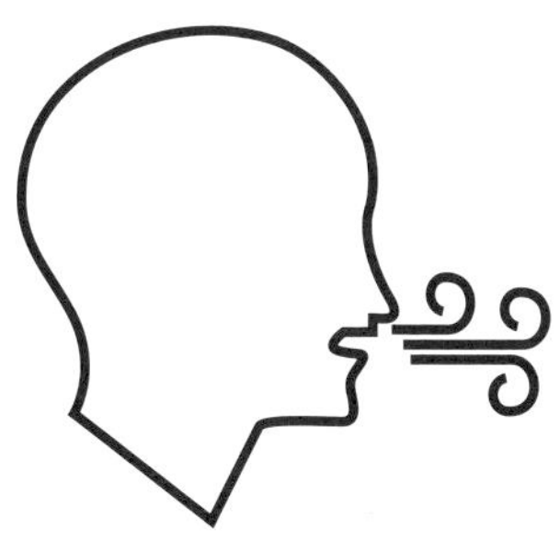

呼吸法

ある時に，不安な気持ちに気づいて，今その場ですぐにリラックスしたいこともあるでしょう。どこでも簡単に，しかも人に気づかれずにこっそりできるのが呼吸法です。

鼻から4カウントで息を吸います。5カウントで軽く息を止めて，6カウントで口からゆっくり息を吐きます。息を吐く時，自分に「リラ～ックス」と伝えましょう。数回するだけで，落ち着きます。

ぎゅっとしてゆるっとする

スポーツ選手，有名人，歌手，俳優は，自分の不安とうまく付き合い，大舞台に備えます。身体の一部分に力を入れて，筋肉を数秒間縮めて，その後，その部分の力を一気に抜いて，緊張感や強張りを緩めて，リラックスする方法です。

腕と手，脚と足，お腹，肩，首，そして顔に，力を入れては抜くことを順番にします。この方法は，何かする前の不安に効果的です。本番前にリラックスして，準備できます。これも何度か練習するとコツがつかめます。

不安にさせる考えに気づく

自分がどのような考え方をしやすいか気づいていますか？　普段，あまり意識したことがないかもしれませんが，マイナスで，自己否定的で，心配させる考え方があります。以下に，不安な気持ちにさせる考え方を挙げたので，自分にも当てはまるか見てみてください。

- 何か悪いことが起きるのではないかと先のことを考える。
- 自分のすることに対して，失敗しているのではないか，できないのではないかと批判的に考える。
- 何か危ないここと，怖いことがあるのではないかと，つい危険信号を考える。
- どうせ対処できるわけがない，自分では太刀打ちできないと考える。
- 勇気を出して立ち向かったほうがいい場面で難しく感じ，避けたり，諦めたり，実行しないいる。

考えのわなにはまっていませんか？

ここには，5種類の考えのわなを挙げました。自分に当てはまる考えのわなはありますか？

- **マイナスフィルターをかける：**マイナスのことばかり見てしまい，プラスのことに気づかなかったり，見過ごしたりする考え。
- **ダメなところを大げさにする：**小さなマイナスのことを実際よりも大ごとに捉えたり，重要視したりする考え。
- **悪いほうへ予測する：**悪いほうに行くと予想する考え。
- **自分を責める：**自分がすることには厳しく，批判的で，失敗や間違いを自分のせいだと思う考え。
- **失敗する自分を作り出す：**高い基準や期待を設定して達成できないと思う考え。

考えを見直す

マイナスの考えのわなにはまっていないか自分の考えを見直してください。見直すことで，気づいていなかったり，見過ごしていたりすることを見つけられるかもしれません。もし見つけられたなら，今とは違う別のうまくいく考えができます。

- Catch（見つける）：頭の中でぐるぐる回っている考えを書き出してください。
- Check（調べる）：考えのわなにはまっているのか，どの考えのわなにはまっているのかを調べてください。
- Challenge（見直す）：何か見過ごしていたり，気づいていないことはないか見直してください。

- ▶ Change（変える）：よりバランスの良い，うまくいく考えにしてください。

心配事と距離を置く

今ここで実際に起こっていることに注意が向かわず，自分の考えばかりに意識が向かい，自分の考えにとらわれていませんか？　自分の考えにとらわれている状態から抜け出すためには，マインドフルネスが役立ちます。マインドフルネスは，今ここに自分の意識を向けて，今この瞬間に何が起きているかということに心を開いて，好奇心を持ってじっくりと観察する方法です。今ここに注意を向けることで，不安な気持ちを和らげます。マインドフルに食べる，呼吸をする，歩く，観察するなど色々な方法で練習できます。

恐怖に立ち向かう

不安になることを避けていませんか？　それもひとつの対処法ですが，一時的に不安は和らいでも，そのことに対する不安は軽くなりません。避けてばかりもいられませんから，その場合は，不安に立ち向かって克服します。それができたなら，あなたはまた自分の生活を取り戻せるでしょう。

恐怖に立ち向かう

- ▶ 避けている状況や出来事をリストアップする。
- ▶ 一番不安にさせるものをリストの一番上にして，一番不安にならないものを下にして順番に並べる。
- ▶ 一番不安が小さいものから立ち向かう。誰かのサポートを得る，落ち着かせる方法など，うまく立ち向かえる工夫を考える。
- ▶ 考えた工夫を使って不安に立ち向かい，不安が小さくなって，もう大丈夫と思えるまで立ち向かう。

うまくいったら，次のステップに移り，一番不安が大きくなるものまで進みます。

自分を褒めることを忘れずに

自分のこととなると，つい「よくがんばった」，「うまくいったね」などと褒めることを忘れてしまいます。不安とうまく付き合おうと努力している自分を褒めることを忘れないでください。

うつに乗っ取られない

誰でも時には，落ち込んだり，うんざりしたり，憂うつになったりします。いつもこのような気持ちで，気分を変えられないことはありませんか？　ほかにも例えば，以下のようなことはありませんか？

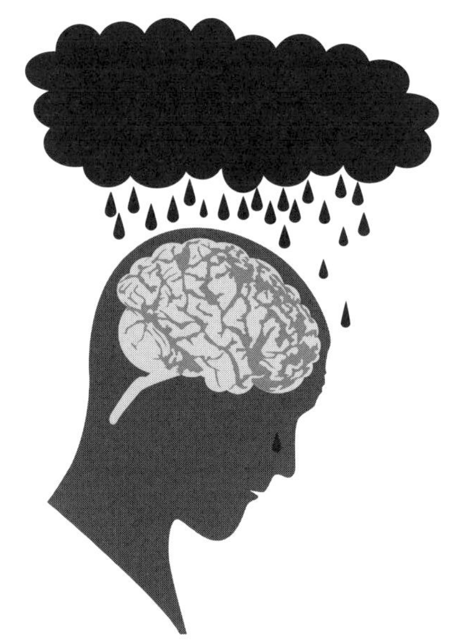

- よく涙が出る。
- 小さなことや特に理由がないのに泣く。
- 朝早く目が覚める。
- 夜，寝つきが悪い。
- 疲れていて，だるい。めんどうくさい。
- 食べすぎる。あるいは食欲がない。
- 集中できない。
- 前は楽しかったことが楽しくない。
- 外に出かけたくない，一人でいたい。

これらは，うつのサインです。当てはまるようだったら，**うつに乗っ取られないように**してみませんか？

始めるのはおっくう

落ち込んでいる時，やる気を出すのは難しいですよね。何もかもできないように見えるかもしれませんし，すごく大変な気がするだろうし，だるくてやろうとすら思わないかもしれません。これもうつ症状のひとつで，最初の一歩を踏み出す一番大変なところです。でも，以下にある2つのことがその一歩を踏み出す助けになるかもしれません。

- 「これからうつを乗り越えようと思う」と誰かに話してみてください。そうしたら，きっとその人は，あなたを助け，サポートし，勇気づけてくれると思います。
- 「気分を変えることはできる」と何度も自分に言い聞かせてください。大変かもしれませんが，気分を良くするためには色々なことができます。

自分の行動と気持ちを観察する

気分が落ちている時には，何もしなくなります。出かけなくなりますし，部屋のベッドの上でゴロゴロすることが多くなるかもしれません。では，最初に一日の行動と気持ちを記録してみましょう。その気持ちの強さを1（とても弱い）から10（とても強い）の数字で表わします。時間帯と気分につながりはありますか？　することと気分につながりはありますか？

例えば，サリナの記録はこのようになりました。

- ▶ 10時　ベッドの中　気分7
- ▶ 11時　ベッドの中　気分8
- ▶ 12時　部屋にいて色々考える　気分10
- ▶ 13時　1階でお母さんとお昼ご飯　気分4
- ▶ 14時　部屋で音楽を聴く　気分4
- ▶ 15時　部屋でただ座っている　気分9

サリナは，記録を見て，部屋で何もしていない時に，特に気分が悪いことに気づきました。

行動を変える

lawren/123RF

自分の気分が悪くなる時間帯や，何をしている時に気分が良くなったり，悪くなったりするか気がつきましたか？　では，活動計画を立てましょう。

例えば，サリナは，1階で誰かといる時や音楽を聴いている時に，気分がましになっていることに気づきました。サリナは，起きたらそのままベッドでゴロゴロするのをやめて，1階で家族と一緒にいることにしました。気分が沈んでいる時は，音楽を聴こうと思いました。

忙しくする

忙しくする

気分が落ちている時は，疲れてだるくて，何もする気になれないと思います。今まで好きだったことをしたり，よく行っていた場所にも行かなくなったりしているかもしれません。

あえて今より少し忙しくすると気分が良くなります。前は楽しんでいたことや，やってみたいと思っていたことを書き出してみましょう。その中に，人と一緒にすることや，できたらうれしいことや，達成感を味わえたり意味があったりすることはありますか？

最初のステップは，決して大きくせず，小さくしましょう。例えば，前はジョギングをしていたかもしれませんが，今するなら，着替えて，ウォーミングアップ程度に少し走るくらいで十分です。最初のステップができたら，もう少しだけステップアップします。

やってみたものの前ほど楽しいと思えないかもしれません。それでも，心配しないでください。楽しいという感覚が戻るにはもう少し時間が必要です。よくやっている，できていると自分に言い聞かせてください。何かしているほうが，嫌な考えを思い出したり，ずっと考えてしまったりすることがなくなります。

うまくいかない考えを見つける

自分がどのようなことを考えているか，あまり意識していないかもしれません。ここでは，自分の考えに意識を向けます。おそらくマイナスの考えだったり，自己批判的だったり，心配事だったりすると思います。以下のような考えが当てはまりますか？

- 嫌なことやできなかったことを思い出して，注目する。
- 自分自身や自分がすること，将来に関して批判的な考えをする。
- 1つの失敗やできなかったこと，嫌なことをほかのことにも当てはめて広げる。例えば，勝てなかっただけなのに，「自分は負け組だ」と思う。
- うまくいかなかったことや失敗を自分のせいだと思う。
- 良いことやうまくできたことなどプラスの出来事を見過ごす。

考えのわなにはまっていないか？

さて，ここで，自分がマイナス思考になっているかもしれないと気づいたかもしれません。これを「考えのわな」と呼びましょう。よくある5種類の「考えのわな」を紹介します。

- **マイナスフィルターをかける：**マイナスのことばかり見てしまい，プラスのことに気づかなかったり，見過ごしたりする考え。
- **ダメなところを大げさにする：**小さなマイナスのことを実際よりも大ごとに捉えたり，重視したりする考え。
- **悪いほうへ予測する：**悪いほうになると予想する考え。
- **自分を責める：**自分がすることには厳しく，批判的で，失敗や間違いを自分のせいだと思う考え。

▶ **失敗する自分を作り出す：**高い基準や期待を設定して達成できないと思う考え。

考えを見直す

自分に当てはまる「考えのわな」はありましたか？ ここでは，その「考えのわな」から抜け出す方法を紹介します。

alexmillos/123RF

▶ 「マイナスフィルターをかける」から抜け出す：まずは一旦その考えに**ストップ**をかけます。考えを止めたら，何かうまくいったことやがんばっていること，できていることなど，プラスのことで見過ごしていることがないか，じっくりと見直します。

▶ 「ダメなところを大げさにする」から抜け出す：とにかく大げさにしないで，実際の大きさで考える。

▶ 「悪いほうへ予測する」から抜け出す：本当は何が起こるのか実験する。

▶ 「自分を責める」から抜け出す：自分をいたわる，優しい言葉をかける。

▶ 「失敗する自分を作り出す」から抜け出す：していないことやできていないことを考えるよりも，自分ができたことや，うまくいったことを褒める。

抜け出すための考え方をするのが難しい場合，友達が「考えのわな」にはまっていたら，あなたはどのような言葉をかけるか考えてください。その言葉を自分にかけるのです。

考えから距離を置く

私たちは気づかないうちに考え事をしています。「間違ったかもしれない」，「嫌われたかもしれない」，「うまくいかないかもしれない」など様々なことを心配します。マインドフルネスは，**今ここ**に意識を向けることで，いろいろな考えにとらわれている自分をスッキリさせる方法です。

食べることに集中するマインドフル・イーティング，呼吸に集中する呼吸法，そのほか，歩いたり，何か物に意識を集中させたりする方法もあります。毎日，何かにマインド（意識）を向ける時間を，数分でいいので持ってください。

自分に優しく

気分が落ち込んでいる時には，自分に厳しく，いじわるになります。自分を責めたり，痛めつけたりします。逆に，うまくいっていることやできていることは思いつきもしません。そのため，気分はますます落ち込みます。そのような時にこ

Alexander Zhenzhirov/123 RF

そ，自分に優しくしましょう。

- 自分に優しい言葉をかけてください。
- 最悪の日には，自分をいたわります。
- 失敗もあります。失敗を許します。
- 少しでもうまくいっていることやできていることがあれば，注目して，自分を褒めます。
- 周りの人にも優しく接します。

問題を解決する方法を身につける

わざわざ問題を整理したり，じっくり考えてから決断したりしないかもしれません。そもそも問題があってもそのままにして，先延ばしにしておくこともあるかもしれません。それで，一時的には免れるけれども，問題がなくなることはありません。問題を忘れることができなくてモヤモヤしますし，もしかしたら先延ばしにすればするほど大きくなってしまうかもしれません。そういう時には，問題解決のための5つのステップをおすすめします。

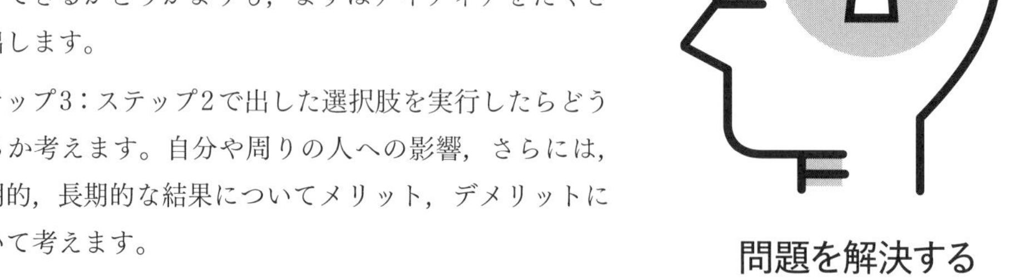

問題を解決する

- ステップ1：具体的にどのようなことが問題になっているのか考えます。
- ステップ2：できるだけ多くの選択肢，解決策を考えます。できるかどうかよりも，まずはアイディアをたくさん出します。
- ステップ3：ステップ2で出した選択肢を実行したらどうなるか考えます。自分や周りの人への影響，さらには，短期的，長期的な結果についてメリット，デメリットについて考えます。
- ステップ4：ステップ3で考えた結果に基づいて，一番良さそうな選択肢から1つ選び，決定します。
- ステップ5：実行してください。そして，結果，どうなったか確かめてください。

今後，同じような問題に直面した時に，同じように解決するか，あるいは他の方法を試してみるかわかると思います。これで，問題を解決する方法がわかったと思いますので，問題を先延ばしせず，早めに解決できるようになるといいですね。

プラス面をお忘れなく

もしかしたら，全くうまくいかない，悪いことしか起こらないと思っているかもしれません。いつものクセで，マイナスの側面ばかりを見て，プラスの側面を見過ごしたり忘れたりしているかもしれません。そう言われると，「プラス面なんてあるわけがない」，「マイナスのことしかない」と頭をよぎったかもしれませんが，そういう時こそ，頭のスイッチを切り替えると気持ちが穏やかになります。毎日，1つでいいので，何か楽しかったこと，自分なりにやろうとしたこと，やったこと，少し気分が良くなってうれしかったことなどを思い出してください。できたら，書き留めてください。誰かと比べて良かったことではなく，自分自身の中でプラスだったことを思い出してください。毎日1つずつが積み重なって，リストが長くなると，最初の頃より楽にプラス面に気づくようになると思います。

心配や習慣をコントロールする

菌や，危険なことや他の悪いことについて頭から離れないこと，よく考えてしまうことはありますか？　例えば――

▶ 人が傷ついたり，事故にあったりするのではないか。

▶ 菌を移して，その人が病気になるのではないか。

▶ 失礼な態度や，不適切な態度を取ってしまうのではないか。

これらの考えは，**強迫観念**といい，あなたをとても心配や不安にさせるものです。その心配や不安を軽くするために，**強迫行動**と言われる安全を確保する行動を取っているのではないでしょうか。例えば――

▶ 手洗いや洋服を頻繁に洗う。

▶ 鍵が閉まっているか，電源が切れているか，窓が閉まっているかを確認する。

▶ 特別な順序や並び順でする（洗う順番，洋服を着る順番など）。

▶ 言葉や文章，数，数のセットを繰り返す。

このような行動を止めるのは難しく，毎日多くの時間を費やしているかもしれません。強迫性障害といったり，短くしてOCDといったりします。OCDをどうすればいいかわかれば，コントロール感を取り戻し，自分の送りたい生活を送れるようになります。

誰にでも心配はある

自分の心配事や変な考えは，ほかの人にはあまり言わないと思います。ほかの人にはわかってもらえない，怒られるかもしれない，おかしいとか変だと思われるかもしれないと思い，自分の中だけにしまっているかもしれません。

実は，そのように思うことはおかしなことではありません。私たちは誰でも，心配することがあります。例えば――

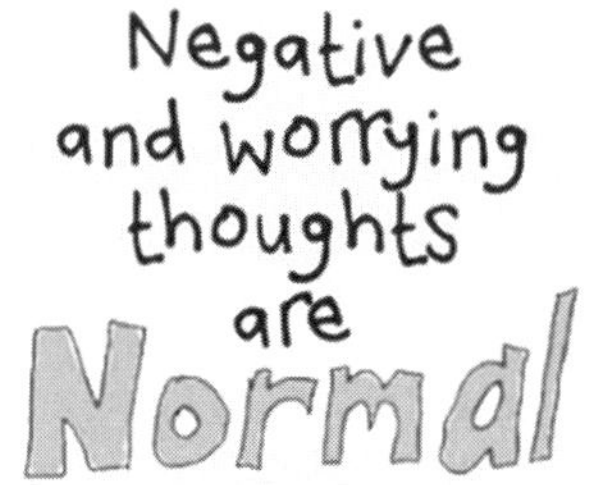

▶ 何かが飛び散る，あるいは触って，菌が移ったのではないかと思う。

▶ 電源を切り忘れて，火事になるのではないかと思う。

▶ 誰かと言い合いになって，その人に悪いことが起きるようにと願う。

考えたから，起きるとは限らない

誰でも心配するけれど，OCDの人は，実際にその心配が起きると思っているのです。例えば——

▶ お母さんが交通事故にあうだろうと思い，本当にそうなると思う。

▶ 深刻な病気で，誰かが自分を触ると移してしまうと思う。

なぜか，宝くじに当たる，成績でオールAを取るということは，考えても実際に起きるとは思わないのに，悪いことは起こると思ってしまうものです。でも，それは本当でしょうか？　思ったことが必ず起きるとは限らないのです。

考えるのを止めようと思うとますますとらわれてしまう

もう考えるのを止めようと思う人もいます。それは一見するといい方法ですが，逆効果の場合もあります。不思議なことに，考えないようにすればするほど，考えが強まります。ですから，考えないようにするより，**考えが浮かぶままにして，その考えと生活してみます。**

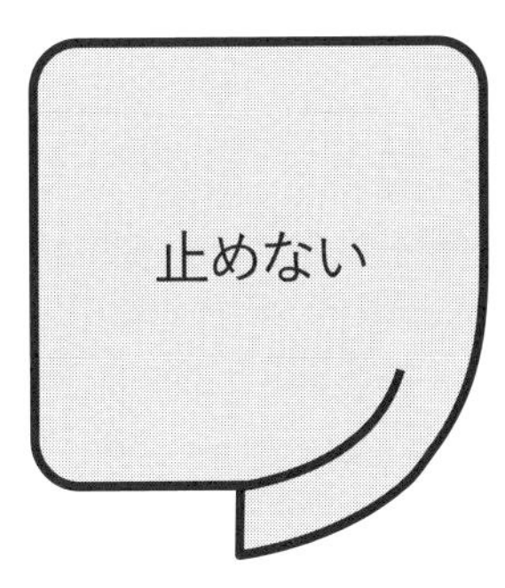

不安とうまく付き合う

安全行動や習慣は不安を軽くします。でも，その習慣を続けるのではなくて，不安を軽くするほかの方法を身につけます。色々な方法があるのでやってみましょう。自分に合う方法が見つかるといいですね。

運動

安心するために，習慣をしてしまう時があると思います。運動は，そこから抜け出すためにとても役に立ち，不安とうまく付き合うためにも助けになります。

リラクセーション

習慣から抜け出せなくなったら，リラックスするための活動に切り替えられるかどうか試してみましょう。あなたがリラックスできる活動はありますか？　読書，テレビを見る，楽器を演奏する，音楽を聴く，お風呂に入る，絵を描くなどです。

ゆっくり呼吸する

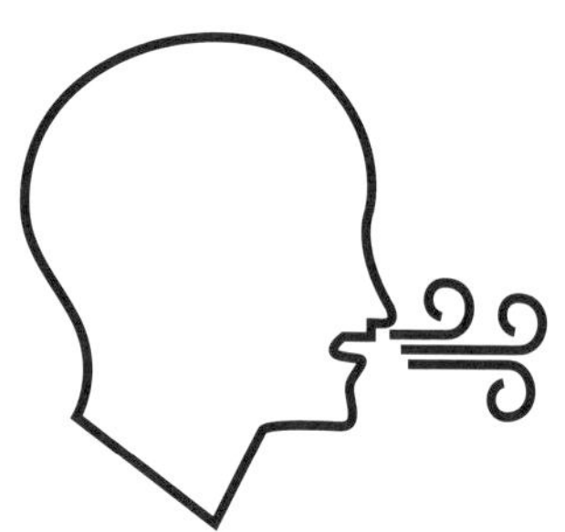

ゆっくり呼吸することで，コントロール感を取り戻します。4カウントで鼻から吸って，5秒くらい止めて，6カウントで口から息を吐き出します。息を吐くときに，「リラックス」と言ってください。何度かするとコントロール感を取り戻し，気持ちが落ち着きます。

ぎゅっとしてゆるっとする

身体の一部分の筋肉に数秒ずつ力を入れたり，ゆるめたりする方法です。腕と手，脚と足，お腹，肩，首，顔の順番にします。

うまくいかない考えに気づく

例えば，このような考えはありますか？

- ▶ 自分自身または他人に危害が及ぶのを防ぐ責任があると信じる。
- ▶ 怖いことを大きく捉え，物事は実際よりもリスクが高いと信じる。
- ▶ 悪いことを考えてしまうのは，実際にしてしまうのと同じくらい最悪だと信じている。
- ▶ 悪いことは考えると本当にそうなると思う。

誰でも妙なことが頭をよぎることはあります。ただOCDの人は，妙な考えが頭をよぎるだけでなく，そこから思いが膨らみ，どうにかしようと反応するのです。

考えを調べる

頭に浮かんだ妙な考えが本当に起こるのか実験してみましょう。もし課題を提出する前に何度も確認をしてしまうなら，確認をやめて提出してみましょう。もし，何か悪いことが起きるのは自分のせいだと思うなら，誰かが病気になるとか交通事故にあうと考えてみます。さて，結果はどうでしたか？

もし，誰かが心臓発作で亡くなってしまうのは，自分のせいだと思っているなら，「責任のパイ」という円グラフを作って，心臓発作で亡くなる色々な要因を考えてください。そして，その理由を円グラフに書き入れてください。さて，本当にあなただけのせいでしょうか？

習慣をポイッと捨てる

心配事があっても安全行動をしなくてはいけないわけではないことを学びましょう。

- 習慣をすべて書き出して，それぞれの習慣ができなければ，どれくらい不安になるのか強さを数字で表わしてください。
- 一番不安が低いものから，一番強いまで順番に並べてください。
- 一番不安が低いものから，習慣をしないでいます。「習慣をしない。しなくても大丈夫」，「まずは5分，しないでみるぞ。できたら，もう5分しないぞ」と自分を励ましながら，安全行動なしで続けます。不安が十分下がるまで安全行動は行いません。
- 最後に，一番不安が低いものをもう一度する時には，励ます言葉も言わないで安全行動なしで，不安が十分下がるまで，その状況に居続けます。

さて，結果はどうでしたか？

不安になるけど，必ず軽くなる

安全行動をしないようにすると，当然あなたの考えが本当になってしまいそうで，一時的に不安感や不快感は増します。でも，そこで諦めないのがポイントです！　安全行動なしで，居続けられると，必ずその不安感と不快感をクリアして，時間とともに必ず軽くなります。そうしたら，ずっと安心して続けられるようになります。

トラウマに対処する

心が大きなショックを受ける体験（トラウマ）はとても恐ろしく，ほとんどの人が，何日間か心がいつもと違う状態になります。もしかしたら，いつもとは違う考え，気持ち，行動に気づくかもしれません。

- ▶ その出来事のことをずっと考えたり，思い出したります。何が起こったのか理解しようと，ずっと「なぜ？」と頭の中で繰り返すかもしれません。
- ▶ 不安になったり，緊張したり，イライラしたりして，また起こるかもしれないと敏感になるかもしれません。睡眠に問題がでたり，ふらついたり，悪夢を見たりすることもあります。
- ▶ その出来事に関係するものや場所を避けて，自分の安全を守ろうとするかもしれません。

これらはすべて**自然な反応**です。人によって，数週間でこのような自然な反応がなくなる人もいますが，なかには，長く続く人もいます。もしあなたの反応が4週間以上続いて，日常生活に影響があるなら，**トラウマを対処する**方法を試してみましょう。

生活を取り戻す

トラウマ体験後，人は今までしていたことをしなくなります。トラウマを体験したときから，生活は凍りつき，時間が停止したようになり，外出が怖くなり，一人で行動する気が起こらなくなります。最初のステップは，何らかの活動をすることです。トラウマ体験前に楽しんでいたことを再開してみましょう。やめてしまっていること，先延ばしにしていること，やってみたいことを書き出してみましょう。そして，その中の1つか2つを生活に取り入れます。それができると，生活がそのまま止まってしまっていた感じが少しずつ動き出します。

自分の気持ちとうまく付き合う

強くて不快な気持ち，特に怒りと不安とうまく付き合うことが難しいと感じる人は多いです。これらの気持ちとうまく付き合って，コントロール感を取り戻して，トラウマにうまく対処できるようになります。

リラクセーション

色々な方法があるので，自分に合う方法を見つけてください。最初のうちは，いまいち良い気持ちがしないかもしれませんが，何度か練習しているうちに気持ちよさを感じると思います。

- ▶ 運動
- ▶ 気持ちが落ち着く活動
- ▶ ぎゅっとしてゆるっとする方法
- ▶ 落ち着く場所をイメージする
- ▶ 呼吸法

睡眠

睡眠に問題はありませんか？　もしかしたら，寝つきが悪くなったり，夢を見てしまったり，朝早く目が覚めてしまっているかもしれません。睡眠の質が落ちると，疲れが取れなかったり，集中しにくくなったり，イライラしやすくなったりします。もし睡眠に問題があるなら，以下の方法があります。

- ▶ 就寝前に心が落ち着く，静かな夜のルーティンを作る。
- ▶ 寝る前に甘いものを食べたり，カフェインが入っている飲み物を飲んだりしない。
- ▶ 1時間前にはブルーライトを発する電子機器は使わない。
- ▶ 寝る前にリラクセーションの時間を作る。
- ▶ 寝る前に静かな音楽を聴いたり，読書をしたりして気持ちを落ち着かせる。
- ▶ 悪い夢を見ることを気にしない。夢はいつか見なくなるので安心してください。

怒り

トラウマの後，イライラしやすくなる場合があります。起きたことに怒りを感じたり，どうして自分だけそのような思いをしないといけなかったのかと思ったりします。怒りが強くなって，爆発しそうになる時もあるかもしれません。

怒りが強くなりすぎて，暴言や暴力にならないように，対処する方法があります。

- ▶ 何回か深く呼吸をして，怒りを吐く息とともに外に出します。そうすることで，落ち着きやコントロール感が戻るかもしれません。
- ▶ 怒りが徐々に強くなることを意識できれば，怒りが爆発する前にその場から離れるなど対処できるかもしれません。
- ▶ 怒りの気持ちを攻撃ではない方法で発散することもできます。例えば，クッションをパンチするとか，新聞紙をビリビリに破るなど。

自分の物語を語る

もしかしたら，自分のトラウマについてある一瞬の出来事やイメージがふと頭の中に思い浮かんだりして，心が動揺することがあるかもしれません。すると，トラウマのことは考えないようにしたり，思い出しそうになる出来事や場面を避けたりします。ですが，それではいつまでたっても，トラウマが心の中で整理されないままです。

トラウマ記憶を整理するには話すことが役に立ち，ぼんやりとしか記憶していない部分や，強い感情に関係している部分が特定できるでしょう。また，その出来事に対してあなたがどう思っているか，どのような感覚を持っているか理解するためにも役立ちます。話すことで，記憶が整理されると，ふと思い出したり，夢を見たり，不快な感情が強くなることが落ち着いてきます。無理に話す必要はありませんが，自分のペースで少しずつ信頼できる人に話すことはおすすめです。

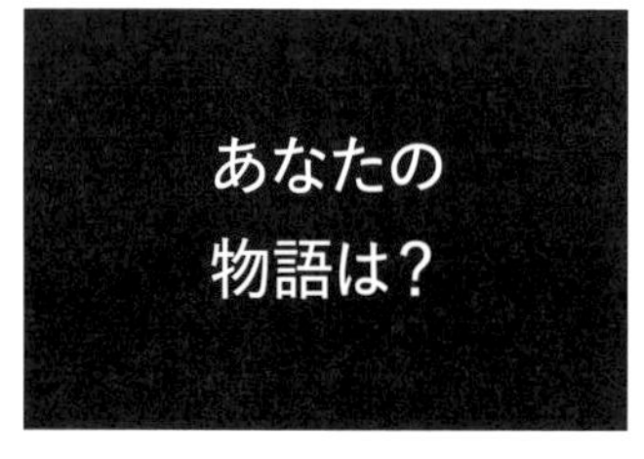

考えを調べる

トラウマを経験すると，その出来事に関する自分自身のこと，不快な症状，トラウマが自分の生活に及ぼす影響について，役に立たない考えを持つことがあります。

- 起きたことについて自分を責める。例えば，「友達と一緒にいたら，それは起こらなかった」と思う。
- 自分の行動について後悔する。例えば，「自分がどうにかすれば，防げたかもしれない」と思う。
- 症状について誤解する。例えば，「自分だけが何か変かもしれない。おかしくなっている」と思う。
- また起きるのではないかと思う。例えば，「そこに戻ると，また同じことが起きるのではないか」と思う。
- 人生を変えてしまったと思う。例えば，「ずっとこのまま乗り越えることはできない。人生がくるってしまった」と思う。

このような考えは見直すことができます。何か見過ごしていたり，実際とは違うことを見つけられたりします。あの時のまま，記憶は凍ったように固まっているところから，少しずつ，今現在起きていることがわかり，動きはじめます。

恐怖に立ち向かう

恐怖に立ち向かう

トラウマを体験すると，それが起こった場所，思い出すきっかけを避けるようになります。なぜなら，避けることによって安全が確保されたと思い，再体験せずにすむと，一時的に安心できるからです。

トラウマ記憶から，前に進み自分の生活を取り戻すためには，きっかけに向き合っていきます。そうすることで，体験自体は，もう終わったことで，過去のことだと気づくからです。恐怖に少しずつ立ち向かうことで，きっかけとトラウマ体験のつながりを切って，**今ここ**ではもう危険なもの，危害を与えるものではないということがわかるでしょう。

参考文献

Attwood, T., and Scarpa, A. (2013) Modifications of cognitive-behavioral therapy for children and adolescents with high-functioning ASD and their common difficulties. In *CBT for Children and Adolescents with High-functioning Autism Spectrum Disorders* (eds. A. Scarpa, S. Williams White, and T. Attwood.), 27-44. New York: Guilford Press.

Barrett, P. (2010) Friends for Life. www.friendsresilience.org.

Barrett P., and Healy, L.J. (2003) An examination of the cognitive processes involved in childhood obsessive-compulsive disorder. *Behaviour Research and Therapy* 41 (3): 285-299.

Barrett P., and Pahl, K.M. (2006) School-based intervention: examining a universal approach to anxiety management. *Journal of Psychologists and Counsellors in Schools* 16 (1): 55-75.

Barrett, P., Dadds, M., and Rapee, R. (1996) Family treatment of childhood anxiety: a controlled trial. *Journal of Consulting and Clinical Psychology* 64 (2): 333-342.

Barrett, P., Healy-Farrell, L., and March, J.S. (2004) Cognitive behavioral family treatment of childhood obsessive-compulsive disorder: a controlled trial. *Journal of the American Academy of Child & Adolescent Psychiatry* 43 (1): 46-62.

Barrett, P., Rapee, R.M., Dadds, M.M., and Ryan S.M. (1996) Family enhancement of cognitive style in anxious and aggressive children. *Journal of Abnormal Child Psychology* 24 (2): 187-203.

Beck, A.T. (1976) *Cognitive Therapy and the Emotional Disorders.* New York: International Universities Press.（大野裕＝訳（1990）認知療法――精神療法の新しい発展［認知療法シリーズ］. 岩崎学術出版社）

Beck, A.T., and Dozois, D.J. (2011) Cognitive therapy: current status and future directions. *Annual Review of Medicine* 62: 397-409.

Beck, J.S., Broder, F., and Hindman, R. (2016) Frontiers in cognitive behaviour therapy for personality disorders. *Behaviour Change* 33 (2): 80-93.

Bennett, K., Manassis, K., Duda, S., et al. (2016) Treating child and adolescent anxiety effectively: overview of systematic reviews. *Clinical Psychology Review* 50: 80-94.

Bennett-Levy, J., Westbrook, D., Fennell, M., et al. (2004) Behavioural experiments: historical and conceptual underpinnings. In: *Oxford Guide to Behavioural Experiments in Cognitive Therapy* (eds. J. Bennett-Levy, G. Butler, M. Fennell, et al.), 1-20. New York: Oxford University Press.

Bickman, L., Kelley, S.D., Breda, C., et al. (2011) Effects of routine feedback to clinicians on mental health outcomes of youths: results of a randomized trial. *Psychiatric Services* 62 (12): 1423-1429.

Birmaher, B., Brent, D., and AACAP Work Group on Quality Issues. (2007) Practice parameter for the assessment and treatment of children and adolescents with depressive disorders. *Journal of the American Academy of Child & Adolescent Psychiatry* 46 (11): 1503-1526.

Bishop, S.R., Lau, M., Shapiro, S., et al. (2004) Mindfulness: a proposed operational definition. *Clinical psychology: Science and practice* 11 (3): 230-241.

Bjaastad, J.F., Haugland, B.S., Fjermestad, K.W., et al. (2016) Competence and Adherence Scale for Cognitive Behavioral Therapy (CAS-CBT) for anxiety disorders in youth: psychometric properties. *Psychological Assessment* 28 (8): 908-916.

Blackburn, I.M., James, I.A., Milne, D.L., et al. (2001) The revised cognitive therapy scale (CTS-R): psychometric properties. *Behavioural and Cognitive Psychotherapy* 29 (4): 431-446.

Bögels, S.M., and Zigterman, D. (2000) Dysfunctional cognitions in children with social phobia, separation anxiety disorder, and generalized anxiety disorder. *Journal of Abnormal Child Psychology* 28 (2): 205-211.

Bolton, D. (2004) Cognitive behaviour therapy for children and adolescents: some theoretical and developmental issues. In: *Cognitive Behaviour Therapy for Children and Families* (ed. P.J. Graham), 9-24. Cambridge: Cambridge University Press.

Borquist-Conlon, D.S., Maynard, B.R., Brendel, K.E., and Farina, A.S. (2019) Mindfulness-based interventions for youth with anxiety: a systematic review and meta-analysis. *Research on Social Work Practice* 29 (2): 195-205.

Bradley, J., Murphy, S., Fugard, A.J., et al. (2013) What kind of goals do children and young people set for themselves in therapy?: Developing a goals framework using CORC data. *Child and Family Clinical Psychology Review* 1 (1): 8-18.

Breinholst, S., Esbjørn, B.H., Reinholdt-Dunne, M.L., and Stallard, P. (2012) CBT for the treatment of child anxiety disorders: a review of why parental involvement has not enhanced outcomes. *Journal of Anxiety Disorders* 26 (3): 416-424.

Bromley, C., and Westwood, S. (2013) Young people's participation: views from young people on using goals. *Clinical and Family Psychology Review* 1: 41-60.

Burns, D.D. (1981) *Feeling Good.* New York: Signet Books.（野村総一郎・夏苅郁子・山岡功一・小池梨花・佐藤美奈子・林建郎＝訳（2004）いやな気分よ，さようなら――自分で学ぶ「抑うつ」克服法［増補改訂 第2版］. 星和書店）

Butler, G. (1998) Clinical formulation. In: *Comprehensive Clinical Psychology* (eds. A.S. Bellack and M. Hersen), 1-23. New York: Pergamon Press.

Calear, A.L., and Christensen, H. (2010) Review of internet-based prevention and treatment programs for anxiety and depression in children and adolescents. *Medical Journal of Australia* 192 (S11): S12-S14.

Carlier, I.V., Meuldijk, D., Van Vliet, I.M., et al. (2012) Routine outcome monitoring and feedback on physical or mental health status: evidence and theory. *Journal of Evaluation in Clinical Practice* 18 (1): 104-110.

Carnes, A., Matthewson, M., and Boer, O. (2019) The contribution of parents in childhood anxiety treatment: A meta-analytic review. *Clinical Psychologist* 23 (3): 183-195.

Cartwright-Hatton, S., Laskey, B., Rust, S., and McNally, D. (2010) *From Timid to Tiger.* Chichester, UK: Wiley-Blackwell.

Cartwright-Hatton, S., McNally, D., Field, A.P., et al. (2011) A new parenting-based group intervention for young anxious children: results of a randomized controlled trial. *Journal of the American Academy of Child & Adolescent Psychiatry* 50 (3): 242-251.

Chalder, T., and Hussain, K. (2002) *Self-Help for Chronic Fatigue Syndrome: A Guide for Young People.* Oxford: Blue Stallion Publications.

Charlesworth, G.M., and Reichelt, F.K. (2004) Keeping conceptualisation simple: examples with family carers of people with dementia. *Behavioural and Cognitive Psychotherapy* 32 (4): 401-409.

Cheang, R., Gillions, A., and Sparkes, E. (2019) Do mindfulness-based interventions increase empathy and compassion in children and adolescents: a systematic review. *Journal of Child and Family Studies* 28: 1765-1779.

Chiu, A.W., McLeod, B.D., Har, K., and Wood, J.J. (2009) Child-therapist alliance and clinical outcomes in cognitive behavioral therapy for child anxiety disorders. *Journal of Child Psychology and Psychiatry* 50 (6): 751-758.

Chorpita, B.F. (2007) *Modular Cognitive-Behavioral Therapy for Childhood Anxiety Disorders.* New York: Guilford Press.

Chorpita, B.F., Moffitt, C.E., and Gray, J. (2005) Psychometric properties of the Revised Child Anxiety and Depression Scale in a clinical sample. *Behaviour Research and Therapy* 43 (3): 309-322.

Chu, B.C., and Kendall, P.C. (2004) Positive association of child involvement and treatment outcome within a manual-based cognitive-behavioral treatment for children with anxiety. *Journal of Consulting and Clinical Psychology* 72 (5): 821-829.

Chu, B.C., and Kendall, P.C. (2009) Therapist responsiveness to child engagement: flexibility within manual-based CBT for anxious youth. *Journal of Clinical Psychology* 65 (7): 736-754.

Chu, B.C., Skriner, L.C., and Zandberg, L.J. (2014) Trajectory and predictors of alliance in cognitive behavioral therapy for youth anxiety. *Journal of Clinical Child & Adolescent Psychology* 43 (5): 721-734.

Clark, D.M., Canvin, L., Green, J., et al. (2018) Transparency about the outcomes of mental health services (IAPT approach): an analysis of public data. *The Lancet* 391 (10121): 679-686.

Clarke, A.M., Kuosmanen, T., and Barry, M.M. (2015) A systematic review of online youth mental health promotion and prevention interventions. *Journal of Youth and Adolescence* 44 (1): 90-113.

Clarke, G., Lewinsohn, P., and Hops, H. (1990) Adolescent Coping with Depression Course. Available from https://research.kpchr.org/Research/Research-Areas/Mental-Health/Youth-Depression-Programs.

Cohen, J.A., Issues, T.W., and AACAP Work Group on Quality Issues. (2010) Practice parameter for the assessment and treatment of children and adolescents with posttraumatic stress disorder. *Journal of the American Academy of Child & Adolescent Psychiatry* 49 (4): 414-430.

Cohen, J.A., Deblinger, E., Mannarino, A.P., and Steer, R.A. (2004) A multisite, randomized controlled trial for children with sexual abuse-related PTSD symptoms. *Journal of the American Academy of Child & Adolescent Psychiatry* 43 (4): 393-402.

Cohen, J.A., Mannarino, A.P., and Deblinger, E. (2006) *Treating Trauma and Traumatic Grief in Children and Adolescents.* New York: Guilford Press.（白川美也子・菱川愛・冨永良喜＝監訳（2014）子どものトラウマと悲嘆の治療――トラウマ・フォーカスト認知行動療法マニュアル. 金剛出版）

Compton, S.N., March, J.S., Brent, D., et al. (2004) Cognitive-behavioral psychotherapy for anxiety and depressive disorders in children and adolescents: an evidence-based medicine review. *Journal of the American Academy of Child &*

Adolescent Psychiatry 43 (8): 930-959.

Creed, T.A., and Kendall, P.C. (2005) Therapist alliance-building behavior within a cognitive-behavioral treatment for anxiety in youth. *Journal of Consulting and Clinical Psychology* 73 (3): 498-505.

Creed, T.A., Reisweber, J., Beck, A.T., et al. (2011) *Cognitive Therapy for Adolescents in School Settings*. New York: Guilford Press.

Creswell, C. and Willetts, L. (2018) *Helping Your Child with Fears and Worries*. Oxford: Blackwell.

Creswell, C., Violato, M., Fairbanks, H., et al. (2017) Clinical outcomes and cost-effectiveness of brief guided parent-delivered cognitive behavioural therapy and solution-focused brief therapy for treatment of childhood anxiety disorders: a randomised controlled trial. *The Lancet Psychiatry* 4 (7): 529-539.

Curry, J.F., and Craighead, W.E. (1990) Attributional style in clinically depressed and conduct disordered adolescents. *Journal of Clinical and Consulting Psychology* 58 (1): 109-116.

Dalgleish, T., Goodall, B., Chadwick, I., et al. (2015) Trauma-focused cognitive behaviour therapy versus treatment as usual for post-traumatic stress disorder (PTSD) in young children aged 3 to 8 years: study protocol for a randomised controlled trial. *Trials* 16 (1): 116.

Dardas, L.A., van de Water, B., and Simmons, L.A. (2018) Parental involvement in adolescent depression interventions: a systematic review of randomized clinical trials. *International Journal of Mental Health Nursing* 27 (2): 555-570.

Davis III, T.E., Ollendick, T.H., and Öst, L.G. (2019) One-session treatment of specific phobias in children: recent developments and a systematic review. *Annual Review of Clinical Psychology* 15: 233-256.

Donoghue, K., Stallard, P., and Kucia, J. (2011) The clinical practice of cognitive behavioural therapy for children and young people with a diagnosis of Asperger's syndrome. *Clinical Child Psychology and Psychiatry* 16 (1): 89-102.

Dray, J., Bowman, J., Campbell, E., et al. (2017) Systematic review of universal resilience-focused interventions targeting child and adolescent mental health in the school setting. *Journal of the American Academy of Child & Adolescent Psychiatry* 56 (10): 813-824.

Dreyfus, H.L. (1986) The Dreyfus model of skill acquisition. In *Competency Based Education and Training* (ed. J. Burke) London: Falmer Press.

Duncan, B.L., Miller, S.D., Sparks, J.A., et al. (2003) The Session Rating Scale: preliminary psychometric properties of a 'working' alliance measure. *Journal of Brief Therapy* 3 (1): 3-12.

Dunning, D.L., Griffiths, K., Kuyken, W., et al. (2019) Research review: the effects of mindfulness-based interventions on cognition and mental health in children and adolescents: a meta-analysis of randomized controlled trials. *Journal of Child Psychology and Psychiatry* 60 (3): 244-258.

Durlak, J.A., Fuhrman, T., and Lampman, C. (1991) Effectiveness of cognitive-behavior therapy for maladapting children: a meta-analysis. *Psychological Bulletin* 110 (2): 204-214.

Edbrooke-Childs, J., Jacob, J., Law, D., et al. (2015) Interpreting standardized and idiographic outcome measures in CAMHS: what does change mean and how does it relate to functioning and experience? *Child and Adolescent Mental Health* 20 (3): 142-148.

Ellis, A. (1977) The basic clinical theory of rational-emotive therapy. In *Handbook of Rational-Emotive Therapy* (eds. A. Ellis & R. Grieger), 3-34. New York: Springer.

Elvins, R., and Green, J. (2008) The conceptualization and measurement of therapeutic alliance: an empirical review. *Clinical Psychology Review* 28 (7): 1167-1187.

Ewing, D.L., Monsen, J.J., Thompson, E.J., et al. (2015) A meta-analysis of transdiagnostic cognitive behavioural therapy in the treatment of child and young person anxiety disorders. *Behavioural and Cognitive Psychotherapy* 43 (5): 562-577.

Fairburn, C.G., and Cooper, Z. (2011) Therapist competence, therapist quality, and therapist training. *Behaviour Research and Therapy* 49 (6-7): 373-378.

Fjermestad, K.W., Lerner, M.D., McLeod, B.D., et al. (2016) Therapist-youth agreement on alliance change predicts long-term outcome in CBT for anxiety disorders. *Journal of Child Psychology and Psychiatry* 57 (5): 625-632.

Fjermestad, K.W., Mowatt Haugland, B.S., Heiervang, E., and Öst, L.G. (2009) Relationship factors and outcome in child anxiety treatment studies. *Clinical Child Psychology and Psychiatry* 14 (2): 195-214.

Flavell, J.H., Flavell, E.R., and Green, F.L. (2001) Development of children's understanding of connections between thinking and feeling. *Psychological Science* 12 (5): 430-432.

Forti-Buratti, M.A., Saikia, R., Wilkinson, E.L., and Ramchandani, P.G. (2016) Psychological treatments for depression in pre-adolescent children (12 years and younger): systematic review and meta-analysis of randomised controlled trials. *European Child & Adolescent Psychiatry* 25 (10): 1045-1054.

Franklin, M.E., Kratz, H.E., Freeman, J.B., et al. (2015) Cognitive-behavioral therapy for pediatric obsessive-compulsive disorder: empirical review and clinical recommendations. *Psychiatry Research* 227 (1): 78-92.

Freeman, J., Benito, K., Herren, J., et al. (2018) Evidence base update of psychosocial treatments for pediatric obsessive-compulsive disorder: evaluating, improving, and transporting what works. *Journal of Clinical Child and Adolescent*

Psychology 47 (5): 669-698.

Freeman, J.B., Garcia, A.M., Coyne, L., et al. (2008) Early childhood OCD: preliminary findings from a family-based cognitive-behavioral approach. *Journal of the American Academy of Child & Adolescent Psychiatry* 47 (5): 593-602.

Freeman, J., Sapyta, J., Garcia, A., et al. (2014) Family-based treatment of early childhood obsessive-compulsive disorder: the Pediatric Obsessive-Compulsive Disorder Treatment Study for Young Children (POTS Jr): a randomized clinical trial. *JAMA Psychiatry* 71 (6): 689-698.

Friedberg, R.D., and McClure, J.M. (2002) *Clinical Practice of Cognitive Therapy with Children and Adolescents: The Nuts and Bolts*. New York: Guilford Press.

Friedberg, R.D., and McClure, J.M. (2015) *Clinical Practice of Cognitive Therapy with Children and Adolescents: The Nuts and Bolts*, 2nd edn. New York: Guilford Press.

Fuggle, P., Dunsmuir, S., and Curry, V. (2012) *CBT with Children, Young People and Families*. London: Sage.

Garcia, J.A., and Weisz, J.R. (2002) When youth mental health care stops: therapeutic relationship problems and other reasons for ending youth outpatient treatment. *Journal of Consulting and Clinical Psychology* 70 (2): 439-443.

Geller, D.A., March, J., and AACAP Committee on Quality Issues (CQI). (2012) Practice parameter for the assessment and treatment of children and adolescents with obsessive-compulsive disorder. *Focus* 10 (3): 360-373.

Gilbert, P. (2013) *The Compassionate Mind*. London: Constable Robinson.

Goodman, R. (1997) The Strengths and Difficulties Questionnaire: a research note. *Journal of Child Psychology and Psychiatry* 38 (5): 581-586.

Goodyer, I., Dubicka, B., Wilkinson, P., et al. (2007) Selective serotonin reuptake inhibitors (SSRIs) and routine specialist care with and without cognitive behaviour therapy in adolescents with major depression: randomised controlled trial. *BMJ* 335 (7611): 142.

Graham, P. (2005) Jack Tizard lecture: cognitive behaviour therapies for children: passing fashion or here to stay? *Child and Adolescent Mental Health* 10 (2): 57-62.

Greenberger, D., and Padesky, C.A. (1995) *Mind over Mood: A Cognitive Therapy Treatment Manual for Clients*. New York: Guilford Press.（大野裕＝監訳，岩坂彰＝訳（2017）うつと不安の認知療法練習帳［増補改訂版］. 創元社）

Grist, R., Porter, J., and Stallard, P. (2017) Mental health mobile apps for preadolescents and adolescents: a systematic review. *Journal of Medical Internet Research* 19 (5): e176.

Grist, R., Croker, A., Denne, M., and Stallard P. (2019) Technology delivered interventions for depression and anxiety in children and adolescents: a systematic review and meta-analysis. *Clinical Child and Family Psychology Review* 22 (2): 147-171.

Gutermann, J., Schreiber, F., Matulis, S., et al. (2015) Therapeutic adherence and competence scales for developmentally adapted cognitive processing therapy for adolescents with PTSD. *European Journal of Psychotraumatology* 6(1): 26632.

Gutermann, J., Schreiber, F., Matulis, S., et al. (2016) Psychological treatments for symptoms of posttraumatic stress disorder in children, adolescents, and young adults: a meta-analysis. *Clinical Child and Family Psychology Review* 19 (2): 77-93.

Hall, C.L., Moldavsky, M., Baldwin, L., et al. (2013) The use of routine outcome measures in two child and adolescent mental health services: a completed audit cycle. *BMC Psychiatry* 13 (1): 270.

Hancock, K.M., Swain, J., Hainsworth, C.J., et al. (2018) Acceptance and commitment therapy versus cognitive behavior therapy for children with anxiety: outcomes of a randomized controlled trial. *Journal of Clinical Child & Adolescent Psychology* 47 (2): 296-311.

Harrington, R., Whittaker, J., Shoebridge, P., and Campbell, F. (1998) Systematic review of efficacy of cognitive behaviour therapies in childhood and adolescent depressive disorder. *BMJ* 316 (7144): 1559-1563.

Hetrick, S.E., Cox, G.R., and Merry, S.N. (2015) Where to go from here?: an exploratory meta-analysis of the most promising approaches to depression prevention programs for children and adolescents. *International Journal of Environmental Research and Public Health* 12 (5): 4758-4795.

Higa-McMillan, C.K., Francis, S.E., Rith-Najarian, L., and Chorpita, B.F. (2016) Evidence base update: 50 years of research on treatment for child and adolescent anxiety. *Journal of Clinical Child & Adolescent Psychology* 45 (2): 91-113.

Hirshfeld-Becker, D.R., Masek, B., Henin, A., et al. (2008) Cognitive-behavioral intervention with young anxious children. *Harvard Review of Psychiatry* 16 (2): 113-125.

Hirshfeld-Becker, D.R., Masek, B., Henin, A., et al. (2010) Cognitive behavioral therapy for 4-to 7- year-old children with anxiety disorders: a randomized clinical trial. *Journal of Consulting and Clinical Psychology* 78 (4): 498-510.

Hollis, C., Falconer, C.J., Martin, J.L., et al. (2017) Annual research review: digital health interventions for children and young people with mental health problems: a systematic and meta-review. *Journal of Child Psychology and Psychiatry* 58 (4): 474-503.

Hudson, J.L., Rapee, R.M., Lyneham, H.J., et al. (2015) Comparing outcomes for children with different anxiety disorders following cognitive behavioural therapy. *Behaviour Research and Therapy* 72: 30-37.

James, A.C., James, G., Cowdrey, F.A., et al. (2015) Cognitive behavioural therapy for anxiety disorders in children and adolescents. *Cochrane Database of Systematic Reviews.* doi: 10.1002/14651858.CD004690.pub3.

Jaycox, L.H., Reivich, K.J., Gillham, J., and Seligman, M.E. (1994) Prevention of depressive symptoms in school children. *Behaviour Research and Therapy* 32 (8): 801-816.

Johnson, K.R., Fuchs, E., Horvath, K.J., and Scal, P. (2015) Distressed and looking for help: internet intervention support for arthritis self-management. *Journal of Adolescent Health* 56 (6): 666-671.

Kabat-Zinn, J. (2005) *Full Catastrophe Living: Using the Wisdom of Your Body and Mind to Face Stress, Pain, and Illness,* 15th (anniversary) edn. New York: Delta Trade Paperback/Bantam Dell.

Karver, M.S., De Nadai, A.S., Monahan, M., and Shirk, S.R. (2018) Meta-analysis of the prospective relation between alliance and outcome in child and adolescent psychotherapy. *Psychotherapy* 55 (4): 341-355.

Karver, M.S., Handelsman, J.B., Fields, S., and Bickman, L. (2006) Meta-analysis of therapeutic relationship variables in youth and family therapy: the evidence for different relationship variables in the child and adolescent treatment outcome literature. *Clinical Psychology Review* 26 (1): 50-65.

Kaslow, N.J., Rehm, I.P., Pollack, S.L., and Siegel, A.W. (1988) Attributional style and self-control behaviour in depressed and non-depressed children and their parents. *Journal of Abnormal Child Psychology* 16 (2): 163-175.

Kazantzis, N. (2003) Therapist competence in cognitive-behavioural therapies: review of the contemporary empirical evidence. *Behaviour Change* 20 (1): 1-12.

Keen, A.J.A., and Freeston, M.H. (2008) Assessing competence in cognitive behaviour therapy. *British Journal of Psychiatry* 193 (1): 60-64.

Kendall, P.C. (1990) Coping Cat Manual. Ardmore, PA: Workbook Publishing.

Kendall, P.C. (1994) Treating anxiety disorders in children: results of a randomized clinical trial. *Journal of Consulting and Clinical Psychology* 62 (1): 100-110.

Kendall, P.C., and Ollendick, T.H. (2004) Setting the research and practice agenda for anxiety in children and adolescence: a topic comes of age. *Cognitive and Behavioral Practice* 11 (1): 65-74.

Kendall, P.C., Stark, K.D., and Adam, T. (1990) Cognitive deficit or cognitive distortion in childhood depression. *Journal of Abnormal Child Psychology* 18 (3): 255-270.

Kendall, P.C., Flannery-Schroeder, E., Panichelli-Mindel, S.M., et al. (1997) Therapy for youths with anxiety disorders: a second randomized clinical trial. *Journal of Consulting and Clinical Psychology* 65 (3): 366-380.

Kennard, B.D., Clarke, G.N., Weersing, V.R., et al. (2009) Effective components of TORDIA cognitive-behavioral therapy for adolescent depression: preliminary findings. *Journal of Consulting and Clinical Psychology* 77 (6): 1033-1041.

Kennedy, S.J., Rapee, R.M., and Edwards, S.L. (2009) A selective intervention program for inhibited preschool-aged children of parents with an anxiety disorder: effects on current anxiety disorders and temperament. *Journal of the American Academy of Child & Adolescent Psychiatry* 48 (6): 602-609.

Khanna, M.S., and Kendall, P.C. (2010) Computer-assisted cognitive behavioral therapy for child anxiety: results of a randomized clinical trial. *Journal of Consulting and Clinical Psychology* 78 (5): 737-745.

King, N.J., Heyne, D., and Ollendick, T.H. (2005) Cognitive-behavioral treatments for anxiety and phobic disorders in children and adolescents: a review. *Behavioral Disorders* 30 (3): 241-257.

Klingbeil, D.A., Renshaw, T.L., Willenbrink, J.B., et al. (2017) Mindfulness-based interventions with youth: a comprehensive meta-analysis of group-design studies. *Journal of School Psychology* 63: 77-103.

Knaup, C., Koesters, M., Schoefer, D., et al. (2009) Effect of feedback of treatment outcome in specialist mental healthcare: meta-analysis. *The British Journal of Psychiatry* 195 (1): 15-22.

Kroenke, K., Spitzer, R.L., and Williams, J.B. (2001) The PHQ-9: validity of a brief depression severity measure. *Journal of General Internal Medicine* 16 (9): 606-613.

Kuyken, W., and Beck, A.T. (2007) Cognitive therapy. In: *Handbook of Evidence-Based Psychotherapy: A Guide for Research and Practice* (eds. V. Freeman & M.J. Power), 15-40. Chichester, UK: Wiley.

Kuyken, W., Padesky, C.A, and Dudley. R. (2008) The science and practice of case conceptualization. *Behavioural and Cognitive Psychotherapy* 36 (6): 757-768.

Lambert, M.J., and Archer, A. (2006) Research findings on the effects of psychotherapy and their implications for practice. In *Evidence-Based Psychotherapy: Where Practice and Research Meet* (eds. C.D. Goodheart, A.E. Kazdin, and R.J. Sternberg), 111-130. Washington, DC: American Psychological Association.

Lambert, M.J., and Shimokawa, K. (2011) Collecting client feedback. *Psychotherapy* 48 (1): 72-79.

Lansford, J.E., Malone, P.S., Dodge, K.A., et al. (2006) A 12-year prospective study of patterns of social information processing problems and externalizing behaviors. *Journal of Abnormal Child Psychology* 34 (5): 715-724.

Law, D., and Jacob, J. (2013) *Goals and Goal-Based Outcomes (GBOs).* London: CAMHS Press.

Law, D., and Wolpert, M. (2014) *Guide to Using Outcomes and Feedback Tools.* London: Child Outcomes Research

Consortium (CORC).

Lazarus, A.A., and Abramovitz, A. (1962) The use of 'emotive imagery' in the treatment of children's phobias. *Journal of Mental Science* 108 (453): 191-195.

Leigh, E., and Clark, D.M. (2018) Understanding social anxiety disorder in adolescents and improving treatment outcomes: applying the cognitive model of Clark and Wells (1995) *Clinical Child and Family Psychology Review* 21 (3): 388-414.

Lewinsohn, P.M., Clarke, G.N., Hops, H., and Andrews, J. (1990) Cognitive-behavioral group treatment of depression in adolescents. *Behaviour Therapy* 21 (4): 385-401.

Libby, S., Reynolds, S., Derisley, J., and Clark, S. (2004) Cognitive appraisals in young people with obsessive-compulsive disorder. *Journal of Child Psychology and Psychiatry* 45 (6): 1076-1084.

Liber, J.M., McLeod, B.D., Van Widenfelt, B.M., et al. (2010) Examining the relation between the therapeutic alliance, treatment adherence, and outcome of cognitive behavioral therapy for children with anxiety disorders. *Behavior Therapy* 41 (2): 172-186.

Lumley, M.N., and Harkness, K.L. (2007) Specificity in the relations among childhood adversity, early maladaptive schemas, and symptom profiles in adolescent depression. *Cognitive Therapy and Research* 31 (5): 639-657.

MacBeth, A., and Gumley, A. (2012) Exploring compassion: a meta-analysis of the association between self-compassion and psychopathology. *Clinical Psychology Review* 32 (6): 545-552.

MacDonell, K.W., and Prinz, R.J. (2017) A review of technology-based youth and family-focused interventions. *Clinical Child and Family Psychology Review* 20 (2): 185-200.

Manassis, K., Lee, T.C., Bennett, K., et al. (2014) Types of parental involvement in CBT with anxious youth: a preliminary meta-analysis. *Journal of Consulting and Clinical Psychology* 82 (6): 1163-1172.

March, J.S., and Mulle, K. (1998) *OCD in Children and Adolescents: A Cognitive-Behavioral Treatment Manual.* New York: Guilford Press.

Marker, C.D., Comer, J.S., Abramova, V., and Kendall, P.C. (2013) The reciprocal relationship between alliance and symptom improvement across the treatment of childhood anxiety. *Journal of Clinical Child & Adolescent Psychology* 42 (1): 22-33.

Marsh, I.C., Chan, S.W., and MacBeth, A. (2018) Self-compassion and psychological distress in adolescents: a meta-analysis. *Mindfulness* 9 (4): 1011-1027.

Mavranezouli, I., Megnin-Viggars, O., Daly, C., et al. (2020) Research review: psychological and psychosocial treatments for children and young people with post-traumatic stress disorder: a network meta-analysis. *Journal of Child Psychology and Psychiatry* 61 (1): 18-29.

Maynard, B.R., Solis, M., Miller, V., and Brendel, K.E. (2017) Mindfulness-based interventions for improving cognition, academic achievement, behavior and socio-emotional functioning of primary and secondary students. *Campbell Systematic Reviews* 13: 1-147.

McCauley, E., Berk, M.S., Asarnow, J.R., et al. (2018) Efficacy of dialectical behavior therapy for adolescents at high risk for suicide: a randomized clinical trial. *JAMA Psychiatry* 75 (8): 777-785.

McGrath, C.A., and Abbott, M.J. (2019) Family-based psychological treatment for obsessive compulsive disorder in children and adolescents: a meta-analysis and systematic review. *Clinical Child and Family Psychology Review* 22 (4): 478-501.

McLeod, B.D. (2011) Relation of the alliance with outcomes in youth psychotherapy: a meta-analysis. *Clinical Psychology Review* 31 (4): 603-616.

McLeod, B.D., and Weisz, J.R. (2005) The therapy process observational coding system-alliance scale: measure characteristics and prediction of outcome in usual clinical practice. *Journal of Consulting and Clinical Psychology* 73 (2): 323-333.

McLeod, B.D., Southam-Gerow, M.A., Rodríguez, A., et al. (2018) Development and initial psychometrics for a therapist competence instrument for CBT for youth anxiety. *Journal of Clinical Child & Adolescent Psychology* 47 (1): 47-60.

McLeod, B.D., Southam-Gerow, M.A., Jensen-Doss, A., et al. (2019) Benchmarking treatment adherence and therapist competence in individual cognitive-behavioral treatment for youth anxiety disorders. *Journal of Clinical Child & Adolescent Psychology* 48 (sup1): S234-S246.

Merry, S.N., Hetrick, S.E., Cox, G.R., et al. (2012) Cochrane Review: psychological and educational interventions for preventing depression in children and adolescents. *Evidence-Based Child Health: A Cochrane Review Journal* 7 (5): 1409-1685.

Merry, S.N., Stasiak, K., Shepherd, M., et al. (2012) The effectiveness of SPARX, a computerised self-help intervention for adolescents seeking help for depression: randomised controlled non-inferiority trial. *BMJ* 344: e2598.

Monga, S., Rosenbloom, B.N., Tanha, A., et al. (2015) Comparison of child-parent and parent-only cognitive-behavioral therapy programs for anxious children aged 5 to 7 years: short-and long-term outcomes. *Journal of the American*

Academy of Child & Adolescent Psychiatry* 54 (2): 138-146.

Morina, N., Koerssen, R., and Pollet, T. (2016) Interventions for children and adolescents with posttraumatic stress disorder: a meta-analysis of comparative outcome studies. *Clinical Psychology Review* 47: 41-54.

Neil, A.L., and Christensen, H. (2009) Efficacy and effectiveness of school-based prevention and early intervention programs for anxiety. *Clinical Psychology Review* 29 (3): 208-215.

NICE (2005) Obsessive-compulsive disorder: core interventions in the treatment of obsessive-compulsive disorder and body dysmorphic disorder. CG31. https://www.nice.org.uk/guidance/cg31. London: NICE.

NICE (2018) *Post-traumatic stress disorder (update): NG116.* https://www.nice.org.uk/guidance/ng116. London: NICE.

NICE (2019)*Depression in children and young people: identification and management.* NG134. https://www.nice.org.uk/guidance/indevelopment/gid-ng10106/documents. London: NICE.

O'Kearney, R. (1998) Responsibility appraisals and obsessive-compulsive disorder: a critique of Salkovskis's cognitive theory. *Australian Journal of Psychology* 50 (1): 43-47.

Öst, L.G., and Ollendick, T.H. (2017) Brief, intensive and concentrated cognitive behavioral treat-ments for anxiety disorders in children: a systematic review and meta-analysis. *Behaviour Research and Therapy* 97: 134-145.

Öst, L.G., Riise, E.N., Wergeland, G.J., et al. (2016) Cognitive behavioral and pharmacological treatments of OCD in children: a systematic review and meta-analysis. *Journal of Anxiety Disorders* 43: 58-69.

Oud, M., de Winter, L., Vermeulen-Smit, E., et al. (2019) Effectiveness of CBT for children and adolescents with depression: a systematic review and meta-regression analysis. *European Psychiatry* 57: 33-45.

Overholser, J.C. (1993a) Elements of the Socratic method: I. systematic questioning. *Psychotherapy: Theory, Research, Practice, Training* 30 (1): 67-74.

Overholser, J.C. (1993b) Elements of the Socratic method: II. inductive reasoning. *Psychotherapy: Theory, Research, Practice, Training* 30 (1): 75-85.

Padesky, C.A., and Mooney, K.A. (2012) Strengths-based cognitive-behavioural therapy: a four-step model to build resilience. *Clinical Psychology & Psychotherapy* 19 (4): 282-290.

Pahl, K.M., and Barrett, P.M. (2010) Preventing anxiety and promoting social and emotional strength in preschool children: a universal evaluation of the Fun FRIENDS program. *Advances in School Mental Health Promotion* 3 (3): 14-25.

Pediatric OCD Treatment Study (POTS) Team. (2004) Cognitive-behavior therapy, sertraline, and their combination for children and adolescents with obsessive-compulsive disorder: the Pediatric OCD Treatment Study (POTS) randomized controlled trial. *JAMA* 292 (16): 1969.

Pennant, M.E., Loucas, C.E., Whittington, C., et al. (2015) Computerised therapies for anxiety and depression in children and young people: a systematic review and meta-analysis. *Behaviour Research and Therapy* 67: 1-8.

Perihan, C., Burke, M., Bowman-Perrott, L., et al. (2019) Effects of cognitive behavioral therapy for reducing anxiety in children with high functioning ASD: a systematic review and meta-analysis. *Journal of Autism and Developmental Disorders.* doi: 10.1007/s10803-019-03949-7.

Peris, T.S., Rozenman, M.S., Sugar, C.A., et al. (2017) Targeted family intervention for complex cases of pediatric obsessive-compulsive disorder: a randomized controlled trial. *Journal of the American Academy of Child & Adolescent Psychiatry* 56 (12): 1034-1042.

Peris, T.S., Compton, S.N., Kendall, P.C., et al. (2015) Trajectories of change in youth anxiety during cognitive-behavior therapy. *Journal of Consulting and Clinical Psychology* 83 (2): 239-252.

Perrin, S., Meiser-Stedman, R., and Smith, P. (2005) The Children's Revised Impact of Event Scale (CRIES): validity as a screening instrument for PTSD. *Behavioural and Cognitive Psychotherapy* 33 (4): 487-498.

Perry, Y., Werner-Seidler, A., Calear, A., et al. (2017) Preventing depression in final year secondary students: school-based randomized controlled trial. *Journal of Medical Internet Research* 19 (11): e369.

Piacentini, J., and Bergman, R.L. (2001) Developmental issues in cognitive therapy for childhood anxiety disorders. *Journal of Cognitive Psychotherapy* 15 (3): 165-182.

Piacentini, J., Bergman, R.L., Chang, S., et al. (2011) Controlled comparison of family cognitive behavioral therapy and psychoeducation/relaxation training for child obsessive-compulsive disorder. *Journal of the American Academy of Child & Adolescent Psychiatry* 50 (11): 1149-1161.

Piaget, J. (1952) *The Origins of Intelligence in the Child.* London. Routledge & Kegan Paul.（谷村覚・浜田寿美男＝訳（1978）知能の誕生．ミネルヴァ書房）

Platt, B., Waters, A.M., Schulte-Koerne, G., et al. (2017) A review of cognitive biases in youth depression: attention, interpretation and memory. *Cognition and Emotion* 31 (3): 462-483.

Prochaska, J.O., DiClemente, C.C., and Norcross, J.C. (1992) In search of how people change. *American Psychologist* 47 (9): 1102-1104.

Quakley, S., Reynolds, S., and Coker, S. (2004) The effects of cues on young children's abilities to discriminate among thoughts, feelings and behaviours. *Behaviour Research and Therapy* 42 (3): 343-356.

Reynolds, S., and Parkinson, M. (2015) *Teenage Depression: A CBT Guide for Parents: Help Your Child Beat Their Low Mood.* London: Robinson.

Reynolds, S., Wilson, C., Austin, J., and Hooper, L. (2012) Effects of psychotherapy for anxiety in children and adolescents: a meta-analytic review. *Clinical Psychology Review* 32 (4): 251-262.

Richardson, T., Stallard, P., and Velleman, S. (2010) Computerised cognitive behavioural therapy for the prevention and treatment of depression and anxiety in children and adolescents: a systematic review. *Clinical Child and Family Psychology Review* 13 (3): 275-290.

Rijkeboer, M.M., and de Boo, G.M. (2010) Early maladaptive schemas in children: development and validation of the schema inventory for children. *Journal of Behavior Therapy and Experimental Psychiatry* 41 (2): 102-109.

Roberts, C.M. (2006) Embedding mental health promotion programs in school contexts: the Aussie Optimism Program. *International Society for the Study of Behavior Newsletter* 2 (50): 1-4.

Russell, R., Shirk, S., and Jungbluth, N. (2008) First-session pathways to the working alliance in cognitive-behavioral therapy for adolescent depression. *Psychotherapy Research* 18 (1): 15-27.

Salkovskis, P.M. (1985) Obsessional compulsive problems: a cognitive-behavioural analysis. *Behaviour Research and Therapy* 23 (5): 571-583.

Salkovskis, P.M. (1989) Cognitive behavioural factors and the persistence of intrusive thoughts in obsessional problems. *Behaviour Research and Therapy* 27 (6): 677-682.

Salloum, A., Wang, W., Robst, J., et al. (2016) Stepped care versus standard trauma-focused cognitive behavioral therapy for young children. *Journal of Child Psychology and Psychiatry* 57 (5): 614-622.

Sburlati, E.S., and Bennett-Levy, J. (2014) Self-assessment of our competence as therapists. In: *Evidence-Based CBT for Anxiety and Depression in Children and Adolescents: A Competencies-Based Approach* (eds. E.S. Sburlati, H.J. Lyneham, C.A. Schniering, and R.M. Rapee), 25-35. Chichester, UK: John Wiley.

Sburlati, E.S., Schniering, C.A., Lyneham, H.J., and Rapee, R.M. (2011) A model of therapist competencies for the empirically supported cognitive behavioral treatment of child and adolescent anxiety and depressive disorders. *Clinical Child and Family Psychology Review* 14 (1): 89-109.

Scarpa, A., Hassenfeldt, T.A., and Attwood, T. (2017) Cognitive-behavioral treatment for children with autism spectrum disorder. In: *Clinical Handbook of Psychological Disorders in Children and Adolescents: A Step-by-Step Treatment Manual* (eds. C.A. Flessner and J.C. Piacentini), chapter 16. New York: Guilford Press.

Scheeringa, M.S., Weems, C.F., Cohen, J.A., et al. (2011) Trauma-focused cognitive-behavioral therapy for posttraumatic stress disorder in three through six year-old children: a randomized clinical trial. *Journal of Child Psychology and Psychiatry* 52 (8):853-860.

Seligman, L.D., Goza, A.B., and Ollendick, T.H. (2004) Treatment of depression in children and adolescents. In: *Handbook of Interventions that Work with Children and Adolescents: Prevention and Treatment* (eds. P.M. Barrett and T.H. Ollendick), 301-328. Chichester, UK: Wiley.

Seligman, M.E., Abramson, L.Y., Semmel, A., and Von Baeyer, C. (1979) Depressive attributional style. *Journal of Abnormal Psychology* 88 (3): 242-247.

Shafran, R., Fonagy, P., Pugh, K.A., and Myles, P. (2014) Transformation of mental health services for children and young people in England. In: *Dissemination and Implementation of Evidence-Based Practices in Child and Adolescent Mental Health*, vol. 158 (eds. R.S. Beidas and P.C. Kendall), 158-178. New York: Oxford University Press.

Shirk, S.R., and Karver, M. (2003) Prediction of treatment outcome from relationship variables in child and adolescent therapy: a meta-analytic review. *Journal of Consulting and Clinical Psychology* 71(3): 452-464.

Shirk, S., Burwell, R., and Harter, S. (2003) Strategies to modify low self-esteem in adolescents. *Cognitive Therapy with Children and Adolescents* 32 (2): 189-213.

Shochet, I.M., Whitefield, K., and Holland, D. (1997) *Resourceful Adolescent Program: Participant Workbook.* Brisbane: Queensland University of Technology.

Smith, P., Dalgleish, T., and Meiser-Stedman, R. (2019) Practitioner review: posttraumatic stress disorder and its treatment in children and adolescents. *Journal of Child Psychology and Psychiatry* 60 (5): 500-515.

Smith, P., Yule, W., Perrin, S., et al. (2007) Cognitive behavior therapy for PTSD in children and adolescents: a randomized controlled trial. *Journal of the American Academy of Child & Adolescent Psychiatry* 46 (8): 1051-1061.

Smith, P., Scott, R., Eshkevari, E., et al. (2015) Computerised CBT for depressed adolescents: randomised controlled trial. *Behaviour Research and Therapy* 73: 104-110.

Šouláková, B., Kasal, A., Butzer, B., and Winkler, P. (2019) Meta-review on the effectiveness of classroom-based psychological interventions aimed at improving student mental health and well-being, and preventing mental illness. *The Journal of Primary Prevention* 40 (3): 255-278.

Spence, S.H. (1995) *Social Skills Training: Enhancing Social Competence in Children and Adolescents.* Windsor, UK:

NFER-Nelson.

Spence, S.H., Donovan, C.L., March, S., et al. (2011) A randomized controlled trial of online versus clinic-based CBT for adolescent anxiety. *Journal of Consulting and Clinical Psychology* 79 (5): 629-642.

Spitzer, R.L., Kroenke, K., Williams, J.B., and Löwe, B. (2006) A brief measure for assessing generalized anxiety disorder: the GAD-7. *Archives of Internal Medicine* 166 (10): 1092-1097.

Stallard, P. (2002a) *Think Good, Feel Good. A Cognitive Behaviour Therapy Workbook for Children and Young People.* Chichester, UK: Wiley.（下山晴彦＝監訳（2006）子どもと若者のための認知行動療法ワークブック――上手に考え，気分はスッキリ. 金剛出版）

Stallard, P. (2002b) Cognitive behaviour therapy with children and young people: a selective review of key issues. *Behavioural and Cognitive Psychotherapy* 30 (3): 297-309.

Stallard, P. (2005) *A Clinician's Guide to Think Good-Feel Good: Using CBT with Children and Young People.* Chichester, UK: Wiley.（下山晴彦訳（2008）子どもと若者のための認知行動療法ガイドブック――上手に考え，気分はスッキリ. 金剛出版）

Stallard, P. (2007) Early maladaptive schemas in children: stability and differences between a community and a clinic referred sample. *Clinical Psychology & Psychotherapy* 14 (1): 10-18.

Stallard, P. (2009) Cognitive behaviour therapy with children and young people. In: *Clinical Psychology in Practice* (eds. H. Beinart, P. Kennedy, and S. Llewelyn), 117-126. Oxford: BPS Blackwell.

Stallard, P. (2019a) *Think Good, Feel Good: A Cognitive Behavioural Therapy Workbook for Children and Young People.* Chichester, UK: Wiley.（松丸未来・下山晴彦＝監訳（2020）子どものための認知行動療法ワークブック――上手に考え，気分はスッキリ. 金剛出版）

Stallard, P. (2019b) *Thinking Good, Feeling Better: A Cognitive Behavioural Therapy Workbook for Adolescents and Young Adults.* Chichester, UK: Wiley.（松丸未来・下山晴彦＝監訳（2020）若者のための認知行動療法ワークブック――考え上手で，いい気分. 金剛出版）

Stallard, P., and Rayner, H. (2005) The development and preliminary evaluation of a schema questionnaire for children (SQC) *Behavioural and Cognitive Psychotherapy* 33 (2): 217-224.

Stallard, P., Myles, P., and Branson, A. (2014) The cognitive behaviour therapy scale for children and young people (CBTS-CYP): development and psychometric properties. *Behavioural and Cognitive Psychotherapy* 42 (3): 269-282.

Stallard, P., Skryabina, E., Taylor, G., et al. (2014) Classroom-based cognitive behaviour therapy (FRIENDS): a cluster randomised controlled trial to Prevent Anxiety in Children through Education in Schools (PACES). *The Lancet Psychiatry* 1 (3): 185-192.

Stockings, E.A., Degenhardt, L., Dobbins, T., et al. (2016) Preventing depression and anxiety in young people: a review of the joint efficacy of universal, selective and indicated prevention. *Psychological Medicine* 46(1): 11-26.

Storch, E.A., Arnold, E.B., Lewin, A.B., et al. (2013) The effect of cognitive-behavioral therapy versus treatment as usual for anxiety in children with autism spectrum disorders: a randomized, controlled trial. *Journal of the American Academy of Child & Adolescent Psychiatry* 52 (2): 132-142.

Tarrier, N., and Calam, R. (2002) New developments in cognitive-behavioural case formulation. Epidemiological, systemic and social context: an integrative approach. *Behavioural and Cognitive Psychotherapy* 30 (3): 311-328.

Thornton, S. (2002) *Growing Minds: An Introduction to Cognitive Development.* London: Palgrave Macmillan.

Twohig, M.P., and Levin, M.E. (2017) Acceptance and commitment therapy as a treatment for anxiety and depression: a review. *Psychiatric Clinics* 40 (4): 751-770.

Van Steensel, F.J., and Bögels, S.M. (2015) CBT for anxiety disorders in children with and without autism spectrum disorders. *Journal of Consulting and Clinical Psychology* 83 (3): 512-523.

Van Vlierberghe, L., and Braet, C. (2007) Dysfunctional schemas and psychopathology in referred obese adolescents. *Clinical Psychology & Psychotherapy* 14 (5): 342-351.

Van Vlierberghe, L., Braet, C., Bosmans, G., et al. (2010) Maladaptive schemas and psychopathology in adolescence: on the utility of Young's schema theory in youth. *Cognitive Therapy and Research* 34 (4): 316-332.

Vause, T., Jaksic, H., Neil, N., et al. (2018) Functional behavior-based cognitive-behavioral therapy for obsessive compulsive behavior in children with autism spectrum disorder: a randomized controlled trial. *Journal of Autism and Developmental Disorders*. doi: 10.1007/s10803-018-3772-x.

Vigerland, S., Lenhard, F., Bonnert, M., et al. (2016) Internet-delivered cognitive behavior therapy for children and adolescents: a systematic review and meta-analysis. *Clinical Psychology Review* 50: 1-10.

Visagie, L., Loxton, H., Stallard, P., and Silverman, W.K. (2017) Insights into the feelings, thoughts, and behaviors of children with visual impairments: a focus group study prior to adapting a cognitive behavior therapy-based anxiety intervention. *Journal of Visual Impairment & Blindness* 111(3): 231-246.

Waite, P., Codd, J., and Creswell, C. (2015) Interpretation of ambiguity: differences between children and adolescents with and without an anxiety disorder. *Journal of Affective Disorders* 188: 194-201.

Wang, Z., Whiteside, S.P., Sim, L., et al. (2017) Comparative effectiveness and safety of cognitive behavioral therapy and pharmacotherapy for childhood anxiety disorders: a systematic review and meta-analysis. *JAMA Pediatrics* 171 (11): 1049-1056.

Watson, H.J., and Rees, C.S. (2008) Meta-analysis of randomized, controlled treatment trials for pediatric obsessive-compulsive disorder. *Journal of Child Psychology and Psychiatry* 49 (5): 489-498.

Weisz, J.R., Hawley, K.M., and Doss, A.J. (2004) Empirically tested psychotherapies for youth internalizing and externalizing problems and disorders. *Child and Adolescent Psychiatric Clinics* 13 (4): 729-815.

Weisz, J.R., Chorpita, B.F., Frye, A. et al. (2011) Youth top problems: using idiographic, consumer-guided assessment to identify treatment needs and to track change during psychotherapy. *Journal of Consulting and Clinical Psychology* 79 (3): 369-380.

Wellman, H.M., Hollander, M., and Schult, C.A. (1996) Young children's understanding of thought bubbles and thoughts. *Child Development* 67 (3): 768-788.

Werner-Seidler, A., Perry, Y., Calear, A.L., et al. (2017) School-based depression and anxiety prevention programs for young people: a systematic review and meta-analysis. *Clinical Psychology Review* 51: 30-47.

Wood, A., Kroll, L., Moore, A., and Harrington, R. (1995) Properties of the Mood and Feelings Questionnaire in adolescent psychiatric outpatients: a research note. *Journal of Child Psychology and Psychiatry* 36 (2):327-334.

Wood, J.J., Drahota, A., Sze, K., et al. (2009) Cognitive behavioral therapy for anxiety in children with autism spectrum disorders: a randomized, controlled trial. *Journal of Child Psychology and Psychiatry* 50 (3): 224-234.

Wozney, L., McGrath, P.J., Gehring, N.D., et al. (2018) eMental healthcare technologies for anxiety and depression in childhood and adolescence: systematic review of studies reporting implementation outcomes. *JMIR Mental Health* 5 (2): e48.

Wright, B., Tindall, L., Littlewood, E., et al. (2017) Computerised cognitive-behavioural therapy for depression in adolescents: feasibility results and 4-month outcomes of a UK randomised controlled trial. *BMJ Open* 7 (1): e012834.

Wuthrich, V.M., Rapee, R.M., Cunningham, M.J., et al. (2012) A randomized controlled trial of the Cool Teens CD-ROM computerized program for adolescent anxiety. *Journal of the American Academy of Child & Adolescent Psychiatry* 51 (3): 261-270.

Yang, L., Zhou, X., Zhou, C., et al. (2017) Efficacy and acceptability of cognitive behavioral therapy for depression in children: a systematic review and meta-analysis. *Academic Pediatrics* 17 (1): 9-16.

Yaros, A., Lochman, J.E., Rosenbaum, J., and Jimenez-Camargo, L.A. (2014) Real-time hostile attribution measurement and aggression in children. *Aggressive Behavior* 40 (5): 409-420.

Young, J. (1990) *Cognitive Therapy for Personality Disorder: A Schema-Focused Approach.* Sarasota, FL: Professional Resource Press.（福井至・貝谷久宣・不安抑うつ研究会＝監訳（2009）パーソナリティ障害の認知療法――スキーマ・フォーカスト・アプローチ. 金剛出版）

Young, J.E., and Beck, A.T. (1988) Cognitive therapy scale: rating manual. Unpublished manuscript, University of Pennsylvania, Philadelphia, PA.

Zenner, C., Herrnleben-Kurz, S., and Walach, H. (2014) Mindfulness-based interventions in schools: a systematic review and meta-analysis. *Frontiers in Psychology* 5: 603.

Zhou, X., Hetrick, S.E., Cuijpers, P., et al. (2015) Comparative efficacy and acceptability of psychotherapies for depression in children and adolescents: a systematic review and network meta-analysis. *World Psychiatry* 14 (2): 207-222.

Zhou, X., Zhang, Y., Furukawa, T.A., et al. (2019) Different types and acceptability of psychotherapies for acute anxiety disorders in children and adolescents: a network meta-analysis. *JAMA Psychiatry* 76 (1): 41-50.

Zoogman, S., Goldberg, S.B., Hoyt, W.T., and Miller, L. (2015) Mindfulness interventions with youth: a meta-analysis. *Mindfulness* 6 (2): 290-302.

索　引

さ

た

な

は

ま

や

ら

訳者あとがき

「英国に行きたい！　最先端の臨床や研究を学びたい！」という思いを強くしていた頃，コロナ禍で難しい状況ということもあり，本書の原著を手に取りました。読んでみたところ，第三世代の認知行動療法も盛り込まれており，子どもの認知行動療法が格段に進化していることがわかりました。

15年前に出版された初版から比べると，以下の最新の子どもの認知行動療法を学べた実感があり（原著のページ数も100ページ増加），多くの方々に読んでいただき，日本の苦しんでいる子どもたちの力になれると思い，翻訳することにしました。

- 子どもの認知行動療法は，すでに大人の応用版ではなく，子ども自身が研究対象となり，子どもの心理的問題に即したメカニズムやその効果的な介入方法についての知見が多く重ねられ，明らかになっている。
- 臨床上，よく陥りがちなうまくいかない状況が具体的に紹介され，それを克服する方法が示されている。例えば，子どものモチベーションの上げ方・維持の仕方，悪循環に関する子ども向けの説明の仕方，難しい認知行動療法の介入技法に関する説明の仕方，そして，子どもにフィットした介入技法の工夫の仕方が示されている。
- 具体的に，子どもに伝える時の声のかけ方が会話調で示され，ふんだんに事例が紹介されているので臨床に応用できる。
- 親の位置付けや，子どもを中心としたセッションの進め方が明確になっている。
- 「課題」や「ケースマネジメントスキル」,「セラピストの能力」についてその重要性と方法を知ることができる。

それ以外にも読者のみなさんの問題意識に応じて，多くの「なるほど！」「こう工夫するとできるかも！」というポイントが本書にあると思います。

上記の発見を早速，臨床に活かしてみると，みるみる子どもたちとコミュニケーションが取りやすくなりました。そして，自分自身の子ども理解が深まり，安心して認知行動療法のさまざまな技法を柔軟に適応できる手応えを感じました。実際は，試行錯誤もあります。ただ，見立てを修正して，次なる手を打つにしても，独りよがりではない，エビデンスに基づいた見立て，方法，そして工夫ができます。そして，本書でも，試行錯誤は「あるもの」として，セラピストが自分の失敗に気づき，立ち止まり，見直し，率直に子どもに伝えて，子どもの思いを聞いて，軌道修正して進む……そのようなプロセスが自然であり，大事にしていることがわかります。そういう試行錯誤があるからこそ，子どもたち一人ひとりに応じた認知行動療法なのだと思います。

もうひとつの実感として，認知行動療法は，子どものウェルビーイング（豊かに生きる力）を中核に置いていることが本書からわかってきました。問題を維持している悪循環が子どもにとっては，身を守るための術となっていたり，周りに向けた言葉にならないメッセージとして機能していたりすることが理解できます。しかしながら，子どもがより良く生き抜くための方法があることを伝え，それを試しに実験してもらい，その結果子ども自身が納得し，現在の問題を生み出さない方法を選び，成長することをサポートします。決して押し付けや説得ではなく，子どもと足並みを揃えて，パートナーとして手を組み，子どもの願いや希望を叶えるために協働作業をすることが認知行動療法なのだと実感します。そして子どもにとってセラピストは，受容・共感だけではない，便利で役立つ方法を知っている頼りになる存在になれるのかもしれません。

この翻訳書は，金剛出版の藤井裕二さんの編集力なくしてはできあがりませんでした。心から感謝いたします。また，翻訳のチャンスをくださった下山晴彦先生にも感謝申し上げます。

2022年早春

松丸未来

監訳者略歴

下山晴彦（しもやま はるひこ）

1983年，東京大学大学院教育学研究科教育心理学専攻博士課程退学。
東京大学助手，東京工業大学専任講師，東京大学教授を経て，現在，跡見学園女子大学心理学部教授。東京認知行動療法センター心理士代表。
臨床心理士・公認心理師。

主な編著書 『公認心理師スタンダードテキストシリーズ3 臨床心理学概論』（編著・ミネルヴァ書房），『臨床心理学入門』（編訳・東京大学出版会），『公認心理師技法ガイド』（編集主幹・文光堂），『公認心理師のための「発達障害」講義』（監修・北大路書房），『公認心理師必携 精神医療・臨床心理の知識と技法』（編著・医学書院），『臨床心理フロンティアシリーズ 認知行動療法入門』（編著・講談社），『臨床心理学をまなぶ2 実践の基本』（単著・東京大学出版会）
主な監訳書 『子どものための認知行動療法ワークブック——上手に考え，気分はスッキリ』（監訳・金剛出版），『若者のための認知行動療法ワークブック——考え上手で，いい気分』（監訳・金剛出版）

訳者略歴

松丸未来（まつまる みき）

1975年，東京生まれ。
1998年，英国レディング大学心理学部卒業。その間，合計16年間海外生活をし，様々な文化に触れる。2001年上智大学大学院文学研究科心理学専攻修了。
臨床心理士取得後，18年以上，スクールカウンセラーをしながら，産業分野での相談や東京大学大学院教育学研究科附属心理相談室臨床相談員，短期大学や大学院の非常勤講師，東京認知行動療法センターの心理士などもする。
専門は子どもの認知行動療法。臨床心理士・公認心理師。

主な著書 『子どもと若者のための認知行動療法セミナー——上手に考え，気分はスッキリ』（共著・金剛出版），『子どものこころが育つ心理教育授業のつくり方』（共著・岩崎学術出版社）
主な監訳書 『子どものための認知行動療法ワークブック——上手に考え，気分はスッキリ』（監訳・金剛出版），『若者のための認知行動療法ワークブック——考え上手で，いい気分』（監訳・金剛出版）

[決定版]子どもと若者の認知行動療法ハンドブック

2022年 4 月20日　印刷
2022年 4 月30日　発行

著者 ——— ポール・スタラード
監訳者 —— 下山晴彦
訳者 ——— 松丸未来

発行者 —— 立石正信
発行所 —— 株式会社 金剛出版
〒112-0005 東京都文京区水道1-5-16　電話 03-3815-6661　振替 00120-6-34848

装幀◉永松大剛　　組版◉石倉康次　　印刷・製本◉モリモト印刷

ISBN978-4-7724-1896-6 C3011